マネジメント力の養成

コーポレート・マネジメント研究会 [編著]

財経詳報社

は　じ　め　に

　わが国には，「金剛組」のような創業1400年を超える老舗企業が存在する一方で，ITを駆使したネットビジネスのような新しいベンチャービジネスも次々と生まれています。

　マネジメント力は，伝統的な老舗企業の経営においても，起業においても重要な経営能力です。マネジメント力とは，『ヒト』と『組織』を効率的に機能させて，社会に貢献する企業経営を行う能力ですが，このマネジメント力は，生まれながらに備わっている能力ではなく，養成することができる能力です。

　しかし，マネジメント力を養成するためには，体系的にマネジメントに関連する専門分野の知識を学習することが求められます。

　今日，企業を取り巻く経営環境は大きく変化しており，既存のマネジメントテキストでは，流動的な企業経営に対応できるマネジメント力を養成することが難しくなっています。

　また，グローバル化やIT化が進展した経営環境に対応したマネジメント力を養成するためには，ピーター・F・ドラッカー（Peter F. Drucker）に代表されるような伝統的なマネジメントの専門知識に加えて，新しい分野の専門知識を習得することも重要になります。

　そのため，本書は，経営学及びマーケティング，会計学及び税法学，知識情報マネジメントの視点からマネジメントを体系的に学べるような構成内容にしています。例えば，本書では，第1章で経営学を学習する前提として企業の目的，マネジメントの必要性，日本的経営とその変質に関わる問題を取り上げています。続いて，経営学及びマーケティングの視点から，経営の形態と仕組み（第2章），経営戦略（第3章），マーケティング（第4章），イノベーション（第5章），組織構造（第6章），グループ・ダイナミックス（第7章），ヒトを活かし，ヒトを守る人的資源管理（第8章），国際経営（第9章）を学び，会計学及び税法学の視点から，財務会計（第10章），経営分析（第11章），管理会計（第12章），税務会計とBEPS問題（第13章），租税法とタックス・プ

ランニング（第14章）を学び，そして，知識情報マネジメントの視点から，意思決定論（第15章），IT活用と企業経営（第16章）を学び，加えて，フィールドワークの概要とレポート作成方法（第17章）も学べるような構成内容にしています。

　また，本書は，初学者を対象としたマネジメント力の養成を目的とするだけでなく，税理士，中小企業診断士等の経営コンサルタントを目指す受験生の入門書としても活用できるような構成内容にしています。

　なお，末尾になりますが，出版事情が厳しい時節にも関わらず，本書の出版を引き受けて頂いた財経詳報社代表取締役社長　宮本弘明氏とスタッフの方々に御礼申し上げます。

2016年3月

　　　　　　　　　　　　　　　　　　コーポレート・マネジメント研究会

目　次

はじめに

第1章　経営学を学ぶに当たって

1　企業経営の目的 ……………………………………………………………… 1
　1-1　企業の社会的責任　1
　1-2　企業の社会的責任会計　3

2　マネジメントはなぜ必要なのか？ ……………………………………… 3
　2-1　経済学の想定する企業像　3
　2-2　企業の本質的活動とマネジメントの必要性　5
　2-3　マネジメントの機能　7

3　日本企業の経営 …………………………………………………………… 8
　3-1　日本企業の経営の特徴　8
　3-2　日本企業の課題と新たな取り組み　9

ディスカッションのテーマ　10

第2章　経営の形態と仕組み

1　現代経営の起点 …………………………………………………………… 12

2　現代企業の骨格 …………………………………………………………… 13

3　生産と消費の循環のための仕組み …………………………………… 14

4　多角化企業の仕組み ……………………………………………………… 15

5　人を生かす経営の仕組み ………………………………………………… 16

6	環境変化と仕組みの多様化	18
7	外部を取り込んだ仕組み	21
8	プラットフォームの構築	22
9	複合化するビジネスの仕組み	24

ディスカッションのテーマ 26

第3章 経営戦略

1 経営戦略の基礎 ... 27
1-1 経営戦略の意義 27
1-2 経営戦略の階層 27
　(1) 全社戦略 27
　(2) 事業戦略 28
　(3) 職能別戦略 28
1-3 戦略形成の考え方 28
　(1) 伝統的な考え方：策定と実行の分離 28
　(2) 新たな考え方：策定と実行の相互作用 29

2 全社戦略 ... 29
2-1 企業ドメインの規定 29
　(1) 企業ドメインの定義 29
　(2) 企業ドメインの次元 29
　(3) ドメイン・コンセンサス 30
2-2 成長戦略の枠組み 30
　(1) アンゾフの成長ベクトル 30
　(2) シナジー概念 31
2-3 PPMと資源配分 32
　(1) 経験曲線 32

(2)　製品ライフサイクル　32
　　　(3)　事業ポートフォリオ　33

3　競争戦略　35
　3-1　業界構造分析　35
　　　(1)　既存企業間の敵対関係の強さ　36
　　　(2)　新規参入の脅威　36
　　　(3)　代替品の脅威　36
　　　(4)　買い手の交渉力，売り手の交渉力　36
　3-2　3つの基本戦略　37
　　　(1)　コスト・リーダーシップ戦略　37
　　　(2)　差別化戦略　38
　　　(3)　集中戦略　38
　　　(4)　スタック・イン・ザ・ミドル　38
　3-3　資源・能力ベース戦略論　39
　　　(1)　資源ベースの競争戦略　39
　　　(2)　能力ベースの競争戦略　39
　　　(3)　コア・リジディティとダイナミック・ケイパビリティ　42
ディスカッションのテーマ　42

第4章　マーケティング

1　マーケティング活動　44
　1-1　マーケティングの目標　44
　1-2　マーケティング戦略　45
　1-3　マーケティング・ミックス　47
　1-4　マーケティング・マネジメント　50

2　ブランド・マネジメント　50
　2-1　ブランドとは何か　51
　2-2　ブランドの効果　51

2-3　優れたブランドの育成　53
ディスカッションのテーマ　53

第5章　イノベーション

1　イノベーションの基礎概念 55
　1-1　イノベーションの本質と意義　55
　　(1)　狭義のイノベーションと広義のイノベーション　55
　　(2)　イノベーションの必要性　55
　　(3)　イノベーションの本質　56
　1-2　イノベーションのタイプ　58
　　(1)　製品イノベーションと工程イノベーション　58
　　(2)　イノベーション・マトリックス　59
　1-3　イノベーションのプロセス　60
　　1　クラインのイノベーション・モデル　60
　　2　オープン・イノベーション　62

2　イノベーションの諸相 64
　2-1　技術のS曲線　64
　2-2　破壊的イノベーション　65
　2-3　リバース・イノベーション　66

3　イノベーション創造のマネジメント 67
　3-1　組織学習の生起と促進　67
　3-2　自己変革を促進する行動環境　68
　3-3　経営トップとミドルの役割　69
　　(1)　経営トップの企業家的リーダーシップ　69
　　(2)　戦略的ミドル　70
ディスカッションのテーマ　72

第6章　組織構造

1 組織の基礎概念 ... 74
  1-1 組織とは？ 74
  1-2 組織の構成要素 74
  1-3 組織の有効性，能率，組織均衡 75

2 組織デザインの基本 ... 75
  2-1 組織の編成原理：分業と調整 75
  2-2 伝統的な組織化の原則 76
   (1) 命令一元化の原則（unity of command） 76
   (2) 例外の原則（exception command） 76
   (3) 統制範囲の原則（span of control） 77
   (4) スカラーの原則（scalar principle） 77
   (5) 部門化の原則（departmentalization） 77
   (6) 分権化の原則（decentralization） 77
  2-3 組織デザインの構成要素 77
   (1) 規 模 77
   (2) 技 術 78
   (3) 外部環境 78
  2-4 ラインとスタッフ 79
   (1) ライン組織 79
   (2) ライン・アンド・スタッフ組織 80

3 基本的な組織構造 ... 80
  3-1 職能別組織 80
  3-2 事業部制組織 82
  3-3 プロジェクト組織 84
  3-4 マトリックス組織 85

4 新たな組織形態と展望 ... 86
  4-1 カンパニー制 86

4-2 持株会社制　86
4-3 構造を超えて　87

ディスカッションのテーマ　89

第7章　グループ・ダイナミックス

1 集団内の影響過程　90

1-1 集団の一員になること　90
1-2 ついついみんなに合わせてしまう　92
1-3 1人でもみんなの考えを変えることができる　94
1-4 命令されれば人は残酷になれる　95
1-5 自分のことばかり考えて行動していいの？　95
1-6 仲間でも出来の悪い奴はいらない　96
1-7 いじめについて考える　97

2 集団の中での課題遂行　98

2-1 自分の部屋より図書館のほうが勉強ははかどる？　98
2-2 みんなでやるとついつい手を抜いてしまう　99

ディスカッションのテーマ　100

第8章　ヒトを活かし，ヒトを守る人的資源管理

はじめに　101

1 人的資源と企業の責任　102

1-1 人的資源の性質と労働法　102
1-2 時間外労働（残業時間）と36（さぶろく）協定　103

2 ヒトの能力と企業内訓練　105

2-1 野中郁次郎の暗黙知と形式知，SECIモデル　105
2-2 小池和男の知的熟練とインフォーマルなOJT　107

3 日本の雇用システムの変遷
　　―複線型のキャリアとコース別雇用の発展― 110
ディスカッションのテーマ　112

第9章　国際経営

1 国際経営とは 113
　　1-1　企業の海外進出の動機　113
　　1-2　異文化の影響　114

2 欧米日企業の国際化パターンの比較 116
　　2-1　ヨーロッパ企業の国際化パターン　116
　　2-2　アメリカ企業の国際化パターン　118
　　2-3　日本企業の国際化パターン　119
　　2-4　業界と国際化パターンの適合性　121

3 新たな国際企業モデルの提示 122
ディスカッションのテーマ　123

第10章　財務会計

1 会計とは 125

2 財務会計の役割 126
　　2-1　株式会社制度　126
　　2-2　会社法会計　127
　　2-3　金融商品取引法会計　128
　　2-4　会計基準　128

3 財務諸表 129
　　3-1　財務諸表の種類　129
　　3-2　貸借対照表　130

3-3　損益計算書　132
　　3-4　貸借対照表と損益計算書の関係　135
　　3-5　その他の財務諸表　135
ディスカッションのテーマ　136

第11章　経営分析

1　経営分析とは ……………………………………………………………… 137

2　安全性分析 ………………………………………………………………… 137

3　効率性分析 ………………………………………………………………… 139

4　収益性分析 ………………………………………………………………… 141

5　損益分岐分析 ……………………………………………………………… 143
　　5-1　損益分岐分析とは　143
　　5-2　変動費と固定費　144
　　5-3　損益分岐分析の計算方法と具体例　146
ディスカッションのテーマ　148

第12章　管理会計

1　管理会計とは ……………………………………………………………… 149

2　管理会計システムの役割 ………………………………………………… 150
　　2-1　予算管理システム　150
　　2-2　原価管理システム　152

3　管理会計システムの活用例 ……………………………………………… 154
　　3-1　CVP分析とは　154
　　3-2　CVP分析の計算例　155

4 まとめ ... 158
ディスカッションのテーマ　158

第13章　税務会計とBEPS問題

1 税務会計の計算構造 ... 159
1-1　益金と損金　159
1-2　損益計算書と法人税申告書別表四の関係　160

2 税効果会計の目的 ... 162

3 法人税の計算と申告 ... 163
3-1　法人税の計算　163
3-2　法人税の確定申告　164

4 BEPS問題とタックス・ヘイブン ... 165
4-1　BEPS問題　165
4-2　タックス・ヘイブン　166

ディスカッションのテーマ　168

第14章　租税法とタックス・プランニング

1 租税の定義 ... 169
1-1　租税の性質　169
1-2　租税の目的と根拠　169
1-3　租税の法源　170

2 租税の基本原則 ... 170
2-1　アダム・スミスの四原則　170
2-2　アドルフ・ワグナーの四原則　171

3 租税法の体系 ... 172

3-1 租税法律主義 172
3-2 租税の種類 173
3-3 課税要件 175

4 租税競争と税務戦略 175
4-1 相続税を活用した税務戦略 175
4-2 消費税を活用した税務戦略 176

ディスカッションのテーマ 178

第15章　意思決定論

1 意思決定論とは何か 180

2 囚人のジレンマ 181

3 学習塾の立地問題 183

4 先手後手のあるゲーム 185

5 協力ゲーム 187

ディスカッションのテーマ 189

第16章　IT活用と企業経営

1 企業情報システム 191
1-1 企業情報システムの目的 191
　(1) スピードと量の拡大（定型的な業務の効率化・生産性の向上） 191
　(2) クオリティの向上（的確な経営判断・品質やサービス向上） 191
　(3) クリエイティブな業務革新
　　　（業務プロセスや新商品・サービスの開発） 192
1-2 企業情報システムの歴史 192
1-3 企業情報システムの分類 193

⑴　業務対象範囲による分類　194
　　　⑵　利用者の相違による分類　194
　　　⑶　処理形態による分類　195
　1-4　企業情報システムの構築　195
　1-5　企業情報システム構築の留意点　196

2　ビッグデータ ……………………………………………………………………………… 197
　2-1　ビッグデータとは何か　197
　2-2　なぜ今ビッグデータが注目を浴びるのか　199
　　　⑴　ストレージの大容量化　199
　　　⑵　ネットワーク化　199
　　　⑶　ハードウェアとソフトウェアの進化　199
　2-3　ビッグデータの活用事例　200
　2-4　ビッグデータと組み合わせ爆発　200
　2-5　新しい研究領域としてのデータサイエンス　202
ディスカッションのテーマ　203

第17章　フィールドワークの概要とレポート作成の方法

1　フィールドワークの概要 ……………………………………………………………… 204
　1-1　企画立案と対象地域の選定　204
　1-2　情報・資料の収集　205
　　　⑴　地図による位置確認　205
　　　⑵　自治体のホームページ　205
　　　⑶　関連する文献　205
　1-3　仮説の設定と検証法の準備　206
　1-4　調査の実施　206
　　　⑴　記録の取り方とその道具　206
　　　⑵　アンケート調査　207
　　　⑶　聴き取り調査　208
　1-5　結果の分析と考察　209

1-6　まとめ・報告発表　209
ディスカッションのテーマ　209

2　レポート作成の方法　209

　　2-1　テーマを設定する　210
　　2-2　情報・資料を収集する　210
　　2-3　「問い」を立てる　211
　　2-4　「主張」して「根拠」で裏付ける　211
　　2-5　構成を考える　211
　　2-6　執筆・推敲する　212
　　2-7　提出前に見直す　213
ディスカッションのテーマ　213

第1章　経営学を学ぶに当たって

1　企業経営の目的
1-1　企業の社会的責任

　企業経営の目的としては，①利潤の獲得と，②企業の社会的責任（Corporate Social Responsibility：CSR）の二つが挙げられます。

　ピーター・F・ドラッカー（Peter F. Drucker）は，「企業の目的は，顧客の創造である」と述べていますが，企業が利潤を獲得するためには，市場（顧客）を創造することが求められます。例えば，ファーストリテイリング（ユニクロ）は，新規の顧客開拓を目的として，フリース，ヒートテック，ブラトップ，及びマシンウォッシャブルニット等の新商品を次々と市場に送り出して顧客を創造し続けています。

　この他，わが国における「顧客の創造」の代表的な成功事例としては，次々と新しいアトラクションを創り出して顧客開拓を行っている東京ディズニーランドと東京ディズニーシーの運営管理会社である，オリエンタルランドのケースがあります。

　一方，CSRの先駆的研究としては，シェルドン（O.Sheldon）の『経営のフィロソフィ　企業の社会的責任と管理』が挙げられますが，シェルドンの研究成果は，企業経営における労働者の人間性を重視しておりCSRの萌芽として評価されています。

　わが国でも，社団法人経済同友会「日本企業のCSR：現状と課題―自己評価レポート2003」は，社会的責任経営を，「様々なステークホルダーを視野に入れながら，企業と社会の利益を高い次元で調和させ，企業と社会の相乗発展を図る経営の在り方である」と定義しています。つまり，CSRとは，株主，投資家，消費者，市民，経営者，従業員，及び地域社会等の広範囲なステークホルダーを対象とし，企業と社会の調和と相互発展を目的とする企業経営のことです。

　また，CSRには，メセナやフィランソロピーとの同質性が窺えますが，メセナが，"文化事業や芸能活動を対象とした経済援助を伴う社会貢献"であり，

フィランソロピーが，"社会的な奉仕活動を対象とした経済援助に伴う社会貢献"であるのに対して，CSR は，単なる経済援助に伴う社会貢献だけでなく，"人的な結びつきを重視した社会貢献"であるという点において異なっています。この CSR が注目されるようになった社会的背景としては，グローバリゼーションの進展に伴い，企業経営を取り巻く環境保護問題や企業不祥事問題への認識が高まったことが挙げられます。例えば，地球温暖化への対応やエンロン事件等の一連の会計不正への対応として CSR が注目を浴びるようになりました。

しかし，CSR は，現代になって注目された経営観ではなく，近江商人に由来する「三方よし」，「売り手よし」，「買い手よし」，「世間よし」にも CSR の萌芽が窺えるのです。

つまり，近江商人の経営観とは，「売り手」と「買い手」と「社会」の三者が互いに利益を得られるような関係構築を目指して，企業と社会の相乗発展を図る経営のことです。

また，ガルフ（Gelb and Strawser）は，「CSR 活動に積極的な企業は，CSR 活動の一環として情報開示に取り組んでいる」と説明しています。つまり，CSR は，戦略的なステークホルダー対策として位置づけられ，CSR の導入効果としては，図表1に示すように，ⅰ．ステークホルダーに対する企業イメージの向上，ⅱ．継続性の高い安定株主の確保，ⅲ．企業の反社会的行動の防止，ⅳ．将来のリスク負担の回避等が挙げられます。

そして，CSR 報告は，経営戦略の一環としてホームページ上で「CSR レポート」として開示されることが多いです。

図表1　CSR の導入効果

CSR 報告	《経営戦略》の一環として，ホームページ上での開示 ⇨ 「CSR レポート」等の活用	● 企業側のメリット ⅰ．企業イメージの向上 ⅱ．継続性の高い安定株主の確保 ⅲ．企業の反社会的行動の防止 ⅳ．将来のリスク負担の回避　等

（出所）髙沢修一報告「CSR 会計導入に伴う環境税創設の提言」日本租税理論学会編『市民公益税制の検討』31 頁（法律文化社 2011）をもとに作成

1-2 企業の社会的責任会計

　CSR 会計は,"企業の社会的責任会計"として認識されますが,非財務情報を含む財務報告内容の充実を目的とした「CSR 会計」の存在意義は高いです。そして,CSR 会計は,図表2に示すように,外部報告会計的性向と内部報告会計的性向を併存した会計システムであるため,財務会計や管理会計との同質性を窺えるのです。

　しかし,CSR 会計には,「定量化・形式化」と,「システム化」という二つの課題があります。前者は,企業のCSR 問題にかかわる事象をいかに数値換算して,どのような報告形式を採用するべきか？という課題であり,後者は,どのような経営管理システムを採用するべきか？という課題です。企業が社会的責任を果たすためには,企業の社会的責任会計であるCSR 会計の整備も求められることになります。

図表2　CSR 会計と会計フレームワークの関連性

| CFO・経営責任者《管理会計》内部報告会計 | 同質性が窺える　内部管理機能　←　←　課題　経営管理手法のシステム化 | CSR 会計（CSR 報告）　内部報告的性向　外部報告的性向　〈経営管理 CSR〉〈外部報告 CSR〉 | 同質性が窺える　外部報告機能　→　→　課題　定量化の問題　形式化の問題 | 株主・投資家等《財務会計》外部報告会計 |

（出所）髙沢修一報告「CSR 会計導入に伴う環境税創設の提言」日本租税理論学会編『市民公益税制の検討』27 頁（法律文化社 2011）をもとに作成

2　マネジメントはなぜ必要なのか？
2-1　経済学の想定する企業像

　マネジメントの必要性を考える際の対比として,なぜ伝統的な経済学ではマネジメントといった発想が出てこないかを考えてみましょう。この違いの本質は経済学と経営学が想定する企業および人間の捉え方の違いにあります。経済学における企業行動の説明は,主にミクロ経済学の企業理論あるいは企業の経

済学といった分野で行われています。経済学の目的は，一国の資源の有効配分のため，市場における企業間の競争のあり方をどのように構築していくかを考えることです。つまり，経済学の主たる関心は，一国の経済がムダなく，効率的に配分されるには，市場においてどのような競争の仕組みを構築すればよいのかを考えることであり，現実の企業行動の説明や予測ではありません。

　このような目的を持った伝統的な経済学の中での典型的な企業像は，「完全競争モデル」として概念化されています。完全競争とは，以下のような条件を有した特殊な競争環境です。第一に，全ての企業は同質の製品を同一の条件で生産しています。第二に，企業や消費者は価格や品質等の情報について完全な知識を持っています。第三に，企業は利潤最大化を，消費者は自らの効用最大化を目指して行動します。第四に，市場には互いに価格形成に影響を与えないほどの規模の小さい企業が多数存在し，原子的競争（atomistic competition）といった状況が現出しています。このような競争環境において，個々の企業は極めて小さいパワーしか持たず，企業側からは市場に対する反作用はできず，全ての企業が市場で決まった価格を受け入れる「プライステイカー（価格受容者）」として位置づけられます。第五に，市場への参入や退出が自由にできるということです。しかし，これらの条件は現実の世界でどの程度起こるものなのでしょうか。実は，これらの条件はあくまで経済学の理論で現象を説明する際の仮定であって，現実の企業の競争環境を反映したものではなく，その意味で非現実的な仮定となっているのです。

　一方，伝統的な経済学における人間は「経済人」として位置づけられます。経済人とは完全な知識と情報を持ち，効用を最大化するよう，完全合理的に行動する人間です。したがって，企業は「経済人の集合体」としての性格を持つことになります。経済人は何人集まっても皆同じように完全合理的に行動するため（同質の特性），個々人の利害の対立はありません。つまり，組織の存在は考慮しなくともよく，組織の内側を考慮する必要はありません。なぜならば，経済人が10人集まろうが100人集まろうが1人の経済人が存在するのと同じことだからです。このような人間観に基づく伝統的な経済学では，組織の特性，組織における意思決定のあり方，経営戦略の違いから生じる企業行動等は，一切考慮される余地がないのです。したがって，組織は「ブラックボックス」として扱われることになるのです。

2-2　企業の本質的活動とマネジメントの必要性

　経営学が想定する企業の基本的な目的は長期の維持発展です。その目的を達成するための企業の本質的な活動とは，顧客に受け入れられる製品やサービスを作り出すこと，つまり「価値創造」の活動であり，最近の言葉でいうと「イノベーション」を創造する活動なのです。例えば，トヨタや日産等の自動車メーカーの本質的な活動は，世の中に受け入れられる自動車を設計すると同時に，鉄，ガラス，タイヤ等の材料や部品を調達し，それを設計図に従って最終製品に組み立て（製造），完成させた車を販売し，顧客に買ってもらうという一連の活動の流れで表すことができます。また，これら価値創造の活動は，万古不易なものではなく，環境変化に合わせて変えることが必要になります。その意味では，企業の本質的な活動とは，価値創造のプロセス及びそのプロセスの活性化にあるといってもよいでしょう。

　企業は経営に必要な資源であるヒト，モノ，カネ，情報をうまく組み合わせ，本業である価値創造の活動を遂行していきます。当然，このような活動は1人の人間だけで行うことは不可能です。例えば，部品が1万点を超えるといわれる自動車をたった1人で組み立て，量産し，販売することなど不可能です。この例からもわかるように，企業の価値創造の活動は，複数の人間がそれぞれの担当や仕事を分担しながら，協力関係を維持しつつ全体として1つの完成形に練り上げていくものです。つまり，企業の本質的活動である価値創造プロセスあるいはそのプロセスの活性化は，多数の生身の人間の協働により遂行されるということになります。さらに，現代企業の価値創造は，企業内部のメンバーだけで達成できるものとは限りません。後述するように，価値創造の活動は従来の一企業内部で完結するものから（クローズド・イノベーション），外部のステークホルダーとの協働で行う側面も増えてきました（オープン・イノベーション）。

　我々生身の人間は，経済学が想定する経済人とは異なり，1人ひとり感情，価値観，考え方，利害関係等が異なった存在です。例えば，同じ企業で働いていたとしても，個々人の仕事への思い入れは異なります。金を稼ぐため，名誉を得たいために働くという人もいるでしょう。あるいは自分の能力を磨きたい，人間として成長したいと思って働く人，チームや仲間と一緒に何かを達成した

いために働くという人もいるでしょう。このように生身の人間は，皆が自動的に同じ方向に動くような機械やロボットではありません。個々人がそれぞれ勝手に動いていたら，協働により1つの仕事を達成することはできないのです。

したがって，様々な価値観，利害，動機等を持った複数の人間を，企業の共通目的達成という同じ方向に向かわせるには，マネジメント（経営管理）といった考え方が必要になるのです。ここで，マネジメントとは，個人が単独ではできない仕事を効率よく達成するために，価値観，利害，思い，考え方等が異なる複数の人間の活動を調整，統合していくことになります。

もちろん，複数の人間の協働を促すマネジメントという考え方は，最近になって出現したものではありません。太古の昔，エジプトのピラミッドの建設にも多くの奴隷が使われたことから，複数の人間の活動の調整は昔から行われてきたものといえます。ただし，現代企業におけるマネジメントは，かつて奴隷に対し行われたマネジメントと同じ性質のものではありません。極端にいうと，鞭で打たれて無理やり強制的に複数の人間の仕事の調整を行うようなマネジメントでは，現代企業で価値創造の活動を活性化させることはできません。マネジメントという考え方は昔からあるけれども，現代ではその性質が変化しているということです。

従来のマネジメントでは主に，仕事をいかに効率よく進めるかという生産性や効率性の視点が重視されてきました。まさにテイラーの科学的管理法の考え方です。しかし，現代企業の価値創造を促すマネジメントは，これだけでは不十分です。生産性や効率性に加え，新しいアイデアや発想を生み出す創造性といった視点も考慮しなくてはならないのです。企業が基本的な目的である長期の維持発展を達成するには，持続的な競争優位を獲得・維持する必要があり，そのためには継続的に新製品や新事業の開発を行うことが重要になります。生産性や効率性だけを目指したコストダウンだけの偏った視点では，短期の競争優位は獲得できてもそれを長期的に維持することはできません。継続的な新製品や新事業の開発には，従業員1人ひとりの創造性の発揮が必要であり，これを組織的にいかに喚起するか，という視点が現代企業のマネジメントの大きな課題になってくるのです。

2-3 マネジメントの機能

では，具体的にマネジメントとはどのような仕事をすることなのでしょうか。マネジメントの具体的な機能について，マッシーは以下の7つに集約しています。

① 意思決定（decision making）

意思決定とは，期待された成果を達成するため，実現可能な代替案の中から望ましい行動のコースを選択するプロセスです。意思決定には，基本的な企業の目的を設定し，製品─市場領域を決定する経営トップによる戦略的な意思決定，日常業務で発生する意思決定等が存在します。

② 組織化（organizing）

組織化とは，組織構造や職務の配分を行うプロセスです。第6章で扱う組織構造の問題は組織化の一つの側面です。

③ 人員配置（staffing）

人員配置とは，経営管理者が部下を選抜，訓練し，昇進，退職させるプロセスです。

④ 計画化（planning）

計画化とは，経営管理者が将来を予測し，部下に委ねる代替的な行動のコースを発見するプロセスです。第2章で扱う経営戦略の問題が相当します。

⑤ 統制（control）

統制とは，現在の成果，業績を測定し，これに基づいてあらかじめ設定した目標を達成できるように導いていくプロセスです。統制は目標に達していない場合に，どのような修正により目標達成に誘導するかを考えるもので，これ自体は重要な機能です。ただし，統制が極端に厳しくなり，当初の目標に達成しない状況を失敗と捉え，失敗に対してペナルティを与えるといった発想では創造性をつぶしてしまうことになります。これでは誰もが失敗を恐れて，誰もやったことのない新しいことに挑戦したり，なかなか到達できないような高い目標を掲げることを避けるようになってしまうからです。

⑥ 情報伝達（communication）

情報伝達（コミュニケーション）とは，望ましい結果が実現されるように，人と人との間に適切にアイデアや情報が伝えられるプロセスです。適切な情報

⑦　指揮（directing = leadership）

　指揮（リーダーシップ）とは，部下の行動を共通目標の達成に向けて指導していくプロセスです。なお，監督機能は指揮機能の1つに過ぎません。監督は，物理的な監視が可能な作業現場のような場所での指揮を意味しています。

　なお，これらマネジメントの基本的な機能は，それぞれが独立に存在するわけではなく，相互関連性を持つということに注意が必要です。

3　日本企業の経営
3-1　日本企業の経営の特徴

　アメリカの経営学者ジェームス・C・アベグレンは『日本の経営』（1958年）の中で，終身雇用，年功序列，企業内労働組合を日本企業の特徴として指摘しました。その後，『OECD対日労働報告書』（1972年）ではこれらを日本的経営の三種の神器と呼び，今日広く知られるようになりました。歴史的には1920年代，熟練工の定着率が低かった日本企業は，改善策として終身雇用と年功序列を採用し始めました。戦後，高度経済成長期からバブル期にかけて，企業が持続的に成長したことでこれらの制度は定着しました。特に最初は大企業の正規従業員が対象でしたが，徐々に中堅企業まで普及していきました。

　終身雇用とは，従業員が高校や大学を卒業後，最初に就職した企業で定年まで働き続けることを意味します。年功序列とは，年齢と勤続年数を基準にして待遇（昇進や給与等）を決める人事制度・慣習を指します。こうした制度の下では，若年労働者は企業に対する自分の貢献に比べて，十分な給料を受け取っていないと感じるかもしれません。しかし，勤続年数を重ねるにつれ，自分の貢献を超える給料を受け取ることができる制度であるため，中途退社することは少なく，結果的に長期雇用・終身雇用が定着することになりました。

　企業内労働組合とは，従業員の利益を代表する労働組合が，企業ごとに組織されることを意味します。欧米諸国では職種ごとの労働組合が一般的ですが，日本企業では企業内労働組合のため，若い時に組合活動をして経営陣と対峙しても，その後管理職に就き，非組合員となるケースが珍しくありません。労働組合と企業の経営陣は自分たちの企業の業績を伸ばすことを基本的には目指しますので，協調的な交渉をすることが可能になります。言い換えると，それぞ

れの企業の実状にあった労使交渉を行うことができると考えられます。

　日本的経営の三種の神器の他にも，日本企業の経営には，他の諸国の企業とは異なる特徴があります。諸外国では見られない高校や大学の新卒者の一括採用もその一つです。必要なポジションに必要なスキルや能力を持つ人材を採用する欧米企業とは異なり，日本企業では実際に仕事をしながらスキルを身につけるOJT（On the Job Training）という方法が採用されています。また，2～3年ごとに職場を異動するジョブローテーションが行われ，一つの職種に特化するスペシャリストではなく，一つの企業の中で様々な職種をこなすことができるジェネラリストを養成しています。従業員から見ると，同じ企業で働き続けたほうが自分のスキルを十分に活かすことができるため，他の企業への転職は魅力的なオプションではなくなります。企業側は長期雇用制度の下，従業員の教育・育成に安心して投資することができます。結果的に日本では，戦後，職種ごとの外部労働市場が発達しませんでした。

　このような新卒者一括採用／終身雇用という日本型制度と，スペシャリストの随時採用／企業間の転職という欧米型制度は，蓄積の経営と組み合わせの経営という経営原理の相違であるともいわれています。蓄積の経営では，同じメンバーがチームとして時間をかけて同じ仕事をし，経験を積むことで，生産性が向上すると考えます。それに対して組み合わせの経営では，能力の高いメンバーを社内外から集めてチームを結成し，そこで共同作業することで生産性が高まると考えます。いずれもそれぞれの国の外部労働市場のあり方や，企業の採用・トレーニングといった制度と整合性を保つことが重要であり，どちらかが優れているということではありません。

　こうして蓄積された経験をフル活用する制度として，技術の自前主義，現場主義，ボトムアップ型の意思決定など，日本企業の特徴として挙げられます。いずれも現場の従業員の経験を十分に経営に反映させる仕組みです。

3-2　日本企業の課題と新たな取り組み

　これまで見てきた日本企業の経営には，次のようなメリットがあるといえます。長期雇用が保証されれば，長期的展望に基づいた戦略策定が可能となり，また長期的視点から人材育成ができます。企業理念の共有，帰属意識や愛社精神の涵養，仕事への意欲とチームワークの醸成，最終的には企業の生産性と競

争力の向上につながるでしょう。

　しかしながら，同時に以下のような問題点も浮上します。チームワークや集団主義を重視すると意思決定に時間がかかってしまいます。また終身雇用の場合，企業の人件費が固定費として高くなってしまいます。成長期にはそのコストを吸収できますが，企業の成長が鈍化すると負担となってしまいます。さらに年功序列的価値観が強まると，若い従業員の活躍の機会を奪う可能性もあります。伝統的・固定的な観念にとらわれると，諸外国からもしばしば指摘されるように，出産や育児などで一時的に職場を離れざるを得ない女性労働者のキャリア形成が難しくなります。

　1990年代以降はバブル経済の崩壊により，それまでの，成長を前提にした日本的経営に対する評価が見直されるようになりました。グローバル化，情報化が進み，日本企業も世界を視野に入れた経営を迫られる中，年功序列型の人事評価制度や技術の自前主義を維持することは困難になりました。また，現場でのOJTと企業内教育にのみ頼っていては，グローバルに通用する能力を形成することもできません。

　国内の競争はもとより，グローバルな競争も激化する中で，日本企業は新たな取り組みに着手しています。技術力や競争力を獲得するために，外部からの人材の補充，いわゆる中途採用も始まりました。それは逆に，正当な評価と待遇を求めて，優秀な人材が社外へ転職する機会を生み出すことも意味します。評価制度の見直しも余儀なくされています。また，情報を駆使した複雑な意思決定と，スピード感のある経営が求められます。今後，企業においてマネジメント力を発揮するためには，基礎的な経営学の知識と同時に，それぞれの分野での最先端の研究成果をも学ぶことが重要になると考えられます。

ディスカッションのテーマ

1　近年，CSR活動に力を入れている企業が多いです。自分が将来，就職したいと考えている企業のCSR活動を調べて，企業経営におけるCSR活動の果たす役割について，ディスカッションしてみてください。
2　学校生活，アルバイト等の中で具体的な協働の例を挙げて，どのような問題が発生し，その問題を解決するためにどのようなマネジメントが行われたのか，ディスカッションしてみてください。

3　近年，大学新卒者の3割は就職して3年以内に転職するといわれています。なぜそのような状況が生まれたのか，自分が転職するのはどのような時か，職場に何を求めるのか，ディスカッションしてみてください。

【参考文献】
・伊丹敬之＝加護野忠男『ゼミナール経営学入門〔第3版〕』（日本経済新聞社 2003）
・ジェームス・C・アベグレン（山岡洋一訳）『日本の経営〔新訳版〕』（日本経済新聞社 2004）
・十川廣國『経営学イノベーション1　経営学入門〔第2版〕』（中央経済社 2013）
・倍和博『CSR 会計への展望』（森山書店 2008）
・J・L・マッシー『エッセンス経営学』（学習研究社 1983）
・O・シェルドン（企業制度研究会訳）『経営のフィロソフィ企業の社会的責任と管理』企業の社会的責任シリーズ no.1（雄松堂書店 1975）

第2章　経営の形態と仕組み

1　現代経営の起点

　相手に何かを提供することがビジネスであるということは，人間社会での昔からのことです。世界が発展するということの根本は，経済的に発展するということであり，ビジネスが発展をとげるということでもあります。

　世界的に見ると歴史は古くさかのぼり，紀元前にフェニキアが地中海で行った貿易，シルクロードの隊商，さらに近代に入ってのルネッサンスと大航海時代での地球大の取引へと発展してきたのは皆さんのよく知るところです。このような時代の中心的なビジネスは，商業的な取引でした。それがどれほど大きな富をもたらしたかは，例えばルネッサンス期のヨーロッパの建造物をみれば一目瞭然です。ビジネスで利益をあげることは，お金を元手つまり"資本"とするということから，資本主義といいますが，こうした昔の資本主義は，モノの流通を扱う商業活動での利益を求めていたということから，商業資本主義といわれます。広範囲にわたる複雑な取引がありましたので，それに携わる企業はそれなりの経営の工夫を進めていました。

　しかしながら，ビジネスをどのように行えばよいかという大きな問題に突き当たったのは，産業革命によって，経済の世界が塗り替えられた時からです。それまで，モノを生産するということは，職人のビジネスで，仮に機械を取り入れるにしても，規模が小さく，経験と慣習のなかで済まされていたことでした。しかし，産業革命によって，人工のエネルギーを用いて機械を動かし生産するようになると，企業の規模は格段に大きくなります。工業が経済の中心になったからです。膨大な原料を調達し，大勢の労働者を雇って製造して，それを販売するという全くあたらしい事業活動を進め，しかも利益をあげる，という全く新しいビジネス活動をどのように展開すればよいかという課題にぶつかったのです。

　モノを生産するということを中心に広がるビジネス活動を，産業資本主義といいます。産業革命とともに，工業での大量生産ということが可能となります。機械が大量の製品を吐き出すようになりました。当然ながら，流通ビジネスも，

絹や香辛料がそうであったように何かを有る場所から，無い場所に持ってくる，ということではなく，工場で生産されたものを販売して消費に結び付けるというサイクルのなかでのビジネス活動として再創造されなくてはならなくなりました。

2　現代企業の骨格

　では，そのための経営の仕組みはどのようにして生まれたのでしょう。よく知られるように，18世紀後半から19世初めに最初に産業革命をなしとげて最初の工業国家といわれたのは，イギリスです。他の欧米諸国がそれにならったのです。しかし，こうしたビジネスをどのように扱うかという経営の仕方は，アメリカを中心に発展してきたといえます。それは，本当に大規模なビジネス，企業活動を進めたのがアメリカだったからです。

　アメリカは，その広大な国土を開拓しながら発展し，南北戦争が終結する1860年代には産業革命を成し遂げました。江戸時代末期にペリー提督が浦賀に蒸気エネルギーで動く軍艦を連れて現れて日本人を驚かせたのは，その象徴でもありました。このアメリカでの"最初のビッグビジネス"といわれるのが鉄道でした。アメリカの面積は日本の25倍ほどもあり，そこで発展したいくつもの鉄道企業は，桁外れの大きな事業を行っていました。そうなれば，機関車やレールのための鉄鋼会社や石炭会社など全て大規模になります。

　このような事業をどのように経営するか。まず，資本を調達するという問題がありました。産業革命の前のように，企業規模が小さければ，事業をやろうとする人たちがお金を出し合ってすみました。それまで多くのビジネスで見られた，出資者が経営に当たるパートナーシップというやり方では資金が不足するようになりました。そこで，出資者に株を買ってもらう形で株主となってもらい，経営を進める，株式会社が必要となるわけです。

　大規模な鉄道企業を経営するには，高度な知識や判断が求められるので，経営は専門的能力をもつ人々，つまり専門経営者によって担われることになりました。例えば，彼らは，日常の業務を正確に進めるための組織をどのように作るか，という問題を解決する必要に迫られ，企業のなかに，業務の権限と責任を明確にし，トップがそれをしっかり統制する，職務別の階層的な組織の組み立て，いわゆる集権的職能部門組織というものを創り上げました。

動物の進化に脊椎動物への発展というものがあります。動物は脊椎をもつことによって，高い機能を持ち，さまざまに環境適応できるようになりました。それと同じように，企業が大きく成長し，また，さまざまに能力を発達させることができるようになったのは，株式会社という経営の仕組みができてきたことが出発点です。資金を十分に調達できること，そして，出資して法律的に所有者となった株主とは別に，専門的能力のある経営者が経営に当たることができるようになったからです。こうした制度的な仕組みの上に，企業はさまざまに経営の仕組みを開発してきたわけです。経営の組み立て，あるいはビジネスモデルの創出といってもよいでしょう。株式会社制度という脊椎の周りにさまざまに事業の骨格をつくりあげて，合理性を持って成長できる現代企業の祖形が打ち出されたわけです。実際には，法律的な制度として企業がとる形はほかにもありますが，ここでは圧倒的な多数派として株式会社だけを念頭に置いてよいでしょう。

大規模な経営をどう進めるかということは，あらゆるビジネスの企業に，さまざまに課題をつきつけました。例えば，工場で大勢の労働者が働くという状態でビジネスを成り立たせるためには，コストを管理するということが必要だということも発見されました。工場の生産現場で利益を生み出すために労働者の作業効率を時間的に管理するという，コンサルタント，テーラーの工夫もこうした初期の大規模経営の組み立てとして生み出され普及したものです。確かに，工業の時代に入りますから，どのように生産の仕組みを作れば経営として成り立つかは，もっとも基本的なことがらでした。

3 生産と消費の循環のための仕組み

しかし，合理的で近代的な企業の発展と成長に求められた経営上の仕組みや工夫は，労働者の働き方だけですむものではありません。生産することは市場を創るということと結び付かなければビジネスにならないのです。

生産での問題を規模と効率あるいはコストだけでなく，製品の市場をつくるという課題と結び付けて解決した有名な例が，自動車王ヘンリー・フォードです。アメリカの大規模企業は，その発展のために，さまざまな経営上の工夫を行っていました。例えば，移民社会での労働者は不熟練労働者が多いという問題を抱えていましたから，作業を単純化して分業で生産させようとしました。

そのために，部品を規格化して組み合わせさえすればよいという"互換性部品"による生産システムを生み出していました。また，製粉業者や食肉生産業者が工程に採り入れていた"ベルトコンベア"がありました。20世紀初めにフォードはこれを結び付けて，モデルTという自動車の低価格大量生産に成功し，大量販売市場の開拓を実現したのです。その労働者の賃金も当時の平均よりはるかに高くすることができました。シュンペーターという経済学者は，経済活動が発展するのは，今までにない新しいやり方が持ち込まれること，つまり，イノベーション（革新）が次々起こるからだといいましたが，その有力なやり方が，すでに知られていることを"新結合"することだと指摘しています。フォードは，標準化された部品とベルトコンベアという2つの生産の方法を結び付けて，自動車の大量販売を実現し，工業化の時代の企業の成長モデルを生み出したのです。

　このようにして，生産と市場の循環を前提とする現代的な企業を経営するためのしっかりした仕組みができあがってきます。こうして，企業経営というものについての考え方，企業は製品を市場に結び付けながら消費者，従業員，株主のために存続し発展し続けるべきものである，つまり"継続企業"でなくてはならないという理解が生まれてきました。

4　多角化企業の仕組み

　企業は社会や経済の環境のなかでチャンスをつかみ適応しながら発展します。企業の経営はそれに合わせてつくられなければなりません。ヘンリー・フォードは，大規模で大量生産・大量販売するための経営の仕組みを考えたわけです。今でも，そうした経営の仕組みは世界中の企業が用いています。しかし，企業は環境の変化にさらされると，存続し発展するために経営の仕組みを修正したり新たに開発したりしなくてはならなくなります。

　ヘンリー・フォードの経営の仕組みは，自動車のモデルTという真っ黒な単一の車種をその大量生産方式で低価格供給して大量消費市場を生み出すというビジネスモデルでした。しかし，そうした画一的製品が普及すると，人々はさまざまなタイプの自動車を求めるようになります。そこでさまざまな色や形，グレードの自動車を売るというビジネスの組み立て方が求められることになります。ヘンリー・フォードは，その必要が理解できずに，さまざまなタイプの

自動車を生産・販売した GM に市場を奪われていくのです。

　単一製品を提供する事業から多種類の製品を扱う，つまり多角化した事業への変化は，それ自体が生産したものの市場をつくり出すための経営の仕組みの発展です。しかし，それが本当に利益を生み成長するためには，事業の組み立てをさらに変化させることが必要でした。単一製品を大規模に提供するために，フォード社は，生産から販売までのそれぞれの仕事を 1 つ 1 つの部門とする集権的な職能別組織という仕組みで事業活動を進めていました。これ自体が工業化の時代に生み出された企業の仕組としての組織の新たな工夫だったのですが，製品を多角化してフォード社から客を奪って成長した GM ではそれが機能不全をおこしたのです。

　合併を繰り返して 6 車種を抱えるようになっていた GM は，うまく利益が上がらないという痛い思いをした結果，自動車という製品を車種ごとにあたかも 1 つの会社であるかのように生産から販売までを行わせ，それを本社が全体として管理する，いわゆる，分権的な製品別の事業部制組織という仕組みを導入して問題を解決しました。

　日本では，松下電器，今のパナソニックが，第二次世界大戦の前に，さまざまな電気製品を擁するようになると，製品別に事業部制を導入したのですが，戦後，日本の企業がさまざまな製品を手掛けながら成長するようになると，分権的事業部制は，多角化した大企業経営で広くみられる経営の仕組みとなりました。この分権的事業部制という仕組みのメリットは，単に製品分野別に生産・販売するほうが効率的で成果があがるというだけでなく，あたかも事業部の責任者があたかも 1 つの会社の経営者のような立場になるので，全社の経営者を育成する仕組みともなったということでもあります。

5　人を生かす経営の仕組み

　企業において人の意欲を高め，全体としての成果を追求するということも，経営の仕組みとして重要なテーマとなります。人を働かせるということで，最初に行われたことは，前に述べたように，生産工程での作業に標準を決め，従業員にその仕事を割り当て，一定時間内での成果と報酬を結び付けるという，課業管理というシステムの導入です。労働の合理的な設計によって経営を進めるというこのやり方は，科学的管理法という経営の仕組みとして 20 世紀初め

に拡がり，すぐに日本にも取り入れられました。ですが，しばらくすると，従業員の動機を深く考えた仕組みも生まれてきました。科学的管理法は，どちらかというと，人は怠けたがるという性悪説にたって従業員の金銭的動機を基本に考えた経営の進め方でした。けれど，第一世界大戦後，アメリカで電気機器会社のホーソン工場での心理学者の実験から，むしろ従業員たちの仲間との一体感や仕事への誇りが生まれるようにすると，成果が上がるということが発見されるようになりました。こうして，非金銭的動機を満たす組織を作るということを重視した組み立てが生まれてきました。特に，第二次世界大戦前後に，心理学者のマズローが，"自己実現"つまり，自分の能力と可能性の豊かさが十分に実現される状態へと高みをめざすような向上心を人間の基本にすえる考えを打ち出し，さらに，マクレガーが，権限や命令を基本とする経営をＸ理論と名付けて否定的に扱い，マズロー流の人間の高い欲求を引き出す経営をＹ理論として唱えたこともあって，経営の仕組みの根幹に，従業員の動機づけや働きを考える傾向が生まれました。

とりわけ，ビジネスの中で企業の中に，ホワイトカラー，つまり今の事務系のサラリーマンが増えてくると，どのようにして彼らの意欲を高めるか，ということが経営の課題となってきます。確かに，人を働かせる上で，権限と責任を明確にして一つの命令系統を確立すること，つまり官僚制といわれる仕組みは基本です。また，職能別組織とか事業部制組織のように，組織の公式的な設計や骨組み，つまり，組織構造も大切な点です。しかし，企業全体として高い成果を生むためには，そうしたこととは別の，違った工夫が必要と考えられるようになったのです。組織のなかで人々の意欲つまり士気（モラール）とかヤル気とかいわれるものを高めるためには，人の集まりとしての経営の場のあり方や組織風土をどのようにつくるかということが重要となってきたわけです。例えば，クレジットカード会社のアメリカンエキスプレスは，顧客を深く感動させた従業員に高い名誉と表彰で報いるという仕組みで，マーケティング志向の企業としての仕組みをつくり出していることで知られました。

日本のビジネスの世界に，アメリカのような大企業体制が成立してくるのは，1960年代，いわゆる高度経済成長期からのことです。経営をどのように組み立て行うかは，そのころからアメリカをモデルとして考えられるようになりました。マーケティングという講座が大学に導入され，またアメリカを範として

経営学が論じられるようになり，一部の企業が早くも，日本ではまだあまり知られていなかったアメリカの経営の思想家ドラッカーを招いて勉強会を行うという状況でした。その頃の日本のビジネスは，アメリカから30年ほど遅れているという言い方がされていました。事実，1920年代にアメリカで始まった分権的事業部制を大企業が取り入れ始めたのはこの時代でしたし，アメリカで1930年代に台頭したスーパーマーケットにならったダイエーやイトーヨーカ堂のような小売企業が成長し始めたのも同じころです。

しかし，雇用を中心に経営をどのように組み立てるか，という面では，日本企業は，いわゆる日本型経営といわれる独自の仕組みを構築していました。これについては，別の章で詳しくのべられています。

6　環境変化と仕組みの多様化

アメリカでは，1970年代ごろから，ビジネスの世界と組み立てが大きく変化し始めます。脱工業化社会という考え方や知識社会という言葉が見られるようになったのです。工業化によって成長した経済社会は成熟して大きな節目を迎えたということです。実際，それまでの大量生産・大量販売型の企業の成長は減速しました。これは，市場的には，それまでの大企業が基盤としていた大量消費市場，いわゆるマス・マーケットの時代の終焉として理解されるようになりました。画一的な商品の大量生産・大量販売を受け入れていた市場が後退し，市場が細分化してきたと認識されるようになりました。

この時代に，消費者の支出は，モノよりもサービスに向けられる比重がたかまり，サービス経済化といわれるようになりました。同時に，コンピュータが高度化し，特にその小型化と低価格化を背景に，情報化といわれる状況が進み，20世紀末になると，インターネットの普及もあり，消費者の行動とビジネス活動の形態に変化が生じたわけです。また，これとともに，どの国の社会経済も国際的な流れのなかに巻き込まれることになりました。

このようにして，ビジネスの成立条件が大きく変化すると，企業の経営も高度で複雑なものとなってきます。

企業が求められたことの1つには，生産そのものでの工夫とは別に，競争の激化と消費者の要求に応じて，付加価値を追求することがありました。この場合，付加価値とは，消費者がより大きな価値を感じてくれる，したがって，高

くなっても，あるいは，他社のものでなく自社のものを買いたいと思ってくれるような，製品の高い価値です。製品の素晴らしい機能やデザインなどいろいろあるでしょう。さらに，消費者は，モノそのものでなく，製品が自分に与えてくれる便益や価値全体を求めるという考えも生まれ，また，実際アフターサービスや情報の提供まで含めて，それが市場の要求となってきたのです。

　ビジネスの世界で，消費者という言葉でなく，顧客という言葉が使われることが多くなったのは，これと結び付いています。人が何を求めているか，ということは，抽象的な消費する人々，という大雑把なとらえ方でなく，生身の人の個としての要求，欲求をとらえなければならない，という考え方の反映です。かつての大量生産・大量販売の効率志向の経営の組み立てでは排除されてきた考え方です。こうして，ビジネスに，顧客満足いわゆるCSをどのように創り出すか，さらに，顧客との関係をどのように維持するか，という観点での経営の組み立てが工夫されるようになりました。

　これは，メーカーだけでありません。小売業も，どのような価値をどのように提供していくかが重要となったのです。

　実際，20世紀末になって，ベンチャービジネスという経営の仕方が広がったのは，これと関係しています。既存の企業のビジネスのやり方では満たされなくなった消費者やユーザーに向き合うことを目的に誕生してきた新しい企業がベンチャービジネスです。例えば，1980年代，アメリカのアパレルで，既存企業をしり目に大きく成長したバナナリパブリックという会社がありました。業種的には，旅行用・サファリ用のウェアや靴，ということになりますが，その人気は，本当に旅行やサファリが好きな人を満たすという品ぞろえやカタログでの詳しく夢のある情報提供といったところにありました。

　こうしたベンチャービジネスの，個の消費者の欲求をとらえるためのビジネスの作り方は，大量生産・大量販売というビジネスの仕組みでは市場の要求にこたえきれなくなったということを示しています。アメリカでは20世紀初めから，シアーズというセルフサービスの総合小売業，いわゆるGMSが世界最大の小売企業として君臨していました。そこで，この店舗は長らくアメリカの多くのショッピングセンターの最も有力な核店舗でした。けれど，バナナリパブリックをはじめとして，キッチンウェアのウィリアムズソノマなどベンチャー型の専門型の小売企業が成長するなかで，低迷したのです。

人気のある核店舗は1980年代にはノードストロームというアパレル系の百貨店に代わりました。買ってくれた顧客に対応した店員が，その記録をとり，それ以降もそれをもとによく知った得意客としてきめ細かく対応するという販売の仕組みが，当時この小売業が打ち出したビジネスモデルということですが，実際に店員が顧客に手間のかかる接客を行うということが実現されていたのは，顧客を満たして創り出した売り上げの大きさに比例して自分の収入が得られるという，フル・コミッションという報酬の仕組みと結び付けられたからでした。
　小売企業だけでなく，メーカーでも例えば電器ではジェネラルエレクトリック（GE）のように大量生産・大量販売によって多角化し総合化した企業は停滞し，他方で，ボーズ社のような専門音響メーカーが成長をとげます。バナナリパブリックはその創業者ジーグラー自身，大の旅行家で，なぜそんなに客が集まるかについて，「自分が一番目の消費者だから」，と答えたものですが，ボーズ社の創業者アマー・ボーズも音楽マニアであり，社員もその8割が，元ミュージシャンかハイ・アマチュアでした。こうした顧客と共振性を持つあり方は，ベンチャーの経営の仕組みの典型といえます。
　同じころにナイキもベンチャーとして出発して大規模メーカーとして成長しました。ナイキの創業者フィリップ・ナイト自身，中距離ランナーでパートナーのバワマンはランニングコーチであったところに出発点があります。シューズの機能を極限まで追求して，エアシューズを創り出し，ランニングシューズだけでも，体形，技術などに応じて150種類という圧倒的な商品種類を提供し，さらに様々なスポーツシューズへと多角化しました。しかし，それを従来のやりかたで生産することはできません。そこで，海外のさまざまな工場と契約して，調達を図ったのです。国内での生産は一部で，ほとんどは自社工場で生産しませんから，従来のメーカーの経営とは異なります。このように生産は外部の工場にまかせるやり方を，ファブレスといい，我が国では，工場無きメーカーという言い方がされました。経営の仕組みは，変幻自在であるとともにシステム的ともいえるものとして構築されているのです。
　ナイキから生産委託を受けるメーカーのように，相手先のブランドの商品を生産し供給するビジネスをOEMというようになり，経営の仕方としてひろがってきました。これは，そうした専業メーカーのこともありますが，自社の有力ブランドを持ちながら，遊休設備を活用するという観点から実行している企

業もあります。小売企業が自社ブランド，つまり，プライベート・ブランド（PB）を創り，その生産をメーカーに委託することも拡がりました。自社ブランドを持つメーカーが小売企業からのPBの生産を求められて応じることも多くなり，それもビジネスモデルの1つといえます。しかし，自社ブランドの製品とPB商品は，ライバル関係になることもあり，それぞれの企業の経営の組み立てとして難しい判断を求められています。

7　外部を取り込んだ仕組み

　しかし，こうした外部企業との結びつきは，大きくみれば，製品製造において，その機能で専門化するという経営の拡がりの一端にすぎません。工業の世界で，研究開発を専門とする企業やIDEOのように著名なデザイン開発企業が，生産を得意とする企業と手を結ぶことが地球大で広がったのです。つまり，さまざまな企業とネットワークを経営の土台にするわけです。

　企業がその組み立てに当たって，外部の存在を取り入れるネットワークを土台とすることは全く新しい工夫というわけではありません。江戸時代に商人は農家に機織り機と原料を提供して布を織らせていました。これは，問屋制前貸し制といいます。明治の工業化の時代からになると，大きなメーカーが中小のメーカーに部品を生産させたり加工させたりすることが広がり，下請け企業というものができました。現在でも中小メーカーの8割が下請けとして注文をもらうというビジネスモデルとなっており，下請企業は注文を出してくれる大企業のことを親会社といいます。どちらの側の会社も互いに結び付くことによって，今流にいうと，外部とのネットワークを会社の仕組みに取り入れているわけです。

　中小企業の経営の組み立てとして，この下請けというやり方は，現在，転換点にあります。

　それは大企業の生産が海外移転するという場合があり，また外注コストの引き下げのために下請を選別して集約したり，納入価格の引き下げを求めるということがあるからです。

　受注できなくなった下請け企業には，他産業に市場を開拓して，かえって売上と利益の成長を実現した例も少なくなく，また，自社ブランドの製品を持つ，いわゆる自立化を進めることが試みられます。すると，今度は，こうしたメー

カーが小売企業とネットワークを組むことも起こってきます。

　企業が外注するのは，原理的には，分業の原理の素に，外部でより効率的で優れた企業と手を結ぶということですが，常にそれが経営の正解ということではなく，経営の考え方次第で違う方法もあります。例えば，ファスナーで世界のトップ企業となったYKKという会社は，高品質の製品をコストを下げながら創るために，ファスナーの金属や布部品，その金属を製造するための工場，布の工場，と自分たちでつくることで発展をとげました。外注によらずに会社の内部で必要なものを製造するやり方を，内製といいます。製品の製造を中心において原料に向かって事業を確保したり，市場に向かって事業を展開したりすると，事業は，原料から市場までの大きなながれとして組み立てられることになります。

　動機は，原料の確保や販売チャネルの支配，あるいは，他の会社との取引コストの削減などがありますが，川の流れになぞらえて，川上から川下までタテに事業を抱えるこのやり方を，ビジネスの組み立てでは垂直統合といいます。しかし，大きな資金を1つの分野に集中して投資して動きがとれなくなることにもなりますので，市場の変化などに対してリスクが高くなるということもあって，経営の仕方として判断が必要です。

8　プラットフォームの構築

　社会の新しい要求に応じた新しいビジネスを取り入れて，それをビジネスの仕組みにすることもあります。例えば，個人の要求で宅配というビジネスが出るとそれは，新しいビジネスをつくるためのプラットフォームになります。それを使った正確性と迅速性を生み出す通販ビジネスモデルが可能になりました。

　プラットフォームというビジネスの組み立て方は，皆さんが使うマイクロソフトのウインドウズというビジネスのモデルでよく知られるようになりました。皆さんがウインドウズという基本ソフトが入ったパソコンを買う場合，実はパソコンメーカーはそのソフトを買って，製品価格にその代金を潜り込ませているわけです。ウインドウズが入ったパソコンを買うと，そのソフトを生かした別のソフト，例えば，ワードという文章作成等のソフトが売れます。ウインドウズを前提にさまざまなソフトが開発されると，つまり，アプリケーションというものが次々提供されるようになると，ウインドウズの商品価値はさらに高

くなるわけです。このような商品を売るための土台、という考え方は、前からあったことですが、今日では経営の仕組みとして重要となっています。
　とりわけメーカーの製品でも耐久性のあるモノの場合は、市場で普及すると、つまり、みんなが持つようになると、その製品の売り上げは落ちてくる。アメリカでは第二次世界大戦の前にすでに自動車会社がこの問題に直面して、モデルチェンジによって買い換えさせるという工夫を取り入れたけれど、製品が普及してしまうことは、現在にいたるまで多くの耐久消費財メーカーの課題となっています。とりわけ、パソコンのような分野では、技術革新は早く、競争のもとでの製品の価格低下も急速となり利益が出なくなるので問題が大きくなります。
　パソコンとの関連では、プリンターが製品普及後の売上維持をはかるためのビジネスモデルを持つことでよく知られています。プリンターという機械はとても安く提供されていますが、実はそのプリンターで利益がでなくても、毎日のように使い続けるインクを売ることで、継続的に利益を上げ続けることができるというわけです。
　これを、サプライで儲けるビジネスモデル、といいますが、皆さんがよく知っている携帯電話でも、電話機は安く提供して消費者が毎日使い続ける通信料で利益を上げるというモデルが長く広がっていたわけです。ゲーム機も普及させることによって、新しいソフトを販売するという、プラットフォームを形成していたわけですが、スマートフォンが浸透すると、それをプラットフォームにダウンロードやインターネット接続によるゲーム提供が行われるようになり、ビジネスの組み立てとして転換点に立っているわけです。チェキのようなインスタントカメラは普及させればそのためだけのフィルムを売り続けることができるビジネスモデルです。これに対して、今のデジタルカメラは、普及しても、メモリーは独占して販売できませんから、プラットフォームがつくれていないということになります。
　セコムは、高度成長期にできあがった電気通信網をインフラ、として店舗や住宅のアラームの機械と駆けつけるガードマンという人間を結び付けた、マン・マシンシステムという仕組みのセキュリティビジネスをつくったのです。こうした自社の仕組みは、自分の企業の事業の展開のプラットフォームともなります。セコムは、セキュリティ事業のために開発した通信システムの先に、

介護・福祉や教育を結び付けています。つまり，この会社は，自分たちの事業を社会システム産業と言っていますが，これは，プラットフォームの創造で生み出されたのです。

9　複合化するビジネスの仕組み

　社会と経済が発展すると，サービスが求められるようになります。日本では，サービス産業で働く人々は7割にも近づいています。昔からのサービスビジネスには，銀行・証券会社やホテル，飲食店というものがありますが，今では，宅配，家事代行，レンタルなど，かつてはなかったサービス事業が次々生まれてきました。こうしたサービスという言葉は，召使がサーバントといわれたように，人に奉仕するという意味から出ているのですが，新しい価値を持つ形にして，また新しいタイプのサービスを開発して，商品として販売する企業が次々発生しているのです。それまでの工業製品が有形製品というとすると，サービスは無形製品だともいわれます。

　サービスという商品をどのようにつくりどのように提供するかの難しさはそこにあります。今までになかった，しかもこれという塊でない価値をどのようにして創り上げ提供するか。それはひとえにビジネスの組み立て方によって決まってくるのです。

　皆さんがよく知っているファーストフードにマクドナルドがあります。ハンバーガーを，美味しく，手軽に，早く，という価値のあるサービスとして提供するために，アメリカで1960年前後から始まったのです。資金が乏しいなかで，チェーン店を早くたくさん作って規模の利益を得るためには，フランチャイズという仕組みが効果的でした。店舗の所有者が，店長の仕事も引き受けて加盟店として参加してくれるのですから，短期間にたくさんチェーン店ができます。しかし，素人が客にきちんとサービスを提供するためには，マニュアルによる店の運営というシステムを開発することが必要でした。会社，つまり本部は，加盟店にマクドナルドというブランド，ハンバーガーなどの材料，運営方法の提供を行い，対価として店の売上から，ロイヤリティという名前の報酬を受け取るのです。マクドナルドは，客への直接のサービスでなく，加盟店へのサービスの提供で加盟店から利益をもらうという仕組みです。

　つまり，このマクドナルドという会社は，フランチャイズビジネス，という

ビジネスとして出発したのです。やがて，加盟店からもっと利益を得るために，店を会社が用意して，それを希望者に家賃をとって貸してフランチャイズ加盟店にするというアイデアが生まれました。つまり，フランチャイズというビジネスの組み立てに，不動産業のビジネスが組み込まれたのです。

　さらに，店を直営店にしてもっとしっかりしたサービスのビジネスとして消費者から直接利益をあげるという考えも生まれると，フランチャイズ店を買い上げて直営化するという仕組みへの切り替えもありました。やがて，ブランドとしても知られるようになると，海外にも店舗展開し，1970年代には，日本でのチェーン展開の包括的な権利を1つの企業に提供し，そのライセンス料を受け取るようになったことはよく知られています。

　なぜ，このような話をくわしくしたかというと，すでにここに現在のビジネスの組み立ての高度さ，複雑さが姿を現しているからです。例えば，フランチャイズか直営店か。それは，提供するサービス商品の価値をどちらがよりよく提供できるか，という問題だけでなく，ライバル企業との立地競争のなかでの店舗展開のスピードの考え方，店長の育成のスピード，また，店舗・不動産コストと資金コストについての理解と判断が求められるからです。

　セブンイレブンは経営として，コンビニエンスストアとして皆さんは考えるでしょう。しかし，会社としては小売業ではありません。確かに，宅配便もさせるし，振り込みもできる，コーヒーもある，という独自のサービスの店舗です。しかし，本社のほとんどは，店舗を経営しているわけではありません。コンビニエンスストアである加盟店から，フランチャイズ料を受け取るフランチャイズビジネスなのです。しかし，会社の経営は，それだけで成り立っているわけではありません。確かに本部，つまり会社がフランチャイズ契約で加盟店に提供するものには，商品があります。しかし，その商品は，本部が調達して，加盟店に販売しているのです。つまり，セブンイレブンという会社は，商品を卸す問屋としても利益をあげて，さらにそこでさまざまなメーカーと協働しての新商品開発という役割もはたして加盟店の利益を増やし，フランチャイズからの収入の増加をはかっているわけです。

　社会と消費者が求めるものを提供するということは，そこに価値を創る，高めるということでなくては，売れない，つまり市場から利益をあげる企業として成長し，存続することになりません。なによりも，企業は激しい競争のなか

で，より高い価値を提供しなければなりません。いずれにせよ，さまざまに生まれてくる技術，サービス，あるいは人の働きや能力を結合してビジネスの組み立てを創り出すことが，現代ビジネスの基本となっているといえるでしょう。

ディスカッションのテーマ

　ビジネスの世界で，情報を獲得し自分で考える力が重要となっているのは何故だろうか。経営の仕組み（ビジネスモデル）の発展から考えてみよう。

【参考文献】
・安藤百福『魔法のラーメン発明物語―私の履歴書』（日本経済新聞出版社 2008）
・小倉昌男『小倉昌男 経営学』（日経BP社 1999）
・ピーター・F・ドラッカー（上田惇生訳）『マネジメント〔エッセンシャル版〕―基本と原則』（ダイヤモンド社 2001）

第3章　経営戦略

1　経営戦略の基礎
1-1　経営戦略の意義

　「戦略（strategy）」はギリシャ語の「strategos（将軍の術）」に由来する軍事用語であり，国家目的達成のために軍事的手段を配分，適用する方法を表します。軍事用語である戦略が企業経営の分野に適用された嚆矢は，チャンドラー Jr による『Strategy and Structure』（1962）とされています。同書では，経営戦略を「企業の基本的長期目標・目的の決定，とるべき行動方向の採択，これらの目標遂行に必要な資源の配分を行うこと」と定義しています。

　企業経営における経営戦略の意義を考えてみましょう。企業は市場に対して製品やサービスを提供する経済的主体であると同時に，株主，消費者，供給業者，地域社会等のステークホルダーとの関わりの中で存在し，彼らの利害調整を行う社会的存在でもあります。このような側面を持った企業の基本的目的は長期の維持発展であり，この目的を達成する手段が経営戦略です。その前提として，なぜ自社が存在しているのか，自社が将来どのような会社になりたいのか，社会でどのような貢献をしたいのか，これが明確であることが必要です。これがミッション，経営理念，ビジョンです。これらを具体化するロジックを含んだ打ち手こそ経営戦略なのです。

1-2　経営戦略の階層

　経営戦略は全社戦略，事業戦略，職能別戦略という3階層で構成されています（図表1）。

(1) **全社戦略**

　全社戦略は，企業の戦略行動の大枠を示し，自社の生存領域，製品－市場領域を決定していくものです。具体的には，自社の進むべき方向性を決め，多角化した複数の事業へ資源を配分するという2点がポイントです。経済が持続的な成長を遂げ，需要過剰な状況での全社戦略では，特定の事業への投資の重点配分を決定するポートフォリオ戦略の考え方が重視されていました。企業が直

面する競争圧力は現在に比べ弱かったため，個々の事業単位の内部問題である競争の要素はそれほど重要ではなかったからです。

(2) **事業戦略**

事業戦略は全社戦略とは異なり，個別事業レベルの戦略を扱います。ライバルとの競争という次元を扱うのが事業戦略の本質です（競争戦略）。事業戦略の目的は，全社戦略で設定された目標を達成できるように自社の競争優位を構築し，持続する競争力を実現して高い収益を得ることです。事業戦略では，全社戦略によって示された戦略的思考の大枠を具体的な活動に書き換え，実行段階の効率を高めることが必要となります。

(3) **職能別戦略**

職能別戦略は，企業内のさまざまな職能部門が保有する資源の整備や活用に関わる戦略です。全社戦略で示された大枠を，事業戦略で実行段階へと具体化し，それをさらに職能部門における実際の活動のレベルに具体化することが必要です。職能別戦略は，具体的にはマーケティング，生産，研究開発，人事，財務等の職能における事業戦略達成に向けた諸活動を意味しています。

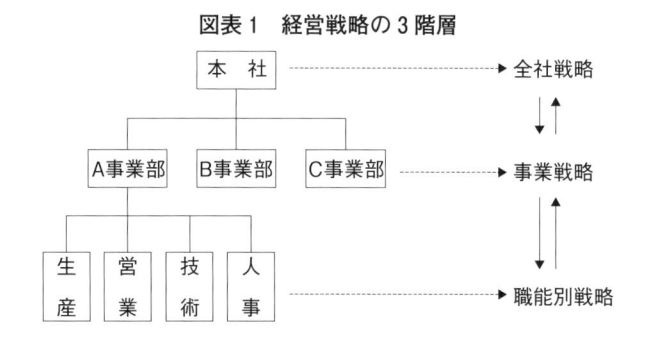

図表1　経営戦略の3階層

これら3つの戦略は密接に関連しています。また，相互の関連は全社戦略→事業戦略→職能別戦略という一方向だけでなく，職能別戦略→事業戦略→全社戦略という方向も存在します。

1-3　戦略形成の考え方

(1) **伝統的な考え方：策定と実行の分離**

戦略形成の伝統的な考えの嚆矢はアンドリュースの戦略論です。さらに，これ

を実務的に応用した枠組みにSWOT分析があります。伝統的な戦略策定の本質は戦略の策定と実行を明確に区分し，戦略の策定は主に経営トップが行い，その忠実な実行を組織が担うとする点にあります。

(2) **新たな考え方：策定と実行の相互作用**

　戦略は全知全能の英雄が1人で作るものではありません。現実には多くの組織メンバーが戦略形成プロセスに参加し，彼らの相互作用から生まれるのです。これが戦略形成の創発プロセスです。現在のような不連続な環境変化の中で，企業には戦略の柔軟な転換が求められています。そのためには，戦略転換を実現する個人の創造的アイデアや発想が，組織の中からわき上がる必要があります。組織が環境変化に柔軟に対応することは容易なことではなく，戦略と組織の相互作用があってこそ，組織は有機的に機能するのです。組織が戦略を実行する中から，新たな戦略を生み出していくとも考えられます。したがって，戦略形成プロセスから組織を切り離して考えることは現実的ではありません。戦略形成の場としての組織という位置づけが重要になるのです。

2　全社戦略
2-1　企業ドメインの規定

(1) **企業ドメインの定義**

　企業ドメインは企業の事業範囲や領域限界です。経営理念やビジョンは自社の将来像を問うものですが，それに答える形で企業ドメインが規定されます。企業ドメインは日常的に問いかけるものではありません。環境変化に合わせ自らを変化させる時に必要なのです。

　企業ドメインを規定する重要性として，意思決定者の焦点が限定され，重点的な投資分野が決定され，集中と選択のめりはりがきくこと，蓄積が必要な経営資源が明確になること，企業の一体感が醸成されること，社会に対する自社の役割を伝達すること，等が挙げられます。

　ただし，企業ドメインは万古不易なものではありません。環境変化に応じて，一旦規定された企業ドメインを再定義する必要があるのです。

(2) **企業ドメインの次元**

　企業ドメインを規定する際，空間的な広がり，時間的な広がり，意味の広がりの3つを考慮する必要があります（榊原，1992）。空間的な広がりでは，取

り扱う製品という物理面だけに限定するのか，機能面まで広げるのかを考えます。物理的側面のみに注目すると，時間的，空間的に限定され，変化の方向性や発展の道筋を描き難いということになります。時間的な広がりでは，企業活動の発展性，変化等のダイナミックな次元を考えます。意味の広がりとは，特定の経営トップに固有で特殊的なものか，逆に組織メンバーや社会の共感を得ることができる一般的なものか，を考える次元です。

(3) ドメイン・コンセンサス

ドメイン・コンセンサスとは，企業ドメインに対する企業内外の関係者間での社会的合意です。企業ドメインは経営トップが勝手に作り出すものではありません。組織メンバーや外部の人々に受け入れられて，初めて機能します。社会的に支持されないような企業ドメインは単なる飾り物に過ぎません。

多様なステークホルダーにドメイン・コンセンサスを形成してもらうには，コーポレート・スローガン等を伝えるだけでは不十分です。経営トップ，組織メンバー，外部社会の相互作用を通じて形成される合意が必要なのです。特に，経営トップが機会をとらえて継続的にメッセージを発信し続けることが重要です。

2-2 成長戦略の枠組み

(1) アンゾフの成長ベクトル

アンゾフは，企業成長の方向を「製品」と「市場」の2軸で捉え，それぞれを「現有」と「新規」に分け，製品─市場マトリックスの4つのセルに分類し，成長ベクトルとして説明しています（図表2）。

図表2　成長ベクトルの構成要素

市場＼製品	現有	新規
現有	市場浸透	製品開発
新規	市場開発	多角化

出所) アンゾフ (1969), p.137 を参考に作成。

市場浸透戦略は，従来と同じ事業領域で市場シェアの拡大を目指すものです。広告，販売促進，PR，人的販売等を通じて，需要の普及・拡大を図ること，

顧客1人当たりの使用量を拡大することが必要です。ただし，市場需要の成長力が衰えていないことが前提です。

製品開発戦略は，既存の市場に対して新たな製品を開発，提供するものです。この戦略では他社との差別化が大きな課題です。製品開発戦略には改善型製品開発と革新型製品開発が存在します。

市場開発戦略は，製品は従来と同一だが，新しい市場を開拓し参入するものです。既存の製品を従来とは異なるタイプ（性別，年齢層，所得層，地理的特性等）の顧客層に提供していく戦略行動です。グローバル市場の開拓は典型的な市場開発戦略です。

多角化戦略は，製品，市場ともに新しい領域に進出する戦略です。その意味で他の3つの戦略に比べリスクは最大になります。多角化は関連型と非関連型に分けられます。関連型多角化は本業に関連する分野に進出するもので，複数の事業間に何らかの関連性があります。関連型多角化は技術関連型と市場関連型に細分化されます。技術関連型多角化は自社の中核技術を基盤に新たな関連分野を開拓します。一方，市場関連型多角化は従来のマーケティングに関する知識・ノウハウ，既存の販売チャネルが活用できる分野に進出します。無関連多角化は技術，市場ともほとんど関連のない事業へ進出します。多角化の成功確率や企業業績との関係をみると，関連型多角化のほうが無関連多角化よりも成功の確率は高く，より高い企業業績と結びつきます。多角化を実行するには，必要な資源を内部で開発するか，買収あるいは戦略的提携等により外部から獲得・補完することが必要です。

(2) **シナジー概念**

アンゾフは成長ベクトルの4つの戦略を評価する基準として「シナジー（synergy）」概念を導入します。シナジー効果は2つのものの間に何らかの共通関連性があって，両者が共同利用できる時に発生する費用節約効果です。例えば，1＋1＝3となるような，部分の単純合計より大きな結合効果なのです。

アンゾフはシナジー効果を具体的に販売シナジー，操業シナジー，投資シナジー，マネジメント・シナジーの4つに分類します。販売シナジーとは流通経路，販売組織，倉庫等の共同利用による費用の節約，操業シナジーは複数の事業間で施設や人員を活用したり，間接費を分散したり，一括大量仕入れを行う等による効果，投資シナジーは工場，機械，研究開発等の共同利用による費用

節約，マネジメント・シナジーは経営能力の共同利用による効果を表します。マネジメント・シナジーは，その有効性を拡大解釈した場合，経営能力をあらゆる事業に展開できるという誤った結論を導く恐れがあるため注意が必要です。マネジメント・シナジーを求めて，既存事業と全く無関連な事業を展開してしまう可能性があるからです。

2-3　PPMと資源配分

多角化の進展に伴い，複雑になった事業の管理が急務となりました。複数の事業の性質を把握し，過去の実績や勘ではなく，客観的な判断で資源配分を行うことができないか，という問題意識から生まれた分析手法が1970年代にボストン・コンサルティング・グループによって体系化されたプロダクト・ポートフォリオ・マネジメント（PPM）です。PPMは経験曲線と製品ライフサイクルという2つの経験則の上に成立している，「戦略の科学化」を目指した分析枠組みです。

(1)　経験曲線

経験曲線効果とは，当該製品の累積生産量が2倍になると，製品単位当たりのコストが20〜30%低下するという経験則です。経験曲線効果を生み出す要因として，習熟効果，規模の効果，新たな生産プロセスの導入，製品の標準化等が挙げられます。経験曲線効果による低コスト化を推進するためには，競合他社よりも市場シェアを大きく取り，早く市場で成長して累積生産量を増大させることが必要です。また，競合他社の累積生産量が判明すれば，製品コストの概要を推測することができ，戦略的な対抗措置を考えることもできます。

(2)　製品ライフサイクル

製品ライフサイクルは，製品が市場に投入されてから成長，成熟，衰退の局面を経る間に，資金の流入と流出がどのように変化するかを示したものです。製品ライフサイクルには導入期，成長期，成熟期，衰退期の4つの段階が存在します。導入期は製品が市場に投入されて間もない時期であり，市場での認知度を高めるため，広告・宣伝や販売促進等に資金を投入する必要があります。この期の戦略的課題は市場の拡大です。ライバルと戦うよりも協力して市場を拡大させることが必要です。導入期では製品の認知度は低いため，売上の急激な増加はなく資金流入も少なくなります。一方，売上や利益が少ない中，認知

度を高めるための活動資金が必要になるため，資金流出は大きくなります。成長期は製品の認知度が高まって急激に売上が伸びる時期であり，資金流入は多くなります。しかし，市場成長に伴い，参入者との競争が激化するため，ライバルへの対抗が課題となります。したがって，ライバルとの競争に勝つための資金流出も多くなるのです。成熟期は競争が一段落し，市場シェアも固定化して安定した資金流入が期待されます。一方，成長率鈍化のため，追加の設備投資や資金準備は不必要です。したがって，資金流出は最低限にとどまり，キャッシュ・フローは高水準でプラスになります。衰退期は製品の売上が低下し，寿命を終える段階です。この期は撤退を含む事業自体の見直しが必要です。ただし，全くチャンスがないわけではありません。市場の再拡大あるいは残存者利益の獲得という手段も残っています。

(3) **事業ポートフォリオ**

事業ポートフォリオは，市場成長率と相対的マーケットシェアという2つの次元を用いて事業を分類し，企業全体の資金配分を考える分析枠組みです（図表3）。縦軸の市場成長率は製品ライフサイクルから導かれ，事業の将来性や魅力を表します。一方，横軸の相対的マーケットシェアはライバルと比較した自社の優位性（コスト競争力）の程度を表します。

事業ポートフォリオは4つのセルに分類され，自社の保有する事業が位置づけられます。「花形」は将来的な成長も見込め，コスト競争力も高い事業です。花形は資金流入が大きいものの，成長市場での競争激化に伴い，製品改良，販売促進，設備投資等のための資金流出も大きくなります。

「金のなる木」は将来の成長は期待できないが，コスト競争力は高く，資金流出は少なく，大きな資金流入をもたらす安定した事業です。しかし，金のなる木はやがて衰退し，市場から姿を消す可能性が高いため，これ以上の新たな資金投入は必要ありません。ここで獲得された資金は，将来に向けて育成が必要な問題児や競争力強化が必要な花形に向けられるべきです。

「問題児」は将来の成長は期待できるが，コスト競争力は低く，製品の改良や知名度を上げる努力を要する事業です。競争力がないため利益もまだないか少ない状態であるため，ここに多くの資金を投入し，花形に育てていく努力が必要です。問題児の典型は新規事業（新製品）です。これら事業は将来の花形や金のなる木の候補であるため，問題児に事業が1つもない状態も問題なので

す。複数の問題児が存在することは，企業の将来の発展にとって健全な状態です。ただし，すべての問題児に均等に資金を配分するのではありません。将来，有望と判断された問題児を選別し，そこに資金を配分することが重要です。問題児の選択と集中が必要なのです。

「負け犬」は将来の成長は既に見込めず，コスト競争力も低く，資金流入も小さく，改善の余地のないものです。したがって，撤退を含め事業の見直しを考える必要があります。ただ，負け犬は必ず撤退すべきということではありません。市場の再拡大がないとはいえません。また，負け犬に所属する従業員のモチベーションの問題も考えなくてはなりません。

事業ポートフォリオの基本的戦略は，「金のなる木」で生まれた資金を「問題児」へ回し，「問題児」を「花形」に育てるというものです。「花形」は時間の経過とともに，「金のなる木」に移行します。また，「金のなる木」で得た資金を研究開発につぎ込み，直接「花形」を作り出すという方法もあります。しかし，これは非常に難しく，成功する業種も限られており，さらに時間もかかることになります。

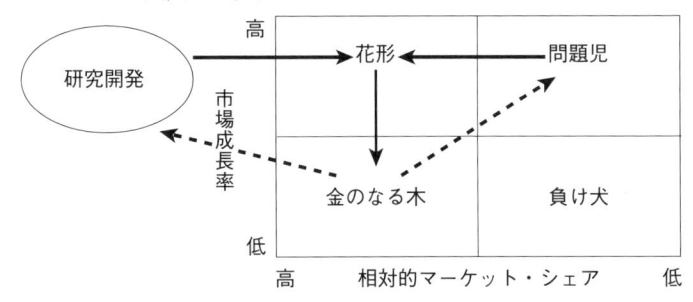

図表3　事業ポートフォリオの基本的戦略

注）点線：資金の流れ，実線：ビジネスの位置の変化。

PPMの意義は，第1に複数の事業をマトリックス上に描くことで視覚的にわかりやすく捉えることができる点，第2に個々の事業の個別最適の視点に陥らず，キャッシュ・フローの全社最適化の視点を持つことができる点（全社戦略と事業戦略の統合）が挙げられます。

一方，PPMの問題点としては，第1に戦略策定プロセスの保守化に陥る危険性があることです。客観的なデータへの過度の依存は，定量化が可能なデー

タしか注目せず，分析できることしか分析しない傾向を生み出します。そうなると，目先の事業機会だけを求めて行動したり，確実に成果の出る事業にしか投資しないという弊害を生む可能性が出てきます。これでは将来性を見込んだ事業や不確実性の高い事業への投資は後回しになってしまいます。

第2に人的側面や組織メンバーの行動的側面が欠落している点です。例えば，負け犬事業に配属させられた人のモラールの低下，金のなる木に所属する人間と問題児に所属する人間との感情的な離齬等の問題は考慮されていません。

3 競争戦略
3-1 業界構造分析

ポーターはライバルとの競争を決める要因は業界構造にあるとして，収益率に影響を及ぼす5つの要因を導出しました（図表4）。これら5つの競争要因が強ければ，当該業界で企業が利益を上げることは難しくなります。この考え方の背後には，「産業組織論」の基本的なパラダイムである市場構造（Struc-

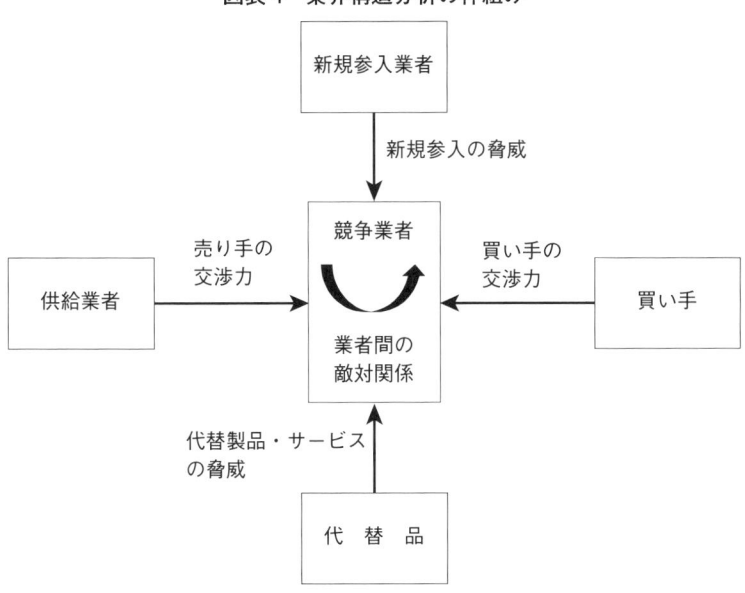

図表4　業界構造分析の枠組み

出所）ポーター（1995），p.18，図表1-1を参考に作成。

ture）が企業行動（Conduct）を決定づけ，それが市場（企業）成果（Performance）に結びつく，という視点があります（SCPパラダイム）。このような発想の競争戦略は「いかに戦うか」より「どこで戦うか」を重視します（ポジショニング・アプローチ）。

(1) **既存企業間の敵対関係の強さ**

既存企業間の競争は価格，広告，新製品開発，顧客サービス向上等の面で現れます。既存企業間の敵対関係を激しくする要因として，競争業者の数が多い，又は規模とパワーが同等，業界の成長率の低さ，大きな固定費（在庫費用），差別化の困難さ，高い撤退障壁等が挙げられます。

(2) **新規参入の脅威**

新規参入者により業界全体の生産能力は増大し，市場シェアを拡大しようとする意志と能力が生まれます。その結果，激しい競争が生じ収益構造を悪化させる可能性が高まります。また，実際に参入がなくとも，その可能性が高いだけで既存企業は高い価格を維持できません。新規参入の脅威の程度は，参入障壁の高さと既存企業から受けると予想される反撃の強さで決まります。参入障壁を高める要因として，規模の経済性，強力なブランドの確立，大規模な運転資金の必要性，流通チャネルへのアクセスの困難さ，政府の政策・法律等が挙げられます。一方，予想される反撃の強さは，以前に既存企業が強力な反撃をしたことがあるという実績の有無，反撃するための経営資源を既存企業が豊富に持っているか否か，業界の成長率が低いか否か，等の要因で決まります。

(3) **代替品の脅威**

代替品とは，現在の製品と技術的には異なるが，同じ機能を持つ別の製品です。他に代替品がなければ，自分の思い通りの高い価格を設定できますが，代替品が存在する場合，自社製品にそれほど高い価格をつけることはできません。最も注意すべき代替品とは，現在の製品よりも価格性能比が高い製品，高収益な業界が生産する製品，破壊的イノベーションの特徴を持つ製品です。

(4) **買い手の交渉力，売り手の交渉力**

買い手（顧客）は値引き，優れたサービス・品質を要求する等の圧力をかけることができます。買い手は交渉を通じて売り手と利益を奪い合う存在です。買い手の交渉力の程度は，買い手のパワーと買い手の価格センシティビティで決まります。買い手のパワーは，買い手が自己の言い分や希望を相手に押しつ

ける力の強さです。買い手の価格センシティビティは，買い手が購入価格を低下させることにこだわる強さです。

買い手のパワーが大きくなるのは，買い手の数が少ないあるいは買い手の購入量が自社の売上にとって大きい場合，製品が標準化されているあるいはスイッチング・コストが低い場合，買い手が後方統合すると脅す場合，買い手である卸や小売が最終ユーザーの意思決定を左右できる場合等です。一方，買い手が価格センシティビティを高めるのは，買い手の利益水準が低い場合，売り手の製品が買い手のコストに占める割合が大きい場合，売り手の製品が買い手の製品の質にあまり影響を及ぼさない場合等です。

なお，売り手の交渉力については，基本的に買い手の交渉力の逆を考えればよいことになります。

3-2　3つの基本戦略

ポーターは業界で平均以上の業績を上げるために必要な基本戦略として，コスト・リーダーシップ，差別化，集中の3つを提示します（図表5）。

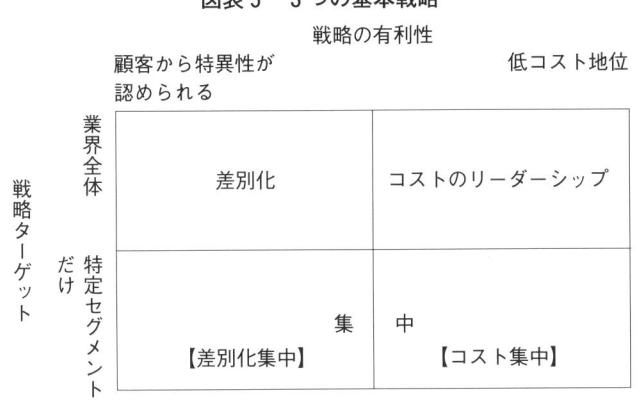

図表5　3つの基本戦略

	顧客から特異性が認められる	低コスト地位
業界全体	差別化	コストのリーダーシップ
特定セグメントだけ	【差別化集中】集	中【コスト集中】

戦略ターゲット／戦略の有利性

出所）ポーター（1995），p.61，図表2-1を参考に作成。

(1) コスト・リーダーシップ戦略

コスト・リーダーシップ戦略は低コスト化で競争優位を確立する戦略です。高い稼働率，規模の経済性，経験曲線効果，範囲の経済性等により，コスト優位を確立します。低コスト戦略は業界リーダーあるいは上位数社が追求できる

に過ぎません。コスト・リーダーシップ戦略のリスクには，技術革新により既存の生産設備等が無効になること，新規参入企業の新鋭設備によって既存のコストリーダーの優位性が消滅すること，コストだけに注力し市場の変化や製品変更の機会を逸してしまうこと等があります。

(2) 差別化戦略

差別化戦略は価格以外の面で競合他社とは異なる独自の顧客価値を創造し，競争優位を獲得する戦略です。自社の独自性に顧客が価値を見出してくれる場合，ライバルよりも高い価格をつけることができます。差別化の要素には製品性能，品質，デザイン，使いやすさ，納期，ブランド，アフターサービス，ビジネス・モデル等があります。差別化の成功では，顧客価値の独自性が戦略的な意味を持ち，長期に持続されることが重要です。複数の要因を組み合わせた差別化はライバルに容易にまねられません。差別化戦略のリスクは模倣企業の出現です。模倣企業の出現は差別化の意味を低下させます。また，低コスト戦略をとる企業と差別化戦略をとる企業とのコスト差があまりに大きくなると，優位性は失われます。

(3) 集中戦略

集中戦略は業界のリーダー企業等との直接の競争を避け，特定の分野に資源を集中して事業展開を行う戦略です。この戦略は，集中した分野で低コストを追求するコスト集中と差別化を追求する差別化集中に分かれます。集中の例には特殊分野，特殊顧客，地域，チャネルへの特化等があります。集中戦略のリスクは，第1に広い市場を対象とする戦略をとる企業と集中戦略をとる企業との間で低コスト，差別化両面での特徴の差が喪失することです。第2に特定セグメントの支配から全体へ視点を広げ，集中戦略をあいまいにすることです。第3に焦点を絞ったターゲットの内部に，さらに小さな市場をライバルが見つけ，集中戦略を進める企業を出し抜く危険性です。

(4) スタック・イン・ザ・ミドル

企業は3つの基本戦略のうち1つを選択し，一貫してそれを追求することが必要です。複数の類型を同時並行して追求すると，中途半端な所で動きがとれなくなり，にっちもさっちもいかない状態に陥ります。中途半端なシェアで低コスト化と差別化を両方達成しようとすると，シェアが低くとも差別化できた場合よりも収益性は低くなります。これがスタック・イン・ザ・ミドルという

状態です。このような状態に陥るのは，異質な競争優位を複数構築しようとすると，首尾一貫しない行動をとらねばならないからです。

しかし，この考え方は低コスト戦略を追求する企業に差別化は必要ない，逆に，差別化を追求する企業にコスト削減は不要ということを意味しません。差別化を考慮したコスト削減や低コストの差別化への努力は，当然取り組むべき課題です。そのような努力を行った上で，ライバルに対してどこで競争優位を構築するか，選択をすることということがポイントなのです。

3-3 資源・能力ベース戦略論

(1) 資源ベースの競争戦略

ポーターの戦略論に代表されるポジショニング・アプローチの特徴は，第1に魅力的な産業を探し出すとともに，ライバルとの熾烈な競争をなるべく避けるように自社を位置づけること，第2に競争圧力が存在する中で利益を確保するために他社と違うことを行う，という点にあります。

しかし，ポジションをとるだけでは不十分です。ポジションを維持するために継続的なオペレーションが必要なのです。そこで1980年代以降，企業の競争優位の源泉として企業独自の資源や能力が注目されるようになりました。ポジショニング・アプローチでは，経営資源は流動的であるため，必要とする経営資源は即座に獲得できると考えます。一方，資源ベース戦略論では，経営資源が容易に獲得できるならば，結果としてすべての企業が同じ存在となり，競争優位は獲得できないと考えます。また，多くの経営資源は瞬時に蓄積できるものではありません。資源ストックの水準は時系列で引き継がれ，時間の経過とともにゆっくりと蓄積されるのです。

しかし，保有する経営資源がすべて競争優位に結びつくわけではありません。バーニーは競争優位を生み出す経営資源の特質として，経済価値への貢献，希少性，模倣困難性を挙げています。特に，模倣困難性は持続的な競争優位を獲得する上で最も重要な特質です。模倣が困難になる理由には，経路依存性の存在，資源と競争優位との因果関係の不明瞭性，経営資源が招く矛盾の問題，一見した非合理性の包含等が含まれます。

(2) 能力ベースの競争戦略

① 経営資源の蓄積と活用

　経営資源の大量保有は競争優位の獲得を保障しません。環境変化が緩やかで安定的ならば，大量保有した経営資源の効率的な配分を考えればよいでしょう。しかし，現在，環境変化は不連続で激しく，企業は迅速な対応を迫られています。急速な変化に対応するには，環境変化に合わせて新たな競争力や未来の市場を創造できる能力が必要です。たとえ，ある資源を大量に保有しても，それが特定の目的でしか利用されない，あるいは特定の部門や部署に囲い込まれ，組織全体で活用できないとしたら，新しい価値を創造することはできません。現在では，経営資源の大量保有というストックの発想よりも，経営資源をいかに創造的に活用するか，というダイナミックな視点が重要なのです。

② 組織能力の概念と意義

　組織能力はさまざまな経営資源をつなぎ合わせ，活用する能力であり，組織内の資源を機略縦横に組み合わせる接着剤の役割を果たします。組織能力は絶えず新しい戦略を創造し，戦略転換を行うイノベーション実行能力として位置づけられます。組織能力が構築されると，経営トップが戦略的な方向性をビジョンの形で示し，強いリーダーシップを発揮して組織文化を変革し，従業員の創造性発揮が喚起され，横断的な組織の協力が促されます。これらの組織的な活動によって，各部門や部署が持つ異質な知識・ノウハウが融合する中で，新たな知識・ノウハウが生まれます。それを基盤に新製品や新事業の開発が促進され，持続的な競争優位が確立されるのです。

③ コア・コンピタンス論

　能力ベース戦略論の代表的な理論がプラハラードとハメルにより提唱されたコア・コンピタンス論です。コア・コンピタンスとは「顧客に対して，他社にはまねのできない自社ならではの価値を提供する企業の中核能力」です。これは自社の核となる技術や技能を組み合わせ，技術体系を作り上げ，それを用いて新製品や新規事業の開発を実現する能力です。このような能力は図表6に示されたように企業の成長に必要な養分を補給し，安定をもたらす基盤（根）として位置づけられ，企業の競争優位の源泉となるのです。最終製品しか見ていない場合，ライバルの真の実力を見逃してしまいます。コア・コンピタンスの具体例として，ソニーの小型化能力やホンダのエンジン回りの技術体系等が挙

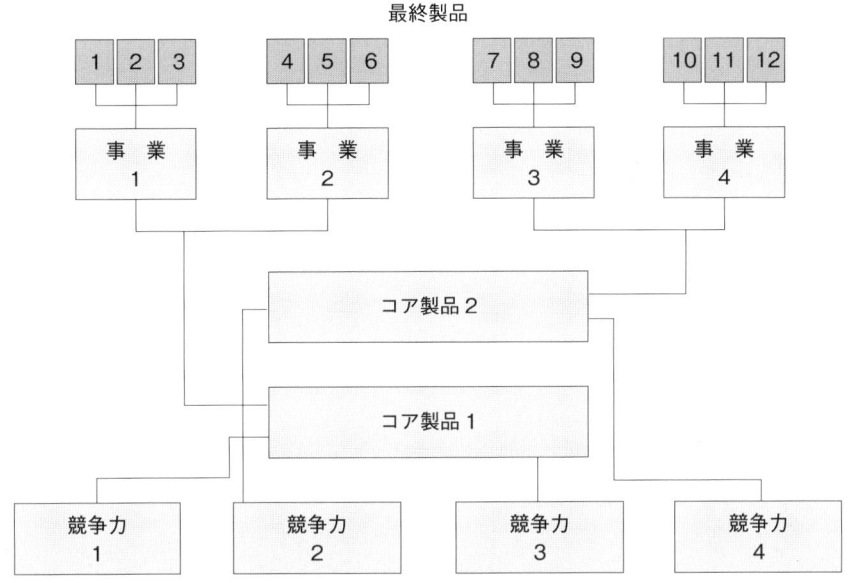

図表6　競争優位の源泉となるコア・コンピタンス

```
                        最終製品
   ┌──┬──┬──┐  ┌──┬──┬──┐  ┌──┬──┬──┐  ┌──┬──┬──┐
   │ 1│ 2│ 3│  │ 4│ 5│ 6│  │ 7│ 8│ 9│  │10│11│12│
   └──┴──┴──┘  └──┴──┴──┘  └──┴──┴──┘  └──┴──┴──┘
    │           │           │           │
   事 業        事 業        事 業        事 業
    1           2           3           4

              ┌─────────────────────┐
              │     コア製品 2      │
              └─────────────────────┘
              ┌─────────────────────┐
              │     コア製品 1      │
              └─────────────────────┘

   ┌────┐    ┌────┐    ┌────┐    ┌────┐
   │競争力│   │競争力│   │競争力│   │競争力│
   │ 1  │    │ 2  │    │ 3  │    │ 4  │
   └────┘    └────┘    └────┘    └────┘
```

注）企業は樹のように，根から成長する。コア製品は，競争力に育てられて，ビジネス・ユニットを生み，さらにそれが最終製品として結実する。
出所）プラハラード・ハメル（1990），p.7, 図1を参考に作成。

げられます。

　コア・コンピタンスの性質は以下の3点に集約されます。まずは組織内の集団的学習という側面です。これは多様な技術の調整，複数技術の流れの統合を学ぶことです。第2に組織の境界を超えて活動するためのコミュニケーション，参加，深くかかわることという側面です。技術者が，自己の専門的経験を他のメンバーの経験の蓄積と新たな視点で結合する機会に気づくことが重要です。第3に使っても消滅しないという性質です。コア・コンピタンスは，時間と共に劣化する物理的資源と異なり，活用されるほど強化される傾向があります。

　ある競争力がコア・コンピタンスとなるには，次の3つの条件が必要です。第1の条件は，さまざまな市場への参入の可能性をもたらすことです。第2の条件は，最終製品がもたらす明確な顧客利益に実質的に貢献することです。第3の条件は，ライバルにとって模倣が困難なことです。特に，ある競争力が

個々の技術と生産技能の複雑な調和の産物である場合，模倣は困難なものとなります。

(3) コア・リジディティとダイナミック・ケイパビリティ

レオナルド＝バートンは，いったん構築された組織能力が，時間の経過とともに環境変化に対応できず，組織の硬直化を促すことで，逆に弱みに変異してしまう状態を「コア・リジディティ（core rigidity）」と命名しました。企業を取り巻く条件が同じであれば，従来の組織能力によって優位性を維持することができます。しかし，組織能力によって生み出された相互依存的なシステムがルーティン・ワーク化すると，環境変化の中で従来の優位性は失われ，硬直化が始まります。ルーティン・ワーク化により，人々の行動や判断が慣性によってなされ，創造的な活動が行われ難くなるからです。

コア・リジディティに陥らないため，企業には既存の組織能力を環境変化に合わせて変更，向上させるようなダイナミックな視点が必要であるといった議論が1990年代後半から盛んになっています。ティースらは組織能力を変化させ，更新する能力を「ダイナミック・ケイパビリティ（dynamic capability）」と命名し，「急激に変化している環境に対応するため，内部及び外部のコンピタンスを統合，構築，再編成する企業の能力」と定義しています。ダイナミック・ケイパビリティは複雑な組織現象です。このような能力を構築するには，経営トップやミドルのリーダーシップのあり方が重要となってきます。

ディスカッションのテーマ

1 富士フイルムのライバルであるコダック（アメリカ）はなぜ事業転換に失敗したのか，考えてください。
2 業界構造分析の枠組みを使って，具体的な産業の構造的特性を考えてください。
3 3つの基本戦略の枠組みを使って，具体的な企業の競争戦略の特徴を考えてください。
4 スタック・イン・ザ・ミドルはどのような状況でも当てはまるのだろうか，考えてください。
5 コア・コンピタンスの具体例を挙げ，それがなぜ構築されてきたのか，考えてください。

【参考文献】

- 青木幹喜『人と組織を活かす経営管理論』(八千代出版 2007)
- 榊原清則『企業ドメインの戦略論』(中央公論新社 1992)
- 水越豊『BCG 戦略コンセプト』(ダイヤモンド社 2003)
- ドロシー・レオナルド・バートン『知識の源泉』(ダイヤモンド社 2001)
- C・K・プラハラード＝G・ハメル(坂本義実訳)「コア競争力の発見と開発」ダイヤモンド・ハーバード・ビジネス 1990 年 8-9 月号 4-18 頁
- I・アンゾフ『企業戦略論』(産業能率大学出版部 1969)
- M・E・ポーター『新訂 競争の戦略』(ダイヤモンド社 1995)
- D. J. Teece.; Gary Pisano.; Amy Shuen. (1997). Dynamic Capabilities and Strategic Management *Strategic Management Journal*, 18 (7), pp.509-533.

第4章　マーケティング

1　マーケティング活動

　マーケティングとは何でしょうか。私たちは常日頃，広告や宣伝活動に接しています。例えば，テレビCM，新聞広告などは毎日のように接している人が多いのではないでしょうか。電話によるセールスや自宅の郵便受けに届くDMはマーケティングの結果です。このため，「マーケティングは広告・宣伝のことである」と考える人も多くいます。しかし，店頭に並ぶ商品の陳列棚もマーケティングの結果です。こうした広告・宣伝・販売活動などは，「目に見える」マーケティングといえます。

　これに対して，一般消費者からは見えないマーケティング活動も存在します。売り手は，消費者の目の触れないところで，消費者の関心をつかんで利益を得るために，多大な人手を費やし，幅広く活動しているのです。

　本章では，マーケティングに関する基本的な考え方について理解するとともに，関連する概念を学ぶことにします。まず，大まかな考え方を説明した上で，マーケティング戦略，マーケティング・ミックス，そしてブランディングに関して学びます。

1-1　マーケティングの目標

　マーケティングの目標は「顧客との関係を創造する」ことです。ピーター・ドラッカーは「企業の唯一の目的は顧客の創造である」としました。また，これに関連して，マーケティングを「アウトソース不可能な中核的な組織機能」と位置付けました。顧客との関係を創造することを，もっとわかりやすくいえば，新規の顧客を獲得し，その関係を維持・成長させることにほかなりません。一度自社の製品やサービスを買ってもらって，顧客になってもらっても，その後ライバル企業の製品に乗り換える等，離れてしまっては元も子もありません。繰り返し買ってもらえること，次回はもっとたくさん買ってもらえること，そして自社製品・サービスのサポーターとなって新たな顧客を連れてきてもらえるような仕組みを考えていくこと——こうしたことがマーケティングの目的だ

といえます。

　このために最も大切なことは，顧客のニーズを満たすことです。ニーズとは人間の欲求のことにほかなりません。人間の欲求には際限がありませんが，時間やお金には制約があります。こうした制約の中で，消費者が製品・サービスを実際に選択しようとすること，すなわちニーズが制約のハードルを超えて実現することによって，需要が生まれます。こうしたニーズや需要を考えることが重要なのです。

　優れたマーケティングを行う企業は，顧客のニーズや需要を知り，理解しようと努めます。消費者が何を好むか，研究を怠らず，既存顧客による自社製品の評価を分析し，競合他社の商品や顧客動向にもアンテナを張っています。顧客ニーズのどんな点が満たされ，何が満たされていないかに常に気を配っているのです。

1-2　マーケティング戦略

　マーケティングの目標はここまで説明したとおりですが，実際にはどのように行われるのでしょうか。典型的な考え方を紹介しましょう。そのプロセスは，マーケティング戦略の構築であり，「STP」といわれます。

　「S」は「セグメンテーション」，「T」は「ターゲティング」，「P」は「ポジショニング」を表しています。セグメンテーションとは，企業が対象とする市場全体を，一定のまとまりのあるいくつかの部分に分割することです。こうして分割された部分市場は，「セグメント」と呼ばれます。次に続くターゲティングは，いくつかに分割したセグメントのうち，どれに自社のマーケティング資源を投入すべきかを決定することです。企業によっては，市場を分割せず，ターゲティングを実施しない場合もあります。ポジショニングとは，競合相手と比べて，自社の製品やブランドを，消費者から見てどのような位置に据えるのか決定することを指します。自社製品・サービスの「強み」を明らかにすることと考えればよいでしょう。つまり，「STP」とは，一言で表すなら，「市場の中で誰に対して，どんな自社独特の価値を提供するか」決めることであるといえます。難しい言葉では「差別化の内容と源泉を特定すること」ということもあります。

　しかし，いきなり「STP」を決定できるわけではありません。もちろん，戦

略は企業のビジョンあるいは経営理念に基づくものでなくてはなりませんし，そうでなければ持続は不可能でしょう。しかし，ビジョンに基づくものであれば，戦略が有効であるとは限りません。

　戦略を考えるに当たっては，環境分析を行う必要があります。環境は，内部環境と外部環境に分けられます。内部環境は自社の状況を表します。一方，外部環境は社会・経済動向，顧客の嗜好，競合他社の動向等が含まれます。内部環境・外部環境のそれぞれについて，ポジティブ（有利）な面とネガティブ（不利）な面に分けて考察する考え方をSWOT分析といいます。ここで，内部環境のポジティブ要因（Strength：強み），ネガティブ要因（Weakness：弱み），外部環境のポジティブ要因（Opportunity：機会），ネガティブ要因（Threat：脅威）と名付け，それぞれの頭文字をとってSWOTというわけです（図表1参照）。

図表1　SWOT分析

	ポジティブ要因	ネガティブ要因
内部要因	強み (Strength：S)	弱み (Weakness：W)
外部要因	機会 (Opportunity：O)	脅威 (Threat：T)

　環境分析にはSWOT分析以外にもさまざまな考え方があります。内部環境をCompany（自社），外部環境をCustomer（顧客）とCompetitor（競合他社）に分けて考える3C分析も代表的な考え方です。外部環境に焦点を当てたPEST分析，競合関係に焦点を当てた5F（ファイブ・フォース）分析も分析枠組みとして広く知られています。PESTとは，Politics（政治的情勢），Economy（経済状況），Society（社会状況），Technology（技術状況）のことです。5F分析は，戦略論の代表的な学者であるマイケル・ポーターが提唱したもので，「現在の競合他社」「潜在的参入者」「バイヤー（顧客）」「サプライヤー（供給業者）」「代替品」の5つの観点から競合関係を分析する方法です。

　こうした環境分析を行った後に，初めて戦略の根幹となる「STP」を検討し，定めることができるようになります。しかし，「STP」を設定したらそれで終わりというわけではありません。その戦略を具体化する方法を考えなくてはな

らないのです。それは，次項で説明するマーケティング・ミックスと呼ばれる具体的なマーケティング要素のことです。

1-3 マーケティング・ミックス

　マーケティングの基本戦略を実現するために考えるべき要素をマーケティング・ミックスと呼び，通常は4つの要素を考えます。それらは製品（Product），価格（Price），流通（Place），プロモーション（Promotion）のことで，すべての頭文字がPで始まるので，「マーケティングの4P」あるいは単に「4P」と呼ばれています。これらは，戦略を実現するために具体的に考えるべき要素ですが，同時に企業がターゲット顧客に対して働き掛けるために操作できる要素でもあります。各項目について，順に見ていきましょう。

〈製品（Product）〉

　前述のとおり，マーケティングは顧客との関係の創造と維持を目的とし，複数の活動から成り立っています。そして，その中心には製品・サービスがあります。消費者による購入の対象が有形財の場合は製品，無形財の場合はサービスと呼ばれます。4Pにおいては包括的に「製品」と示されますが，製品とサービスの双方を含んでいます。本章のこれ以降の説明も，製品と書きますが，製品・サービスの意味と理解してください。

　企業が新たな製品を開発し，販売しようとする場合，競争の中で顧客を獲得するためには，何らかの優れた機能や品質を備えていることが必要です。つまり，ターゲット顧客のニーズを満たしていなくてはなりません。競合他社と比較して，よりよく満たしている状況が理想的な状態です。戦略の中のポジショニングを思い出してください。

　人々は，複数の問題の解決を期待して，製品を購買します。つまり，1つの製品が買い手にもたらす機能や便益は，複数あることが一般的です。したがって，製品は顧客が抱えている問題を解決する「便益の束」としてつくられることになります。

　また，買い手は製品の機能や品質だけに反応して購買の意思決定を下すわけではありません。さまざまな製品を消費者が購買する理由を考えれば理解できると思います。もちろん，機能的品質など品質の要素は重要ですが，そのほかネーミング，パッケージ，サイズなども重要です。これらも「製品」の中に含

まれます．これらの要素が異なれば，「製品」も異なると考えられるからです．

〈価格（Price）〉

　消費者には時間やお金の制約があるという事実を，「1-1　マーケティングの目標」において説明しました．製品がいくら欲しくても予算を上回っていれば購入できないことも多いわけです．価格を決めることをプライシングといいます．これが戦略を具体化するための重要な要素であることは，容易に想像がつくでしょう．ターゲット層が誰になるのか，高級路線なのか安さを訴求するのかといった自社のポジショニングとも深く関連します．

　基本的に価格は，企業が製品を提供するのに必要な費用を回収し，適正な利潤を得ることができるように設定されます．しかし，その設定に当たってはいくつもの選択肢があります．例えば，同一製品の価格が常に同一でなければならないわけではありません．販売する地域，店舗，時期，量（単位），組み合わせなどによって，割り引かれた価格や割り増しされた価格を設定する場合があります．競合他社製品の価格も考慮に入れなくてはならないでしょう．

〈流通（Place）〉

　「流通」は顧客が製品を「どこで買えるのか」「どこで利用できるのか」を表す要素で，「流通チャネル」とか単に「チャネル」といわれることもあります．典型的には，「どこに店舗を立地させるのか」あるいは「店舗販売なのか，オンライン販売なのか，自動販売機なのか」といったことを考えなくてはなりません．「流通」もターゲット層やポジショニングと深くかかわる重要な要素です．消費者には時間に限りがあるという説明も思い出してください．いかにニーズを満たす製品を妥当な価格で提供しても，購買できる場所で提供されていなければ，あるいは不便な場所でしか提供されていなければ，顧客が競合他社の製品に流れてしまうことがあるでしょう．つまり，顧客が思い立った時に，自社の製品を容易に購買できるように工夫することが必要です．

〈プロモーション（Promotion）〉

　自社の製品を顧客となりそうな人に知ってもらうことや，その評価を高めるための情報提供が「プロモーション」の内容です．つまり，製品や企業にかかわる情報を人々に伝達するさまざまな手法や活動の総称で，広告はその代表的な手段です．広告に当たっては，テレビ，ラジオ，新聞，雑誌，インターネット，公共交通機関，看板，チラシなど，利用可能なさまざまなメディアがあり

ます。そのほか，販売員による推奨や説明，サンプルやクーポンの配布などの販売促進活動もプロモーションに当たります。これらのメディアをどのように選択するかによって，伝え得る情報の到達範囲や効果が異なってきます。顧客や見込み客に対する広告宣伝や販売促進活動ではなく，テレビ，新聞などの報道メディア向けに発信する情報も「プロモーション」の要素と考え，これを広報活動といいます。その企業や製品に関する「よいニュース」は広告以上の効果をもたらすこともありますし，不祥事などがあれば一気に評判を落とすことは皆さんもご存知でしょう。

　以上，マーケティング・ミックスの4つの要素「4P」について概要を説明してきました。繰り返しになりますが，マーケティング・ミックスは，マーケティングの基本戦略である「STP」を実現するために考えるべき具体的な要素です。戦略は企業理念や環境分析に基づいて練り上げられるものですので，「4P」も当然，環境を考慮して決められます。

　図表2は「4P」が外部環境の中で互いに連携し合っている様子を表しています。ここでは，わかりやすくするため一部の外部環境に限定していますが，競合他社や消費者（顧客）の嗜好変化，内部環境も環境として重要なことは前に述べたとおりです。そして，主として「誰にどんな価値を（競合他社と異なる価値を）提供するのか」という基本戦略のもとでマーケティング・ミックスの各要素が連携するのです。

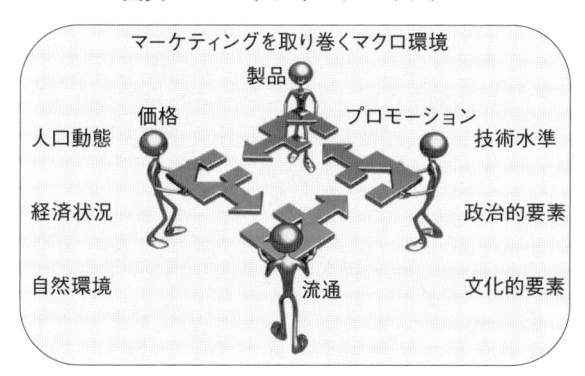

図表2　マーケティング・ミックス

1-4 マーケティング・マネジメント

　4Pの4つの要素は互いに関連したものです。つまり、各要素間には、整合性がなければならないのです。例えば、「若者向けの製品を提供しながら、広告はビジネス誌に掲載する」あるいは「低所得者の多い地域で高級品を扱う店舗を展開する」といったことでは、うまくいくはずがありません。これらは極端な例ですが、マーケティング・ミックス「4P」の間に整合性がなくてはいけないことは理解できるのではないでしょうか。このように、「4P」要素間の整合性を「マーケティング・ミックスの内的一貫性」と呼びます。一方、「4P」の各要素と企業が直面する環境との整合性を「マーケティング・ミックスの外的一貫性」と呼びます。図表2は外的一貫性・内的一貫性の双方を表現したものであったわけです。

　企業のマーケティング活動においては、内的一貫性と外的一貫性とを兼ね備えていることが求められます。これによって、顧客との関係を創造・維持・発展させるというマーケティングの最終目的が追求可能となります。しかし、このことは単なるマニュアルによって成せる技ではありません。実現するための「仕組み」、つまりマネジメントが必要です。この仕組みをマーケティング・マネジメントといいます。パッケージや販促イベントに知恵を絞ることはマーケティングの1つの側面ですが、これをマーケティング・マネジメントとはいいません。一貫性を考慮し、それらを統合的に展開することがマーケティング・マネジメントの課題となります。

　マネジメントの基本は、人材と組織を整備し、仕事の役割分担・連携・調整の枠組みを整え、組織活動が円滑に推進できるような仕組みを作り上げることにあります。これによって、複数目的の同時達成や目的間の調整も可能となります。顧客との関係の創造・維持・発展というマーケティングの目的遂行が可能となるわけです。

2　ブランド・マネジメント

　これまで、マーケティング活動についての概要を説明してきました。環境分析、基本的な戦略である「STP」、マーケティング・ミックス「4P」といった一連の流れが、整合性を保ちながら維持・管理・発展すべく、マーケティン

グ・マネジメントに統合されるべき点を最後に紹介しました。

　本章の最後はブランドを取り上げ，基礎的な事項について説明します。ブランドは競合他社との「差別化」と深く関連します。「差別化」とは基本戦略の中のポジショニングであると考えてよいでしょう。これによって，競合他社とは異なる価値を，よりよく提供することができるようになります。

2-1　ブランドとは何か

　ブランドの定義は，「製造・販売企業の製品を他の企業の製品と区別するために付与する名前，デザイン，シンボルなどの特徴」です。語源は自身の所有物であることを示すために家畜などに押した焼印を意味していました。しかし，近年は「単に区別する目的の印やマーク」としてブランドを捉えるのではなく，ブランド価値に注目するようになりました。つまり，ブランドを「資産」と考えるようになったのです。ブランド価値が製品に関して認められる場合「プロダクト・ブランド」，企業に関して認められる場合は「コーポレート・ブランド」と呼ばれます。高いコーポレート・ブランドは，その企業名を聞いただけで，同社の製品を購買したいと思わせるような効果があることを表しています。なお，プロダクト・ブランドには，製品（一連の製品群）もサービス（一連のサービスメニュー）も含まれることになります。

　今や多くの企業がブランド価値の重要性を認識するようになり，さらに長期的な観点からその資産価値を評価・育成するようになりました。企業買収の際に，買収額の過半がブランドの買い取り価格であるという事例も生じています。それだけ長期にわたって構築されたブランド価値とその戦略的な重要性が認識されているからなのでしょう。

2-2　ブランドの効果

　優れたブランドは，製品と顧客との絆を強めることにつながります。それによって，事業の収益性や成長性は高まります。1つの店で同種類の異なる企業の製品が並んでいる状況を考えてみてください。消費者は通常，1つの製品を買うだけでも多くの選択肢や代替案を持っています。こうした状況で，企業自身やその製品が優れたブランドと認識されていれば，消費者に「選択の理由」を提供することができるのです。

もう少し，優れたブランドがもたらす効果を系統的に考えてみましょう。ブランドの主要な効果は，「価格プレミアム効果」と「ロイヤルティ効果」として理解することができます。価格プレミアム効果とは，同等の機能やデザインを持つ他社製品よりも，自社製品を高価格で買ってもらえるという効果です。ロイヤルティ効果とは，顧客に自社製品を繰り返し購買したいと思ってもらえる効果です。

　ブランドは上記の主要な効果以外にもさまざまなメリットをもたらすことが期待されます。例えば，マーケティング活動の1つであるプロモーション活動を容易にし，広告・宣伝の有効性を高める効果があります。また，流通業者の協力も得やすくなりますし，業者に対する交渉力を高めることも期待できます。

　さらに，ブランドは企業に事業を拡大する機会を提供します。つまり，「ブランド拡張」や「ライセンス供与」が可能となるのです。ブランド拡張とは，新製品を開発したり販売したりする際，自社の既存製品に用いてきたブランドを活用することです。ライセンス供与とは，自社ブランドの使用を他社に許可し，その対価としてブランド使用料を得ることです。ライセンス供与は，主として自社が取り扱っていない製品カテゴリーや地域を対象として行われます。以上は図表3としてまとめることができます。

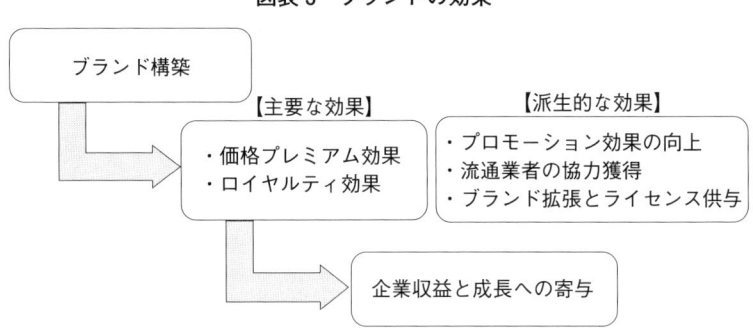

図表3　ブランドの効果

```
┌─────────────┐
│ ブランド構築 │
└──────┬──────┘
       │
       ▼
【主要な効果】              【派生的な効果】
・価格プレミアム効果         ・プロモーション効果の向上
・ロイヤルティ効果           ・流通業者の協力獲得
                            ・ブランド拡張とライセンス供与
       │
       ▼
┌──────────────────────┐
│ 企業収益と成長への寄与 │
└──────────────────────┘
```

　高いブランド価値には，企業の評判を向上させることにより，有能な人材を採用しやすくなる効果もあります。また，その企業で働く従業員の意欲を高める効果も期待できます。

2-3　優れたブランドの育成

　優れたブランドを育成することは一朝一夕にはできません。ターゲット顧客のニーズの把握とそれに基づく製品開発，適切な価格設定，広告や広報活動，スポンサーシップ，各種のイベントや社会貢献活動――等々，多岐にわたるマーケティング活動や関連する活動を長期的に展開していくことが重要になります。したがって，多額の費用を投入してでも，他社の既存ブランドを買収したり，ライセンス供与を受けたりしたほうが，最初から自前のブランドを育成するよりも効率的な場合もあります。ブランドの育成にはそれほど多くの投資と時間が必要になるからです。

　優れたブランドは，さまざまな機能を通じてマーケティング活動を容易にすると同時に，マーケティング活動の成果であるともいえます。このように，ブランド・マネジメントには，ブランドの活用と育成という2つの側面があります。これらは表裏一体となって，多様な活動を統合するブランド・マネジメントを構成しています。企業は，資産としてのブランドを活用できるように，日々ブランド価値を育成すべく努力する必要のあることが理解されたでしょうか。

ディスカッションのテーマ

1　自分の好きな製品・サービスを1つ選び，そのターゲット，ポジショニングの内容を考えてみましょう。また，マーケティング・ミックス（4P）はターゲット，ポジショニングに即したものになっているか検討してみましょう。
2　上記1の製品・サービスの「STP」「4P」には一貫性があるか，考察してみましょう。
3　繰り返し購入したいと思うような好きなブランドを思い浮かべ，そのブランドの製品・サービスを繰り返し利用したいのはなぜか考えてみましょう。

【参考文献】
・石井淳蔵＝栗木契＝嶋口充輝＝余田拓郎『ゼミナール　マーケティング入門〔第2版〕』（日本経済新聞出版社 2013）

・小川孔輔『マーケティング入門』（日本経済新聞出版社 2015）
・フィリップ・コトラー＝ゲイリー・アームストロング『コトラーのマーケティング入門〔第 4 版〕』（丸善出版 2014）

第 5 章　イノベーション

1　イノベーションの基礎概念
1-1　イノベーションの本質と意義

⑴　狭義のイノベーションと広義のイノベーション

「イノベーション（innovation）」という言葉を目にする機会が増えています。日本語では一般に「技術革新」と訳されます。イノベーション理論を体系化したシュンペーターは，経済発展を導くイノベーションの本質が「生産手段の新結合」にあると主張します。ここでの生産は，利用できるさまざまな物や力の結合と広い意味で使われており，その手段や手法の変更がイノベーションということになります。

イノベーションは狭義と広義2つの意味を持っています（十川，2011）。狭義のイノベーションは新技術・新素材の開発，新製品の開発といった，主として技術的な成果であり，製品イノベーションに相当します。技術革新という訳語は，まさに狭義のイノベーションを反映しています。技術的な成果は企業が長期に維持発展していく上での基盤であり，その重要性は否定されません。ただし，技術的成果のみに注目する議論は，顧客ニーズをいかに満たすか，あるいは技術的成果を生み出す背後のマネジメントはいかにあるべきか，といった問題を捨象してしまいます。

一方，広義のイノベーションは，企業の価値創造プロセス全体の視点から，新技術，新製品開発の活性化を支える組織プロセス，マネジメント・プロセスの変革まで含めてイノベーションとして捉えます。具体的には，顧客ニーズに合った新しい製品・サービスを創造するために，研究開発の方法や生産システムを更新したり，新たな保守，サービスの仕組みを構築したり，さらにそれらを支える組織プロセス，組織間関係，ビジネス・モデル，制度等の変革まで含めたものになります。

⑵　イノベーションの必要性
① 　経済成長の源泉

シュンペーターは資本主義の本質を，イノベーションによる「創造的破壊」

と位置づけました。経済成長は人口増加や資本の供給という外生的な環境要因よりも，企業による内なる創造により達成されます。製品や産業の成熟化を乗り越えるには，新製品や新産業を生み続け，自らを革新するプロセスが必要です。

② 生活や社会の根底からの変化

イノベーションによって，我々の生活や社会は根底から変わる可能性があります。例えば，鉄道，電信，電話，自動車，航空機，化学繊維，ラジオ，テレビ，CD，コンピュータ，携帯電話等々は，我々が日頃当たり前のように使っている製品ですが，これらが無い生活は想像できません。

③ 企業の競争優位の源泉

イノベーションは企業の競争力や浮沈を左右し，競争優位の源泉となります。企業の基本的目的は長期の維持発展です。この基本目的を達成するための企業の本質的な活動こそ，新製品・サービス，新規事業を生み出す価値創造のプロセス（及びその活性化），つまりイノベーションの活動なのです。過去に成功を収めた企業であっても，未来永劫その地位が持続するとは限りません。新たなイノベーションを携えた新興企業に敗れ去り，市場からの退出を迫られるケースもあります。イノベーションを組織の中で継続的に生み出すために何が必要か，を考えることは現代の企業経営の重要な課題なのです。

(3) イノベーションの本質

イノベーションの本質について，一橋大学イノベーション研究センター（2001）は以下の4つを挙げています。

① 知識創造・活用の営み

イノベーションの直接の成果は，最終的に我々が享受する製品やサービスではなく，それらの基盤となる知識です。知識は物と違い，その利用を排除できません。知識は何度もそして同時に利用可能です。これは知識の漏洩や模倣の問題につながります。また，新しく創造された知識は全くゼロから創造されるのではなく，過去の知識を基盤とします。既存の知識との関連がイノベーションの累積性という特質を生み出します。過去の経緯や蓄積が次のイノベーションに影響を及ぼすのです。このような累積性はイノベーションの方向を決定づける要因となります。

② システムとしての営み

　イノベーションは単なる思いつきや発明とは違います。多様な技術，知識，仕組みが組み合わさり，システムとして機能して初めて成果に結びつくのです。このようなシステム性の本質から，イノベーションの相互依存性という特質が生まれます。単品としての製品やサービスが優れていても，既存の関連するシステムとの互換性がないと社会では受け入れられません。例えば，燃料電池車は燃料の水素を低エネルギーで生産する技術が確立され，さらに全国に水素ステーションが建設されねば普及しません。

③ 社会的な営み

　イノベーションは組織における人々の協働，相互作用によってなされます。イノベーションの主体である人間や企業は社会的な存在であるため，イノベーションも社会的プロセスと切り離すことはできません。イノベーションには一部の技術者や企業家のみならず，一般の組織メンバーも関与します。また，イノベーションは人間の情報処理能力の限界，社会の制度，歴史，文化といった要因の影響を受けます。イノベーションは真空の実験装置から生まれるのではありません。社会の仕組み，システム，価値観等との互換性，親和性が必要なのです。

④ 矛盾に満ちた営み

　イノベーションには多くの矛盾が伴います。イノベーションには創造の喜びと得られた成果の大きさへの期待があります。一方，イノベーションは常に不確実性を有します。失敗のリスクへの恐れや不安，創造的破壊への抵抗・拒否がつきものです。したがって，既存企業のイノベーションへの取り組みが遅れたり，イノベーションの可能性を認識できなかったり，過小評価したりということが起こるのです。

　また，イノベーションの成果である知識には，漏洩や模倣の危険があります。しかし，知識が模倣され，伝播することで，競争を通じた改善・改良が促され，市場の拡大につながる側面もあります。

　さらに，創造性と効率性のトレード・オフという矛盾もあります。イノベーションによる新たな知識の創出には，自由闊達な雰囲気，柔軟な組織構造，失敗を許容する組織文化等が必要です。一方，新しい製品やサービスの普及を図るには，漸進的なイノベーションによる効率性の実現が必要です。これを実現

するには，不良品やコストの削減，時間節約のための明確な標準と厳格な管理が求められます。

1-2　イノベーションのタイプ

(1)　製品イノベーションと工程イノベーション

　イノベーションには，製品イノベーションと工程イノベーションの2つのタイプがあります。製品イノベーションは，製品自体の技術進歩あるいは製品を構成する要素技術の進歩をもたらすイノベーションです。一方，工程イノベーションは，製品を生産するプロセスにおける技術進歩あるいは工程の基盤となる要素技術の進歩をもたらすイノベーションです。両者は相互に密接に関連しています。

　アッターバックは2つのイノベーションの関係を図表1のように示しています。産業の発展段階は，多数の製品イノベーションが発生する流動期から始まります。流動期は製品概念が不安定であるため，競合企業間でさまざまな製品デザインと操作上の特徴に関する実験が行われ，多くの製品が提案されて急速な製品イノベーションが進行します。製品概念が固まらないと生産技術は確定できません。したがって，この間の生産技術は熟練の技能に依存した労働集約的なものにとどまります。製造工程への関心はほとんど払われないため，工程イノベーションの発生率は低くなります。

　やがて，提案された多数の製品の中から有力な製品デザインが出現し，産業全体を支配するようになります。これが「ドミナント・デザイン」です。ドミナント・デザインは当該産業におけるその後の技術基盤となり，その出現により製品としての主たる機能，それを支える要素技術，全体としてのデザインが明確になります。

　ドミナント・デザインの出現で製品概念が急速に決定されると，今度は製造方法に関するイノベーションの発生率が高まります（移行期）。工程イノベーションが中心になると，材料の特化，専用機械の導入，生産プロセスの自動化等の特徴が現れ，大規模で効率的な生産体系が確立し，生産性は飛躍的に上昇します。しかし，技術的な選択の幅がなくなり，製品，工程共にイノベーションが発生し難い状態に入ります（固定期）。既に確立された大量生産システムの維持が重要視され，抜本的な変更をもたらす製品，工程両面でのイノベーシ

ョンは回避されます。品質やコスト面での改善によって生産性は向上しても，イノベーションが発生しない状態は「生産性のジレンマ」と呼ばれます。

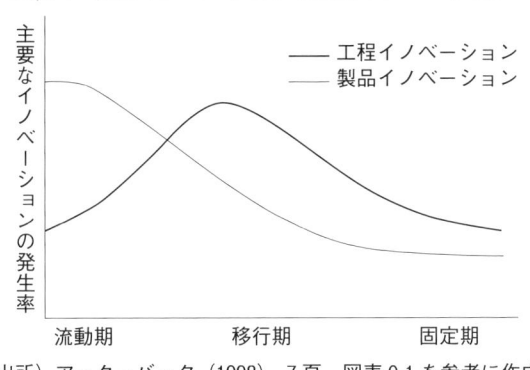

図表1　製品イノベーションと工程イノベーション

出所）アッターバック（1998），7頁，図表0-1を参考に作成。

(2) イノベーション・マトリックス

　ダビラらが提示したイノベーション・マトリックスは，狭義と広義のイノベーションの相互関連の視点から，イノベーションを3つのタイプに分けています（図表2）。インクリメンタル・イノベーションは，既存の製品やビジネス・モデルの小さな改善を行い，目標に至るプロセスの問題を解決するものであり，市場シェアや収益性の低下を防ぐのに有用なため，多くの企業で実践されます。画期的なイノベーションを創出しても，インクリメンタル・イノベーションが不十分であると，容易に模倣され，顧客を奪われる等，企業の安定は保障されません。ただし，多くの企業は既に競争力を失った製品やサービスの防衛にインクリメンタル・イノベーションを使い，新たな価値創造の活動に資源が回らない状態になっています。インクリメンタル・イノベーションの最大の問題は，手軽に取り組めるものの，わずかな変更にとどまり，創造性を限定してしまうことです。

　セミラディカル・イノベーションは，競争の激しい環境に大きな変化をもたらします。ただし，この大きな変化は技術かビジネス・モデルのどちらか一方に限定されます。セミラディカル・イノベーションの成功を主導するのは，技術かビジネス・モデルのどちらか一方のイノベーションですが，もう一方の変

革もある程度は必要です。このイノベーションでは，技術とビジネス・モデルの領域に連動性があり，両者は共振する可能性が高くなります。したがって，技術とビジネス・モデルという異なる側面のバランスをとることが必要です。この2段階のイノベーションが協調的に作用するには，両領域の担当部署が共に相手の領域を共有できる地図を持たねばなりません。共通のイノベーション地図は，イノベーション成功の鍵になる危険やチャンス，強みや弱み等について担当部署間で議論する際の共通の下地なのです。

ラディカル・イノベーションは，技術とビジネス・モデルの両方に同時かつ劇的な変化が起こるものです。これは業界の競争環境の根底を変化させ，業界のルールや常識を書き換えます。ラディカル・イノベーションは将来の見込みの低い投資になるため，「次の何か新しいもの」が企業の運命を変えてくれるという非現実的な期待によって過剰投資することは避けねばなりません。

技術とビジネス・モデルの変革の優先事項の選択，統合により，ポートフォリオの中でこれら3つのタイプのイノベーションのバランスをとることが経営陣には必要なのです。

図表2　イノベーション・マトリックス

技術	新規	セミラディカル	ラディカル
	既存に近い	インクリメンタル	セミラディカル
		既存に近い	新規
		ビジネス・モデル	

出所）ダビラ・エプスタイン・シェルトン（2007），44頁，図2を参考に作成。

1-3　イノベーションのプロセス

(1)　クラインのイノベーション・モデル

クラインはイノベーションのプロセスに関する2つのモデルを提示します（図表3）。リニアモデルは研究から始まり，開発，生産，マーケティングへと1本の線で時間的に順次行われるプロセスです。このモデルは単一な流れであ

1 イノベーションの基礎概念　61

図表3　イノベーションのリニアモデルと連鎖モデル

リニアモデル

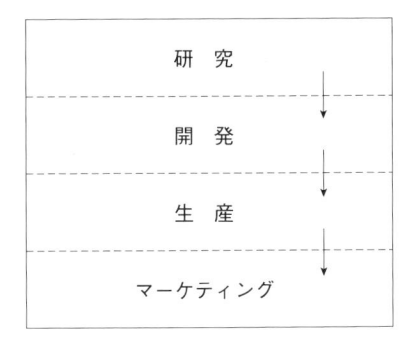

```
研　究
  ↓
開　発
  ↓
生　産
  ↓
マーケティング
```

連鎖モデル

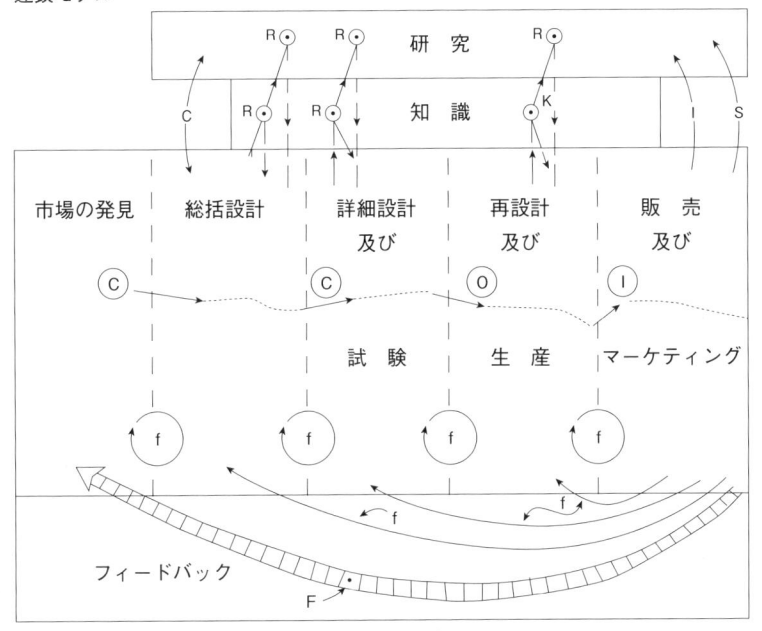

出所）クライン（1992），17頁，図2及び18頁，図3を参考に作成。

り，顧客ニーズや販売状況等のフィードバックは考慮されていません。

　一方，連鎖モデルは開発プロセスが直線的に進むリニアモデルに比べ，開発プロセスのあらゆる段階で，技術や市場の情報が何度も行き来しながら開発を進める複雑なものです。まず市場の発見から始まり，総括設計，詳細設計及び試験，再設計及び生産，販売及びマーケティングへとつながる流れが通常のイノベーション・プロセスの中核に相当します。それらに加え，F（新製品モデルの重要情報）と f という情報のフィードバック・ループ，研究と発明を結びつける C というプロセス，研究プロジェクト R と結びつき蓄積された知識の接続を示す K というつながり，生産部門から研究部門への情報の流れを示す I，長期的研究に対する企業からの援助を示す S が描かれています。連鎖モデルの特徴は，第1に多数のフィードバック・ループを持つことで，不確実性の高い環境変化に迅速に対応することが可能になること，第2に研究活動が開発プロセスのすべての段階で関わりを持ち，絶えず知識や情報の交換が行われることです。

(2) **オープン・イノベーション**

　チェスブロウはイノベーションの方法として，クローズド・イノベーションとオープン・イノベーションという2つのタイプを挙げています。クローズド・イノベーションは従来型のイノベーション・プロセスであり，研究開発への投資，新技術・アイデアの創出，新製品の販売，売上・利益の増加という一連の活動をすべて自前で行うものです。図表4のように，新しいアイデアは自社内部の研究段階で生まれ，開発段階を経る中で選別され，生き残ったアイデアのみ製品化され，市場に出ていくというプロセスを辿ります。このプロセスでは，外部で生まれたアイデアは活用されません。また，内部で生み出されたアイデアが外部に放出されることもありません。しかし，市場への製品投入のスピード・アップ，製品寿命の短さ，賢明な顧客や供給業者との利益の奪い合い，海外企業との競争激化等の要因で，クローズド・イノベーションは効果的なプロセスとはいえなくなっています。

　一方，オープン・イノベーションとは「企業の内部と外部のアイデアを有機的に結合させ，価値を創造する」ものです。図表4からわかるように，アイデアは企業内部の研究活動から生まれますが，開発段階へと進んでいく中で，企業の外部に出ていくこともあります。例えば，研究者が外部の企業に引き抜か

れたり，外部でベンチャーを起業したり，あるいは外部企業にライセンスを与えたりというケースが考えられます。また，外部で生まれた有用なアイデアを企業内部で活用するプロセスも存在します。このように内外のアイデアが自由に飛び交うため，企業の境界は曖昧なものとして点線で描かれています。

従来の日本企業は自前主義の傾向が強く、クローズド・イノベーションが主体でした。しかし、最近では遅れていたオープン・イノベーションへの取り組みも見られるようになっています。例えば、富士フイルムは本社内に「Open

図表4　クローズド・イノベーションとオープン・イノベーション

クローズド・イノベーション

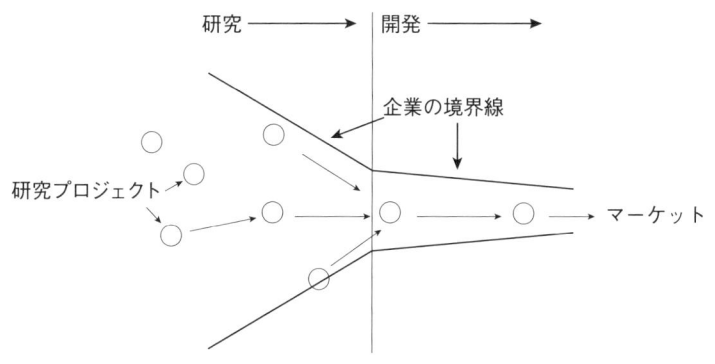

オープン・イノベーション

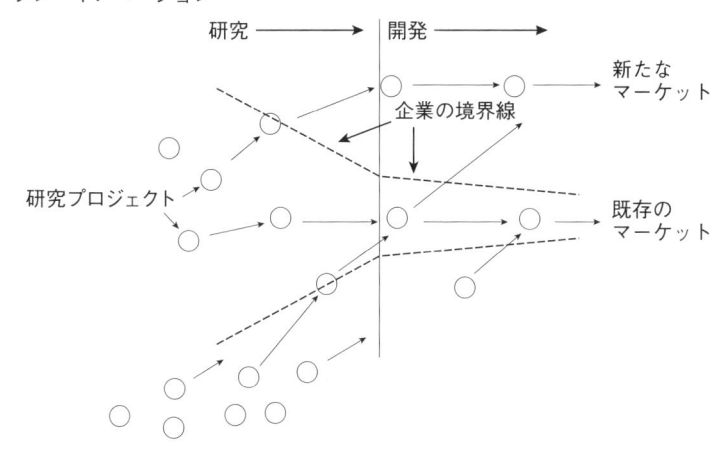

出所）チェスブロウ（2004），6頁，図表序-2 及び 9頁，図表序-4 を参考に作成。

Innovation Hub(オープン・イノベーション・ハブ)」を設け、自社が蓄積してきたコア技術や基盤技術、現在開発中の新技術、材料、製品等を国内外の企業、大学、官公庁に提示し、直接手に触れることのできる場を提供しています。このような「実験場」を設けることで、ビジネスパートナーの持つ課題、技術、潜在的ニーズと富士フイルムの技術を結びつけ、イノベーションの共創を図っています。

2　イノベーションの諸相

　企業の競争態様に影響を与え、機会と脅威をもたらすさまざまなイノベーションの姿を見ていくことにしましょう。

2-1　技術のS曲線

　フォスターは、製品あるいは製法を改良するために投じた費用とその努力と、その投資がもたらす成果との関係を技術のS曲線として表しています（図表5）。新製品や新製法の開発に資金を投入した当初はなかなか成果に結びつきませんが、やがて開発を継続し、鍵となる情報が集まると、制約がなくなり業績の急速な発展を見せるようになります。しかし、やがてそれ以上に資金（努力）をつぎ込んでも技術の進歩は困難となり、S曲線の上昇に限界が来ます。技術のS曲線は、一定の製品開発や改良は重要なものの、そのような活動はやがて限

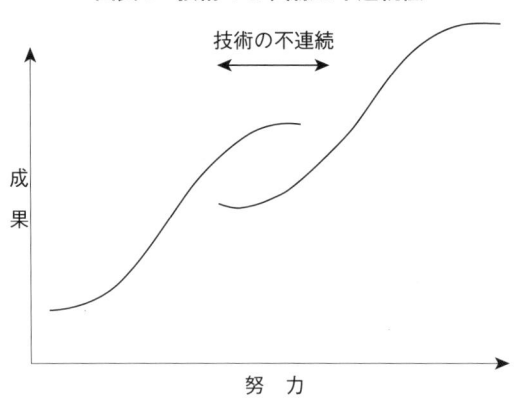

図表5　技術のS曲線と不連続性

出所）フォスター（1987）、96頁、4図を参考に作成。

界に達することを示唆しています。

さらに，技術進歩が限界に達すると，その技術に代わる新たなS曲線が登場することになります。この新しいS曲線は，古いS曲線の基盤となった知識から生まれるのではなく，全く新しい別の知識を基盤としています。ここに技術の不連続な変化が生じるのです。これを理解できないと，企業は技術の変化に適応できなくなります。例えば，真空管から半導体への技術革新にアメリカの真空管メーカーは適応できませんでした。

2-2 破壊的イノベーション

クリステンセンは，自社の確立した市場で既存顧客により高機能な製品を提供することを追求するイノベーションを「持続的イノベーション」と位置づけます。持続的イノベーションは，企業が従来から蓄積してきた技術や能力を維持，向上させるようなイノベーションです。既存の技術で競争優位を確立してきた企業は，自社の主要顧客の要望に沿うようなイノベーションを積極的に追求します。しかし，時間の経過とともに顧客の要求水準を超えた領域に至ると，既存技術の改良のペースが顧客の利用能力を超えてしまいます。そうなると，顧客は当該製品に魅力を感じなくなります。

一方，「破壊的イノベーション」は，持続的イノベーションとは全く異なる価値基準を市場にもたらし，持続的イノベーションの軌跡を破壊するものです（図表6）。破壊的イノベーションは，機能面において急進的ではありませんが，超低価格，使いやすさ，新たな使用方法の提案等の従来とは異なった価値基準に訴えて新たな顧客を獲得します。破壊的イノベーションは，当初，主流の顧客からは評価されませんが，主流から外れた新たな顧客に評価され受け入れられます。例として，銀塩カメラに対するデジタルカメラ，メインフレームコンピュータに対するパーソナルコンピュータ等が挙げられます。

注意すべきは，当初は主流から外れた顧客に受け入れられていた破壊的イノベーションが，その後の技術革新により，機能面でも顧客満足を充足するレベルに到達する可能性があるということです。これが図表6の技術の転換点です。こうなると，懸命に持続的イノベーションに努力をし続けることで，かえって顧客を失うことになります。これが「イノベーションのジレンマ」という現象です。特に，ある時点での業界のリーダー企業はこの点で注意が必要です。

図表6　持続的イノベーションと破壊的イノベーション

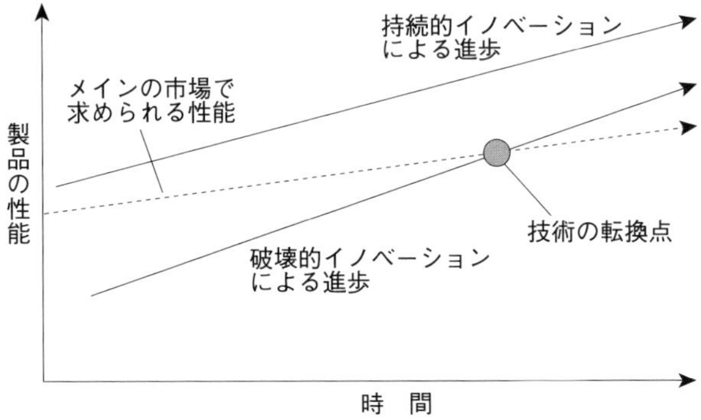

出所）クリステンセン（2001），10頁，図0.1を参考に作成。

　リーダー企業はその時の主流市場での顧客をメインのターゲットとしているため，当該顧客の要望を満たすように注意を払いますが，メインの顧客が関心を寄せないような技術や価値基準には注意を払わないからです。また，新技術は当初，既存技術に比べ機能が劣る傾向にあり，評価が定まっていないため，新技術に投資するよりも既存技術の高度化を優先し，新技術への投資に慎重になるからです。

　イノベーションのジレンマを回避するには，企業内に本体から隔離する形で破壊的イノベーションに対応するための自律的組織を作り，ある程度の自由度を与え，当初の低収益を許容し，専門的に対応させることが必要とされます。

2-3　リバース・イノベーション

　リバース・イノベーションは新興国や後発国で最初に採用されたイノベーションであり，川下（新興国や後発国）から川上（先進国）へ逆流する性質を持っています。従来のイノベーションの捉え方は，先進国で誕生し，先行的に開発，導入された技術を新興国や後発国向けに修正（手直し）して投入するというものです。この方向が逆になるという点が本質なのです。

　例えば，GEが開発した携帯型超音波診断装置は，中国で中国人のために生まれたイノベーションです。中国の農村地域では電力事情のよくない所も多く存在します。そのような地域では，高度医療に従事する医師も少なく，高額な

機械を導入できない中小規模の病院も多くあります。このような現地の状況に適合した携帯型超音波診断装置は，ポケットに入る大きさで超低価格，携帯性，使いやすさに優れています。

しかし，このような製品特性は，中国の農村地域だけでなく，先進国向けの製品がカバーできない先進国のすきま市場（例えば，大きな病院がない僻地，救急医療の現場，手術室等）にも適合します。さらに，将来，先進国の価値観や生活スタイルが新興国や後発国と似てくるならば，先進国のメイン市場でも需要が高まる可能性があるのです。

リバース・イノベーションを実現するために，GEでは独自の損益責任を持ったローカルな開発チーム（ローカル・グロース・チーム）が自由に活動し，社内のグローバル資源を利用できるようにしました。困難な課題に直面した時に，開発チームが協力を仰いだのはイスラエルの製品開発チームだったのです。

3 イノベーション創造のマネジメント
3-1 組織学習の生起と促進

イノベーション実現の鍵となるのは，個人が成功体験に囚われず，新たな課題に挑戦していくと同時に，個々人の相互作用により，新たな発想や行動を組織的に生み出していく組織学習が起こることです。組織学習とは，対話やコミュニケーションを通じた個々人の相互作用により，組織の知識や価値体系が変化し，問題解決能力や行動する能力が改善されるプロセスです。個人が学習により能力を高め，新たな問題に対処するように，組織も学習によって新たな知識（組織知）を獲得し能力を高め，環境変化に適応します。

組織学習の基盤は個人学習です。しかし，個人学習が十分に行われても，必ずしも組織的な学習が生起されるわけではありません。個人学習により個人の能力が高まっても，新たな知識・ノウハウが組織内に分散されて統合できない状態では，各部署が知識・ノウハウの囲い込みに走り，新たなイノベーションには結びつきません。個人学習は組織学習の前提であり，重要な要素ですが主な関心ではありません。個人学習から組織学習への「橋渡し」が重要なのです。

個人学習から組織学習への橋渡しは自然発生的には起こりません。個人学習が組織学習に橋渡しされる要件として，コミュニケーション，透明性，統合が挙げられます（Probst and Büchel, 1997）。組織メンバーが互いの現実認識を

突き合わせ，組織のとるべき行動に対する合意を得るにはコミュニケーションが不可欠です。ただし，コミュニケーションだけでは不十分です。コミュニケーションのプロセスや結果が，組織メンバーにオープンでなければ，組織全体で知識・ノウハウを共有・創造することはできないからです。さらに，統合が行われないと，個人が学習した結果は，いつまでも個人に帰属し，組織の方向性と合致しない場合，無駄な資源となります。また，個人に帰属するだけで，制度やシステムに落とし込んでいない場合，他の組織メンバーが活用することもできません。

組織学習はどのような仕掛けがあれば生起するのでしょうか。例えば，ローテーションにより，人材の交流が活発化すると，異質な知識や能力が融合する機会は増加します。特定課題解決のための組織横断的なプロジェクト・チームにより，組織内に遍在する異質な資源の結集を図ることもできます。また，インフォーマルなコミュニケーションの活用あるいは，あるいは「活気にあふれ，目標達成度が高い，献身的な人間の集団」である「ホット・グループ」といったインフォーマルな活動が起こることも重要です。インフォーマルな活動は公式的活動を背後で支え，その円滑な実行を促す役割を果たすからです。両者が補完し合うことで部門の壁を越えた交流，協力が活発化し，創造的な組織学習が実現するのです。

3-2 自己変革を促進する行動環境

バートレットとゴシャールは，自己変革を遂げられない組織の特性と自己変革を促進する行動環境（組織特性）を対比しています。まず，自己変革を阻害する行動環境として「服従」「コントロール」「契約」「制約」の4つを挙げています。「服従」は企業の多角化に伴う求心力低下を防ぐため，メンバーを共通方針や同じやり方に従わせるものです。「コントロール」は資本計画や業務予算計画のシステムを開発し，トップダウンでの管理を厳格に行うものです。「契約」は企業と従業員との関係が主に金銭を媒介とした契約に基づいているという点が強調される特性です。「制約」は事業部制等の組織における責任範囲を明確に規定する特性です。

一方，自己変革を促進する行動環境として，「規律」「サポート」「信頼」「ストレッチ」の4つを挙げています（図表7）。「規律」は命令や方針に闇雲に従

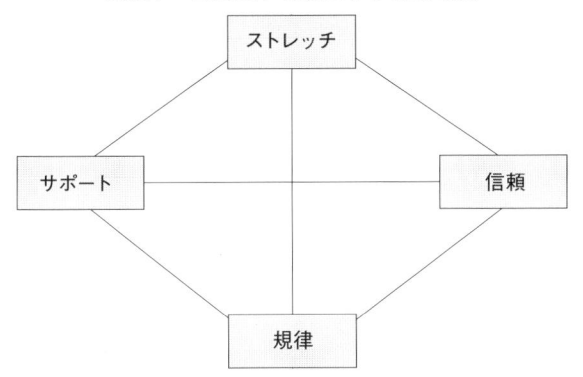

図表7　自己変革を促進する行動環境

```
        ストレッチ
       /    |    \
      /     |     \
  サポート---+---信頼
      \     |     /
       \    |    /
         規律
```

出所）バートレット・ゴシャール（2007），174頁，図5-3を参考に作成。

うのではなく，従業員が見通しやコミットメントに基づいて行動するために，深く身についた規範であり，「服従」の対となります。「サポート」は「コントロール」が支配していた上下の関係だけでなく，同僚同士の横のつながりも重視します。上司と部下の関係は指導，支援を基盤としたものとなります。「信頼」は組織のプロセス（評価や報酬システム等）がオープンな場合に醸成され，公正な経営慣行により強化されます。イノベーションを実現するコラボレーションは，人間相互のつながり，協力関係の中で生み出されます。このような人間相互のつながりや協力関係の基盤となるのが信頼です。信頼関係に基づく良好な人間関係はコミュニケーションを円滑にし，リッチな情報のやり取りがなされ，コラボレーションの質を向上させて組織学習を生起させる原動力となります。「ストレッチ」は個人の向上心を高め，自分や他人に対する期待値を高めるように奨励する特性です。視野を狭め，活動範囲を制限する「制約」と対照的に，一層野心的な目的に向けて人々が邁進するよう仕向けます。

3-3　経営トップとミドルの役割

(1) 経営トップの企業家的リーダーシップ

　イノベーションを組織的に生み出していく経営トップの役割は，企業家的リーダーシップの発揮にあります。企業家的リーダーシップとは，まずはビジョナリー・リーダーとして自社の将来ビジョンや戦略的意図をメンバーに明確

に提示，共有させ，企業の進む将来像を示すことです。ビジョンが共有されないと，メンバーは将来の方向が理解できず，変革に向けて動き出す雰囲気は生まれません。なお，押し付けのビジョンではメンバーの参加や献身は得られません。共感，共鳴を得られるビジョンが重要です。

　企業家的リーダーシップの第2の要素は，イノベーションを生み出すような土壌づくりです。経営トップは幅広いガイドラインを示し，具体的な細目はメンバーに任せるように行動します。つまり，進むべき方向を示し，その下で知識・ノウハウの組織横断的な活用を促進させ，メンバーの創造性発揮を促すようなリーダーシップ・スタイルです。さらに，多様な技術や視点を持ったメンバーを結集し，問題解決のためのチーム・ワークを醸成し，創造性が組織全体から湧き上がる環境を作ることが重要です。

　企業家的リーダーシップの第3の要素は，メンバーが過去の成功体験に囚われずに発想の転換を行い，変革に向けて行動できるように指導能力を発揮することです。メンバーが惰性で行動せず，自己の意識と行動を変えていくよう促します。メンバーが現状肯定的にならないように常に高い所へ向かって変革できるよう，意図的に「イノベーション・ギャップ」を作り出すことが重要です。現有能力と将来目標との間にあえてギャップを作り，メンバーにこのギャップを埋めるように仕向け，創造性を発揮させるのです。

　以上のようなことからわかるように，現代の経営トップはかつての英雄的な企業家とは異なります。かつての英雄的な企業家は，すべてを個人で処理する能力を持ち，強烈な個性とカリスマ性で物事を解決する傾向にあります。これは大規模な組織におけるリーダーシップ・スタイルとしては不適切なのです。

(2) **戦略的ミドル**

　伝統的なミドルの役割は，経営トップの提示した計画をメンバーが遺漏なく実行しているか，彼らの行動を細部にわたって管理，コントロールするものでした。しかし，イノベーションを組織的に生み出していくには，そのような役割だけでは不十分です。経営トップの企業家的リーダーシップの下で，メンバーの創造性発揮を促すミドルの新たな役割が求められるのです。具体的には，部下の創造性を引き出し，短期目標と長期ビジョンとのギャップから生じる緊張感を調整し，部下から得られたアイデアを統合していく役割です。

　フロイドとウールドリッジは戦略形成に積極的な役割を果たす「戦略的ミド

ル」の概念を提示します。戦略形成においてミドルが影響力を行使する方向と既存の戦略の支持か、あるいは逸脱を図るかという2つの次元から、4つの役割が規定されます（図表8）。

図表8 戦略的ミドルの4つの役割

貢献の特性

	分散的	統合的
影響の方向性 上方	チャンピオニング	情報の統合化
影響の方向性 下方	適応性の促進	実行

出所）Floyd and Wooldridge（1996），42頁，Figure4.2. を参考に作成。

「チャンピオニング」は組織内のさまざまなメンバーの創造的アイデアを吸い上げ，経営トップへ戦略的代替案を提案する役割です。ここには，戦略的な焦点の移行あるいは拡大につながる投資といった，既存の優先順位を変更するよう経営トップを説得する問題も含まれます。

「情報の統合化」はミドルが入手したさまざまな情報に戦略的意味付けを行い，その解釈をメンバーに伝達するプロセスです。ミドルは経営トップと現場との間に存在しているため，組織内外から入るさまざまな情報を理解する上での独特な視点を提供できます。そこで獲得された情報を解釈し，経営トップを含む他のメンバーに状況判断の材料として提供し，共有することで，新たなデータを既存の戦略的思考と結びつけて戦略的知識基盤や組織能力の構築をサポートします。情報の統合化という役割により，ミドルは経営トップの認知をコントロールしたり，何らかの影響を与えることができるため，経営トップは正しいタイミングで必要なリスクをとることができるのです。

「適応性の促進」は組織の柔軟性を向上させ，組織学習を促し，企業の潜在的な戦略対応力を拡大させる実験的なプログラムと組織的な仕掛けを育成，開発する役割です。この役割には，経営トップの意図から逸脱した自律的マネジメントを早期に育成，支援するという破壊的な側面と，ミドルの関与で醸成された組織の透明性や信頼風土によって，部下に新たな行動の実験を促す創造的

な側面が存在します。ミドルがこのような役割を果たすことで，組織には実験室のような状況が作り出されます。そこで個々人の自由な情報共有が促進され，さらに新たなことへの挑戦も起こってきます。

「実行」は経営トップの意図した戦略を実行することであり，最も共通に認識されたミドルの戦略的役割です。この役割を遂行するには，既存の資源を効率的かつ有効に開発する努力が必要です。

以上のような戦略的ミドルの4つの役割は，相互に関連しながら機能していくことになりますが，イノベーションを組織的に生み出す基盤となる組織学習を促進するには，特に適応性の促進やチャンピオニングが重要になります。

ディスカッションのテーマ

1 破壊的イノベーションに陥らないために，どのようなことが必要か考えてください。
2 リバース・イノベーションの具体的事例を挙げ，その成功要因について考えてください。
3 オープン・イノベーションの具体的事例を挙げ，その成功要因について考えてください。
4 組織的にイノベーションを生み出した事例を挙げ，その成功要因について考えてください。

【参考文献】
・十川廣國『マネジメント・イノベーション』（中央経済社 2011）
・一橋大学イノベーション研究センター編『イノベーション・マネジメント入門』（日本経済新聞出版社 2001）
・C・M・クリステンセン『増補改訂版 イノベーションのジレンマ』（翔泳社 2001）
・C・A・バートレット＝S・ゴシャール『新装版 個を活かす企業』（ダイヤモンド社 2007）
・H・チェスブロウ『OPEN INNOVATION』（産業能率大学出版部 2004）
・J・M・アッターバック『イノベーション・ダイナミクス』（有斐閣 1998）
・R・フォスター『イノベーション 限界突破の経営戦略』（TBSブリタニカ 1987）
・S・J・クライン『イノベーション・スタイル』（アグネ承風社 1992）
・T・ダビラ＝M・J・エプスタイン＝R・シェルトン『イノベーション・マネジメント』（英治出版 2007）

- V・ゴビンダラジャン＝C・トリンプル『リバース・イノベーション』（ダイヤモンド社 2012）
- G. J. B. probst.; B. S. T. Büchel. (1997). Organizational learning. Pearson Education
- S. Floyd.; B. Wooldridge (1996). The Strategic Middle Manager. Jossey-Bass

第6章　組織構造

1　組織の基礎概念
1-1　組織とは？

　人間はなぜ組織を作るのでしょうか。組織はどのような役割を果たしているのでしょうか。個人の能力には限界があります。困難な仕事を自分一人の力でするより，複数の人が集まって協力しながら行ったほうがより簡単に，また迅速にやり遂げることができます。組織は，個人の能力の限界を超え，共通の目的を達成するために，複数の人間が協働する場です。より具体的にいえば，経営戦略の実行の場であると同時に経営戦略を形成し，イノベーションを創造する場なのです。

　ただし，複数の人間の協働は自然発生的になされるわけではありません。我々生身の人間は，個々に異なった感情，思想，考え方，世界観等を持っています。したがって，生身の人間が1つの目的に向かって協働するには意識的な調整が必要になります。

1-2　組織の構成要素

　組織は単なる人の集まりではありません。バーナードは，組織を構成する3つの要素を提示しています。まず共通目的です。人々の間に共通の目的がない場合，組織とはいえません。これら共通目的は，メンバーにより受容されていること，個人の目的と区別して捉えられること，環境変化に合わせて変化させることが重要です。第2の要素は貢献意欲です。メンバーが共通目的の達成に向け貢献しようという気持ちを持ち，個人の行動の自由を制限して貢献への努力をしているかが問われます。共通目的と貢献意欲をつなぐものが第三の要素であるコミュニケーションです。

　以上3つの構成要素を持つものが公式組織であり，職務，権限，責任の関係が明確に規定されています。一方，非公式組織は仕事上の関係だけでなく，お茶を飲む，一緒に遊ぶ等の人間関係を中心としたものです。非公式組織は，意識的な共通目的を持たず，自然発生的で，人間の感情や習慣に反応するという

性質があり，コミュニケーションの円滑化，メンバーの団結性の維持等，公式組織に活力を与えるものです。

1-3 組織の有効性，能率，組織均衡

3つの構成要素が揃っていたとしても，組織が長期に存続できるわけではありません。組織が存続し続けるために必要な条件として，バーナードは組織の有効性と能率という概念を提示しています。

組織の有効性とは，外部環境との関連で組織が共通目的を達成する度合いを表します。売上高，利益，成長性や安定性，製品の品質基準，顧客満足度等をいかに上手く達成するか，技術や設備をどのように有効に使うか，組織構造やマネジメント・システムをどのように設計していくか，等は有効性の視点から捉えることができます。

一方，組織の能率とは，組織メンバーの満足を確保できる度合いを表します。つまり，何らかの誘因を組織に参加する個人に与えることで，彼らから十分な貢献を引き出し，満足を確保して，協働意欲を向上させることができるか，という点がポイントになります。

組織を長期に維持していくためには，組織の有効性（外部均衡）と能率（内部均衡）の結合が必要です。これが組織均衡という考え方です。組織均衡を実現するのが経営者のリーダーシップなのです。

2 組織デザインの基本
2-1 組織の編成原理：分業と調整

組織をデザイン（設計）するということは，分業と調整の枠組みを作ることです。分業とは，組織における仕事の分担をいかに行うか，つまり役割をいかに決めるかという問題です。1人ではできない複雑な仕事を行う場合，いくつかの工程に分け，各々が専門的に1つの部分を担当する分業が行われます。分業には，個々の仕事を単純化し，専門化された仕事を担当させることで，専門的な能力を構築できるメリットがあります。

しかし，分業だけでは不十分です。分業された仕事は，組織目的達成のため調整されることが必要です。分業が調整されなければ，各人の仕事や行動はバラバラになってしまいます。例えば，分業された仕事において，ある人の仕事

のペースが速く，別の人の仕事のペースが遅くなるような場合，適切な調整が行われなければ全体の仕事は遅いペースに合わせざるを得なくなり，全体の効率性や生産性は低い水準にとどまってしまいます。

調整の方法には，お互いの動きをみたり，声を掛け合いながら自分の行動を調節していく相互調整，上司が部下から報告を受けたり，直接部下に仕事の指示を出しながら仕事を進めていく直接監督，仕事の手順やルールをあらかじめ設定しておく標準化があります。

ただし，分業を極端に進めて仕事を細かく分割しすぎると，調整は困難になります。逆に，分業をあいまいにし仕事の分割を大まかにすると，調整は容易になりますが，今度は分業のメリットが得られ難くなります。つまり，分業と調整はトレード・オフの関係にあるので，両者のバランスを最適にする組織デザインが必要なのです。

2-2 伝統的な組織化の原則

マッシーは，組織をデザインする上での伝統的な原則を以下の6つに集約しています。

(1) 命令一元化の原則 (unity of command)

命令一元化の原則とは，1人の従業員は2人以上の（複数の）上司から命令を受けてはならないというものです。命令は常に1人の上司から一義的に行われる必要があります。特定の問題を解決するために，複数の上司から指示を受けることは混乱を招くことになります。

(2) 例外の原則 (exception command)

例外の原則とは，例外的に発生する問題は，上のレベルの管理者によって処理され，逆に日常的に繰り返し発生する問題は，下のレベルの管理者によって処理されるべきというものです。例外的に発生する問題は，一般的に重要かつ非定型的な問題です。このような問題の処理は，不確実性が高い中での意思決定にならざるを得ません。一方，日常的に繰り返し発生する問題の処理は，定型的な手続きやマニュアルに落とし込まれ，ルーティンで処理できるものが多くなっています。時間が限られている上のレベルの管理者は，日常的な意思決定から解放され，例外的に起こる不確実性の高い問題に専念してもらうほうが効率的です。

(3) **統制範囲の原則（span of control）**

　統制範囲の原則とは，人間には情報処理能力等の限界があるため，1人の上司が管理できる部下の数には限界があることを示唆するものです。通常，1人の上司が管理できる最適の人数は3～6人とされます。しかし，この範囲は，仕事の内容や特性，管理者が指揮監督に費やすことの時間，部下の能力や熟練の度合い等の要因により変わってきます。なお，管理される人数が少ないと組織は階層が高い構造になり，逆に管理される人数が多くなると，フラットな組織構造になります。

(4) **スカラーの原則（scalar principle）**

　スカラーの原則とは，責任と権限がトップの管理者からロワーの管理者に至るまで明確で分断できない線を一貫して流れるべきとするものです。責任と権限の線を分断すると，1つの組織が2つ以上に分裂してしまいます。責任と権限を明確に規定し，命令の連鎖を一貫したラインとして確保することが重要です。

(5) **部門化の原則（departmentalization）**

　組織における諸活動が専門化されたグループ（部門）へと分割され，組織化される方法は部門化の原則に従っています。部門化の目的は，経営活動を専門化し，管理者の仕事を単純化することで統制（コントロール）を容易にすることです。部門化の基準としては，職能，製品や顧客，地域が一般的です。

(6) **分権化の原則（decentralization）**

　分権化の原則とは，組織における意思決定や行動を迅速化するため，意思決定権をより下の階層に委譲するプロセスに関わっています。分権化は特に大企業で必要とされますが，程度の問題です。それは，権限委譲された管理者が決定事項を十分処理できるように訓練されていること，意思決定のために必要な情報が直ぐに伝達されること，という2点を考慮して決定されます。

2-3　組織デザインの構成要素

(1) **規　模**

　組織の規模はメンバーの数で表されます。組織メンバーの数が増えると分業が進み，それに伴い部門の数も増え，組織構造は複雑になります。階層や部門が多くなると，コミュニケーションの効率は低下します。そこで，上下・左右

のコミュニケーション経路を確保するような組織デザインでの工夫が必要になります。

また，権限関係でも，大規模化することで上位の管理者への権限の集中も避けられない事態となります。権限が上位に集中することで，強力なリーダーシップの発揮が期待される反面，環境変化が激しく，不連続な場合，すべての意思決定を上位だけで行うことはできません。その際には，権限をより下位に委譲し，現場に近いレベルで対応できるような部門の再編成も必要です。

さらに，組織が大規模化するにつれ，標準化により活動をプログラム化する必要も出てきます。大規模な組織では，あらかじめ標準化を図っておかないと，調整に手間取ってしまうからです。

(2) 技 術

技術は，インプットをアウトプットに変換するプロセスにおいて使われる手段，道具，知識・ノウハウの全体を表しています。ウッドワードの研究では，生産システム（技術）が異なると適合する組織構造も異なることが明らかにされました。まず，個別受注生産をとる企業は，現場の熟練の影響力が大きくなります。この場合，部門や階層は少なくなるため，調整の問題も比較的少なく，組織構造の複雑性は低くなります。また，顧客との密接なやりとり等，現場での迅速な対応が重要になるため，公式性の度合いも低くなります。

一方，大量生産では，現場の非熟練作業者が定常的に業務を行うため，仕事の標準化が行われます。仕事や手続きが標準化される度合いが高く，公式性は高くなります。また，部門や階層は増大し，構造の複雑性も増加する傾向が強まり，上位の管理者へ権限が集中することになります。

また，石油化学プラント等の装置生産では，機械の自動化が進んでいるため，大量の非熟練作業者は必要ではなく，機械の保守，点検，サービスに携わる間接要員のニーズが高まります。労働に対する拘束は緩く，管理監督の必要は少なくなります。また，組織構造の複雑性もそれほど高くなく，ルールや手続きは精緻化されるものの，その多くが機械や装置の中に取り込まれるので，公式性は低くなります。公式な決定権限よりも，機械や装置を操作する知識・ノウハウが重要なため，意思決定権限は分散し，集権性は低くなります。

(3) 外部環境

ダンカンは，組織を取り巻く環境特性（不確実性）は，環境の複雑性と環境

変化の動態性という2軸で把握できると主張します。組織を取り巻く外部環境が多くの構成要素から成り立っている場合、当該企業にとっての環境は複雑なものとなります。一方、環境変化の動態性とは、環境を構成する要素が一定期間安定しているか、その変化が予測可能なものか否か、を示します。

環境の複雑性が高まると、多様な環境への適応を目指し、部門や仕事を増やす必要が出てくるため、組織構造の複雑性は増大します。また、個々の異質な環境への現場での対応が求められるため、集権性は低くなり、現場レベルへの権限委譲が行われます。一方、環境変化が動態的で不安定な場合、現場での臨機応変な対応が必要なため、事前に決められた精緻なルールや手続きは意味がありません。つまり、公式性の水準は低くなります。また、そのような不安定な環境の下では、現場での変化に迅速かつ正確に対応するため、権限をより下の階層に分散させることも必要になります。

2-4 ラインとスタッフ

(1) ライン組織

ライン部門は組織の基幹的な活動を行う部門です。製造業ならば購買、生産、営業等を担当する部門が相当します。ライン組織は組織構造の中で最も単純な基本形態で、権限（命令）の系統が最上位から最下位まで1本の直線で結ばれています。ライン組織では、命令一元化の原則が徹底され、1つの指揮・命令系統で権限関係が明確に規定されます。これは、決められた手続きの遂行が重視される軍隊、警察等の組織に適した形態です。また、比較的小規模の企業あるいは製品やターゲット市場が単一である場合に適合する組織形態でもあります。

ライン組織のメリットは、第1に構造が単純で複雑な管理システムを必要としないため、指示が通りやすく、仕事の正確かつ迅速な処理ができること。第2に経営トップに権限が集中するため、戦略的な意思決定を迅速かつ柔軟に行えること等が挙げられます。逆に、デメリットとしては、第1に権限関係が上位者に集中しているため、経営トップに過大な負担がかかること。第2に統制範囲の原則から単純に部門化が行われるため、階層が縦に長くなり、結果として意思疎通が悪化すること。第3に他の部署や部門との連携がとり難くなること。第4に組織運営が明確なルールに基づくよりも、権限関係が上位にある者

の恣意で行われる傾向が強くなる点。最後に権限委譲がなされないため，管理者としての能力開発ができず，後継者の育成が難しいことです。

(2) ライン・アンド・スタッフ組織

　ライン・アンド・スタッフ組織は，ライン組織とスタッフ部門とを組み合わせた組織形態です。スタッフ部門とは，ラインの担当する業務を支援したり，専門的な立場から助言を行ったりする部門であり，人事部，財務部，総務部，広報部，企画室等が含まれます。

　ライン・アンド・スタッフ組織は，命令一元化の原則を重視するライン組織と専門能力による複雑性への対応力に優れたスタッフとを同時に配置し，両者のメリットを最大限に発揮させるものです。ライン・アンド・スタッフ組織はプロシアの軍隊で成立しました。フランスの軍事的天才であるナポレオンに対抗するため，プロシア軍の参謀総長であったモルトケは，ライン組織に「幕僚制」というスタッフ機能を取り込み，作戦立案を行わせてラインの補佐，支援に当たらせました。

　ライン・アンド・スタッフ組織のメリットは，第1に命令系統を1本化するライン組織の長所を維持しながら，専門性も活かすことができること。第2に多様な人材を同時に育成できることです。逆に，デメリットは，第1に現実にはライン部門とスタッフ部門との命令系統の交差や混乱が生じ，責任と権限が不明確になりがちなこと。第2に組織規模拡大により，スタッフ部門が肥大化し，間接費を増大させることです。

3　基本的な組織構造
3-1　職能別組織

　職能別組織は，組織規模の拡大に伴い，専門的な職能ごとに組織を部門化し，分業が効率よく行えるようにしたものです。ここで「職能」とは，調達，生産，営業等の専門的な機能を指しています。基本的な構造は，社長を階層のトップに生産，営業，技術等の専門職能によって部門化された組織となっています（図表1）。職能別組織は，製品や市場が単一で，規模の経済を獲得する必要があり，経営トップが強力なリーダーシップを発揮できる組織で有効に機能します。

図表 1　職能別組織

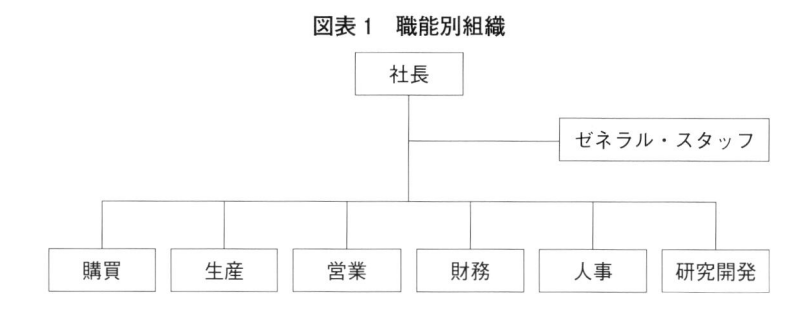

```
              社長
               |
               |────────ゼネラル・スタッフ
   ┌────┬────┬────┼────┬────┬────┐
  購買  生産  営業  財務  人事  研究開発
```

　職能別組織のメリットは，第1に専門的知識の蓄積が可能になることです。職能別組織は専門的な機能ごとに部門化されており，生産は生産機能，営業は営業機能のように専門職能によって活動が分業されます。このため，個々の部門は専門的な知識を蓄積することができます。さらに，その過程で，生産の専門家等，特定の機能に精通した専門家を育成することも可能になります。第2に資源共有による費用節約がなされることです。例えば，生産部門に機能を集中し，機械も1箇所に集約することで，追加的に機械を購入する必要はなくなります。また，人事や総務等の間接部門を共有することでコスト削減も可能です。

　一方，職能別組織のデメリットは，第1に環境変化への適応が遅れる危険性です。職能別組織は，部門間の調整が困難な場合，環境変化に迅速に対応できません。職能別組織で専門化した各部署には，それぞれ固有の職能に関する情報が入ってきます。意思決定を下すには，個々の部門が持った情報の統合や共有が必要です。それには部門間の調整が不可欠なのです。しかし，環境変化のスピードが速い場合，部門間の調整に手間取ると経営トップの意思決定は遅れ，迅速な対応ができません。

　第2に経営トップへの過大な負担です。職能別組織において部門間の調整を行うのは，構造上経営トップだけです。部門間の調整が困難になると，経営トップの仕事量は膨大になることが予想されます。経営トップが日常的活動の調整に多くの時間をとられると，戦略策定等に関与する時間が制限されてしまいます。そうなると，経営トップが後継者を育成する時間も限られてしまうのです。

　第3に部門間のコンフリクトが発生する点です。職能部門は各々が独立した

専門集団であるため，自らの部門の利害を第一に考えるようになり，異なった部門間で利害が交錯しやすくなります。部門間の対立は職能間の協力を妨げ，調整を困難にする可能性が高まります。

　第4に部門メンバーの責任感やモチベーションが欠如する可能性があることです。職能別組織は各部門で仕事が完結するわけではありません。組織全体の活動を通じて初めて仕事が完結します。したがって，全体に対する個別部門の業績や貢献度がわかり難く，メンバーの責任感やモチベーションの欠如を招く可能性があるのです。

3-2　事業部制組織

　技術革新や経済発展に伴い，企業が複数の製品，事業に進出するようになると，技術，販売地域，顧客層等が異なる事業を同時に管理しなければなりません。そこで，多角化した事業を製品，顧客，地域等の部門に分け，それぞれが自主的に日常の管理を行ったほうがより効率的と考えられたのです。このような考え方を背景に登場したのが事業部制組織です。歴史的にはT型フォード1車種の戦略であったフォード社に対し，大衆車のシボレーから高級車のキャデラックまでのフルライン戦略をとり，主要な車種別に組織化したGMの事業部制組織が有名です。なお，日本で初めて事業部制を採用した企業は松下電器産業（現パナソニック）です。これら歴史的展開の詳細は第2章を参照してください。

　事業部制組織は製品，顧客，地域別に事業部として半自立的な組織を作るものです。図表2は簡単な事業部制組織の例です。A，B，Cの3つが事業部であり，その中に生産，営業，研究開発の3部門がそれぞれ含まれています。社長と本社スタッフは事業部レベルを超えた全社的な問題に対処します。各事業部は1つの事業体として，運営における幅広い権限を与えられ，独立採算的に管理責任を負う「プロフィット・センター（利益責任単位）」と位置づけられます。事業部は独立採算であるため，事業部間の取引が認められます。この時に使用される「振替価格」により，市場原理を組織内に導入し，効率性を向上させることができるのです。

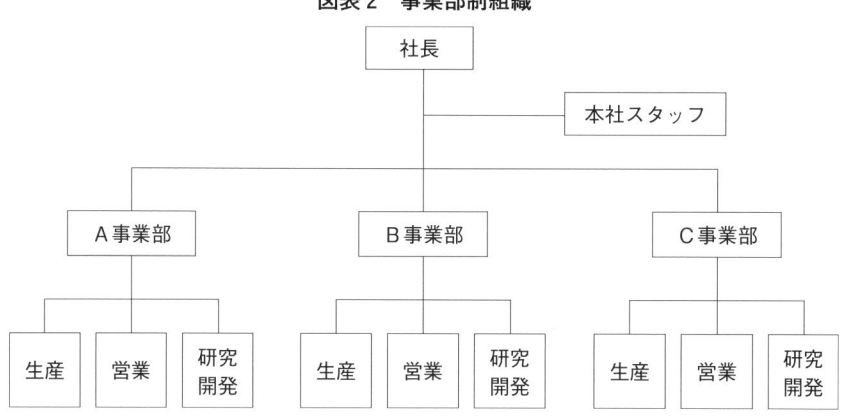

図表 2　事業部制組織

```
                        社長
                         │
                         ├──────── 本社スタッフ
                         │
        ┌────────────────┼────────────────┐
      A事業部           B事業部           C事業部
     ┌──┼──┐         ┌──┼──┐         ┌──┼──┐
    生産 営業 研究      生産 営業 研究      生産 営業 研究
            開発              開発              開発
```

　事業部制組織のメリットは，第1に自立性の高さによって変化への迅速な対応が可能なことです。事業部には大幅な権限と責任が付与されるため，迅速かつ機動的な展開が可能です。環境変化が激しい場合，職能別の調整をトップレベルで行わずとも，現場に近いレベルで迅速に判断ができます。また，現場レベルでの対応が多くなるため，経営トップは日常の調整業務から解放され，戦略的決定に専念できるのです。

　第2のメリットは市場原理導入による効率性の達成です。市場での価格を振替価格の基準に使うことで，当該事業部の製品はあたかも市場競争にさらされるのと同じことになります。当該事業部の製品コストが市場価格よりも高い場合，コスト削減への圧力が働くことになり，それが一層の効率化への努力を促すことになります。

　第3に事業部を人材育成の場として活用できることです。事業部のトップ（事業部長）は，ある程度の経営が任され，総合的な意思決定を行います。専門職能の視点から意思決定を行う職能別組織の部門長との違いがここにあります。この経験により将来の経営陣の後継者を養成することができるのです。

　一方，事業部制組織のデメリットは，第1に重複の非効率性が発生することです。事業部制組織は事業軸の強さに対し職能軸は弱くなります。そこで，共通に利用可能な資源に対して重複投資が行われる可能性が高くなるのです。

　事業部制組織の最大のデメリットは，セクショナリズムの発生による弊害です。事業部制組織では，個々の事業部の独立性が高いため，互いの競争意識が

強すぎるとセクショナリズムが発生してしまいます。いわゆる官僚化の弊害です。セクショナリズムに囚われると、まずは自らの事業部の短期的な利益だけをみて、長期的視点から全社的な利益を考えなくなります。さらに、事業部間のコミュニケーションが阻害され、協力や連携をとることができなくなります。

事業部の自立意識が強過ぎると、自らの独自性を過度に主張するようになります。各々の事業部が独自の能力を身につけると、当該事業部で育ってきた従業員は、それら能力を自らの属する事業部に固有の財産と考えてしまうのです。これでは、自らの事業部の能力を他の事業部と共有したり、相互に補完し合うことはできません。この結果、資源や能力の囲い込みに陥ってしまうのです。そうすると、新製品や新規事業の開発は阻害されてしまいます。新製品や新規事業の開発には、複数の資源や能力の組み合わせが必要です。ところが、ある事業部が資源や能力を囲い込んでしまうと、別の事業部との間で相乗効果を生むような組み合わせは期待できません。

3-3 プロジェクト組織

事業部制組織の弊害を克服する試みとして、プロジェクト組織の立ち上げがあります。プロジェクト組織は、戦略商品の開発、全社的なコスト削減等の特定課題を解決するために期間を区切って編成される組織です。特定の課題について、各専門分野の人材が組織横断的に集められ、チームを組んで解決に当たります。課題が解決されるとチームは解散し、メンバーは元の所属部署に戻っていきます。有名なプロジェクト組織の例として、シャープの「緊急開発プロジェクト」があります。

プロジェクト組織のメリットとしては、組織内に散在した経営資源の結集が可能であること、戦略的課題の迅速な解決が可能であること、全社的意識の向上、既存の価値観やしがらみからの介入を遮断できる、といった点が挙げられます。逆に、デメリットとしては、プロジェクト組織のマネジャーに適切な権限が与えられない場合は上手く機能できないこと、プロジェクト組織のマネジャーと既存部門の職能担当マネジャーとのコンフリクトが発生すること等が挙げられます。

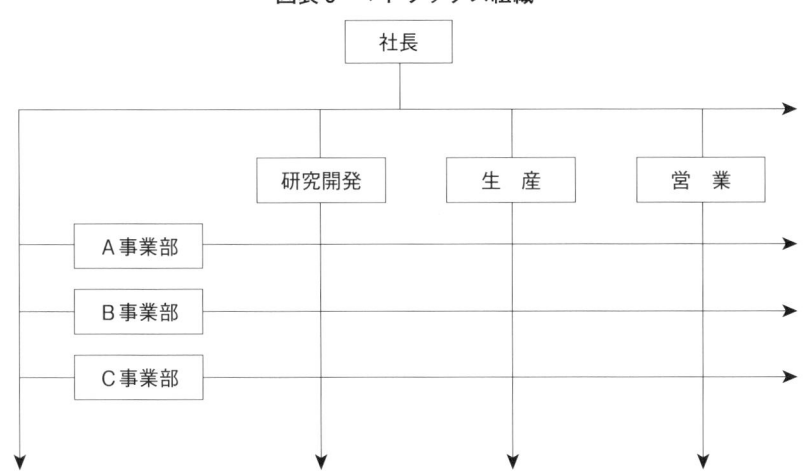

3-4　マトリックス組織

　マトリックス組織は，事業部制組織と職能別組織の両方のメリットを取り入れ，全社的な効率と事業の独立性を同時に追求するものです（図表3）。これは期限を区切った臨時編成のプロジェクト組織に，恒常性を持たせたものといえます。マトリックス組織における従業員は，例えばA事業部所属であると同時に，営業部門にも所属することになります。

　マトリックス組織のメリットは，組織横断的な活動が促進されることです。事業軸，職能軸どちらにも所属しているということは，必要に応じて各部門間を動きやすいことになります。また，複数の報告関係が公式に存在するため，組織内のオープンなコミュニケーションも促進されやすくなります。一方，マトリックス組織のデメリットは，パワー関係，コミュニケーション・ラインの複雑化を招く恐れがあることです。この組織では，メンバーは特定の事業部門と職能部門の両方に所属するため，2人の上司からから同時に命令を受けることになります。これは命令一元化の原則に反しています。

図表3　マトリックス組織

4 新たな組織形態と展望
4-1 カンパニー制

　カンパニー制（社内分社制）は，組織の大規模化に伴う事業部の細分化，事業部の独立性の高さからくる弊害で，組織内の資源の結集が困難になっていることを契機に導入されました。その特徴は，製品（事業）や顧客等の類似性の観点から，複数の事業部を統合していくつかのカンパニーに編成する点にあります。細分化され過ぎた事業の整理を行うことで，重複の非効率をなくそうとします。また，独立性の高い事業部同士では壁ができる可能性が高くなりますが，1つのカンパニーの中であれば事業部同士の相互交流，資源融合もなされるとの狙いもあります。カンパニー制では，コーポレート・レベルが全体の戦略を担い，各カンパニーは個別の事業責任を負うという形で戦略と事業活動が分化され，より柔軟で効率的な組織が構築されるのです。

　ただし，各カンパニーには事業部以上に大幅な権限委譲がなされ，独立性の高い運営がなされることになります。そのような中で，コーポレート・レベルに新製品や新規事業の開発に関する主導権が集中し過ぎると，各カンパニーはコーポレートが主導した製品を製造，販売するだけで，カンパニー間の交流により個々が保有する技術，知識・ノウハウを組み合わせて新たなものを創造しようという行動をとらなくなります。事業部間の交流が阻害されたように，今度はカンパニー間の交流が妨げられる弊害が出てくるのです。

4-2 持株会社制

　「○○ホールディングス」という名称を持つ企業が持株会社です。持株会社制は歴史的経緯もあり，日本では戦後，独占禁止法により禁止されていましたが，国際競争力の強化，特に事業構造転換の迅速化の視点から1997年に解禁されました。これにより，日本企業も欧米企業と同様な戦略面での選択肢を持つことになりました。持株会社には，自らも事業を行いながら子会社の支配を行う事業持株会社と具体的な事業を行わず，子会社の経営支配を目的とする純粋持株会社が存在します。ここで扱うのは純粋持株会社です。

　持株会社はいくつかの子会社（事業会社）の株式を所有し，株主総会における議決権行使を通じて子会社の意思決定をコントロールします。持株会社は企

業グループ全体の戦略を立て，リスク管理を担当します．具体的な事業は，独立法人たる事業会社に専念してもらう形になります．

例えば，富士フイルムグループは，富士フイルムホールディングスという持株会社の下に，富士フイルム（イメージングソリューション及びインフォメーションソリューション事業，株式保有比率：100%），富士ゼロックス（ドキュメントソリューション事業，株式保有比率：75%），富山化学工業（医薬品事業，株式保有比率：66%）という3つの事業会社が置かれる体制をとっています．

持株会社制のメリットは，第1に戦略と事業の分離により，企業グループ全体の経営効率を向上させる点です．第2に企業組織の再構築が迅速に可能になる点です．事業構造を転換するために，買収を行う際，仕組みや制度の統合，人の融和等の難しい調整を行う必要が出てきます．しかし，持株会社制ならば，調整や統合に費やす時間と労力を回避し，株式の取得・売却により事業構造転換が容易になり，機動的な新規分野への進出が可能です．第3に子会社である事業会社は独立の法人であるため，経営責任を明確にできる点が挙げられます．

一方，持株会社制のデメリットは，第1にリスク分散の視点だけで，ポートフォリオ・マネジメントが実行されると，各事業会社間の関連性がほとんどない無関連多角化に陥ってしまい，特に製造業の場合，グループ全体としての競争力が低下する点です．第2に経営の求心力低下です．各事業会社は独立した法人であるため，独立性，自立性の意識が強く，事業部制の壁以上の問題が起こる可能性もあります．例えば，電子関連分野等，技術革新の激しい産業における新製品は，複数技術を融合する場合が多くなりますが，持株会社制では事業担当が個々の独立法人であるため，子会社の事業範囲の変更は行い難く，人材の交流，技術や知識・ノウハウの交流は非常に困難になります．

4-3　構造を超えて

本章では，さまざまな組織構造を概観しましたが，唯一最善の組織構造はありません．どの組織構造を選択するのかは，産業や事業の特性，自社の置かれた状況によって変わります．バーンズとストーカーは，組織構造の最適性は企業を取り巻く環境変化の特質によって決まるという「コンティンジェント（状況依存的）」な見方を提示します．彼らは，スコットランドにおけるエレクト

ロニクスの開発に関心を持つ企業15社とその他5社に関する事例研究を行いました。その結果，技術革新の速さの影響から「機械的組織」と「有機的組織」の2つの典型的な組織構造が出現することを発見しました（図表4）。機械的組織は，物事が一定の規則やルールによって機械的に処理される組織です。一方，有機的組織は，物事の解決方法等を探索しながら柔軟に対応する組織です。

図表4　機械的組織と有機的組織

機械的組織	特性の内容	有機的組織
高い。職務の明確な分化	専門化のレベル	低い。職務の境界は不明確
手段の技術的な改善	職務の性質	全体の目的達成
上司による調整	調整の方法	相互作用による調整
正確に規定	責任の考え方	組織内に分散
機能的地位の中	責任の所在	問題にコミットメントするところ
ピラミッド型	コントロール，権限，コミュニケーションの構造	ネットワーク型
組織のトップ	支配的な権限の所在	知識と能力のあるところ
垂直的相互作用	相互作用の傾向	水平的相互作用
指示・命令	コミュニケーションの内容	助言・アドバイス・情報提供
上司への忠誠・服従	コミットメントの対象	仕事や技術的精神
内部の知識・経験・能力	評価される内容	外部の知識・経験・能力

出所）Burns and Stalker (1961), pp.119-122 を基に作成。

　機械的組織と有機的組織のどちらがより好ましいのかは一義的には決まりません。有効な組織構造は，あくまでも外部環境の特性で変わります。外部環境が比較的安定している状況では，機械的組織が有効であり，逆に外部環境が不安定で不確実性が高い場合は，有機的組織が有効になるでしょう。問題は，環境が安定した状態から不確実性の高い状況に変化した場合，機械的組織から有機的組織への変革が速やかに行われるか，否かという点にあります。

　組織構造は分業と調整の枠組みであり，あくまで「器」です。組織の業績を決定づけるのは，中にいる個人のやる気や挑戦意欲，それに基づく創造性の発揮です。構造だけでなく組織内の個人への視点にも目を向ける必要があります。さらに，組織構造というハードだけでなく，組織文化等の目に見えないソフト

な要素も重要になります。

ディスカッションのテーマ

1 事業部制組織の弊害が発生した事例を探し，なぜ弊害が発生したのか，それを打破するためにどのような改革が行われたのかを考えてください。
2 具体的な企業の事例から，カンパニー制を導入するきっかけについて考えてください。
3 シャープの「緊急開発プロジェクト」について調べ，このような「強み」を持っていたシャープがなぜ現在のような苦境に陥ってしまったのかを考えてください。
4 持株会社制を廃止した企業の事例から，廃止した理由を考えてください。

【参考文献】
・十川廣國『経営学イノベーション 1 経営学入門〔第 2 版〕』（中央経済社 2013）
・C・I・バーナード『新訳 経営者の役割』（ダイヤモンド社 1956）
・J・L・マッシー『エッセンス経営学』（学習研究社 1983）
・J・ウッドワード『新しい企業組織』（日本能率協会 1970）
・R. B. Duncan. (1972). Characteristics of Organizational Environments and Perceived Environmental Uncertainty. Administrative Science Quarterly, 17 (3), pp.313-327.
・T. Burns,; G. M. Stalker. (1961). The Management of Innovation. Oxford *University Press*

第7章　グループ・ダイナミックス

　私たちは家族，クラス，クラブ，アルバイト先の組織などの一員としてさまざまな集団に所属しながら生きています。同時に複数の集団に所属し，それぞれの集団において異なる役割を果たしています。アルバイト先にいるときと大学にいるときでは，全く違うふるまいを示す人もいるでしょう。人は集団の中にいると，周囲にいる人たちからさまざまな影響を受けて，1人でいるときとは違ったふるまいをします。それは自分の考え方や行動が，その時に自分が所属意識をもっている集団に強く影響されているからです。このように集団は個人に対し大きな影響力をもちます。逆に，個人のふるまいが集団全体に大きな影響を与えることもあります。例えば，優れたリーダーの登場によって，その集団を成功に導く場合や，独裁的なリーダーにより集団が衰退していく場合です。このような個人と集団との関係を調べる研究分野はグループ・ダイナミックス（集団力学）と呼ばれます。ここでは個人と集団をめぐるさまざまな現象や問題について解説します。

1　集団内の影響過程
1-1　集団の一員になること

　みなさんのほとんどは最近まで高校生だったと思います。そのときに自分の通っている学校のことをつい「うちの学校」といっていませんでしたか。「何がおかしいの？」そう思う人もいるかもしれません。ここで考えてほしいことは，どうして「うち」という言葉を使ってしまうのかということです。これは自分の所属する学校という集団を自分の属性の一部である，すなわち自己の一部と意識しているためです。この意識のことを社会心理学では社会的アイデンティティといいます。集団への所属意識や信頼が高まるほど，社会的アイデンティティは強くなります。みなさんが，まだ大学に入学したばかりだと，通い始めた大学のことを「うちの大学」という呼び方をしないかもしれません。この場合は，自分が大学に所属はしているのですが，自分の中ではまだ「この大学の学生であること」が自己の一部となっていないと解釈することができます。やりたいことをみつけ，活き活きと大学生活を送れるようになれば，そのうち

「うちの大学」とふつうに呼ぶようになるでしょう。「うち」とは何気ない言葉ですが，その人が自分と集団の関係をどのようにとらえているのかを端的に表す言葉といえます。

　では，人々はどのような集団に所属したいと考えているのでしょうか？一般に，憧れの人や目標となる人がいる集団，集団の目標や活動自体が魅力的な集団，所属することで自分の価値が高まる集団などが所属したいと思える集団といわれています。すなわち，自分が「その集団の一員である」と考えたときに，自分自身を高く評価してもらえるような集団が，入りたい集団になります。このように，所属する集団の社会的アイデンティティは，自己の一部であるので，入りたい集団は，自分を高めるような動機と深く関係します。

　自分を高めるという動機は，さらに自分の所属する集団は他の集団よりも望ましい集団であると認識することにもなり，またそうあってほしいと期待することにもつながります。このことが結果的に自分たちの集団は他の集団よりも望ましい集団であり，自分たちの集団を構成するメンバーも他の集団のメンバーよりも優れているという内集団ひいき（逆をいえば，外集団への差別）をもたらします。人は自分がその集団に所属したという意識を強くもったときから，知らず知らずのうちに「自分たち」と「（自分たち以外の）あの人たち」を区別し，また自分たちを高く評価するようなバイアス（歪み）が生じるようになっていると考えられています。

　では，次に所属する集団が個人の考え方，態度，行動にどのような影響を与えているのか考えてみましょう。人はみな感じ方や考え方がそれぞれ違います。しかし，同じ集団の人は似たような考え方をしたり，趣味が似ていたりすることに気が付いているでしょうか。例えば，同じグループでメンバーのファッションが似ていたり，就職したいと希望する職種・業界が似ていたりすることです。実は，集団にはメンバーとして期待される標準的な考え方や，行動様式，望ましい価値観などを示すルールがあります。これは集団における一定の考え方や，行動などの規準・判断の枠組みのことで集団規範といいます。学校であれば校則はもちろん，校風などもこれに当たります。例えば，お嬢様・お坊ちゃま学校（良家の子女・子息が通う品のある学校）では，学生はそれなりの似た服装で大学に通い，自由な校風といわれる大学ではジャージで通う学生もいれば流行の服で通う学生もいます。法律のように守らなければいけないもので

はありませんが，その集団に入るとほとんどの人がそのルールに従うことが当たり前になってしまうものなのです。また，多くの人にとっては，このルールは従っていればまちがいがない，あるいは安心と感じる，ある意味自分たちの常識のようなものになります。例えば，みなさんが先輩後輩という上下関係がしっかりしているクラブに所属し，先輩のために後輩が買い出しにいくことが当然であると考え，不満もなくいつも買い出しに行っているとすれば，その考え方がこの集団規範に相当します。

1-2　ついついみんなに合わせてしまう

　集団内で話し合いをしているときに，自分の考えや意見が他のメンバーたちと違っている場合，みなさんはどうしますか？　ついつい他のメンバーに合わせてしまうことはありませんか？　どうしてもゆずれないことでなければ，自分の考えは示さずに，他のメンバーと同じ意見にしたり，同じ行動をとったりすることが多いのではないでしょうか。例えば，数人の友達と一緒にランチをすることになりました。自分はそれほど空腹ではないのでファストフードで軽く食べるくらいでよいと思っていたとします。しかし友達みんながファミレスに行ってしっかりと食べたいといった場合，自分の意見を主張せずに，みんなの意見に従って仕方なくファミレスに行ったというような経験があるのではないでしょうか。このように個人の行動や信念が集団の基準（集団規範）に一致した方向へ変化することを同調行動といいます。

　同調行動に関する有名なアッシュ（Asch, S. E.）の研究を紹介しましょう。アッシュは，8人一組の集団をつくり，明らかに正解がわかる簡単な課題を用いて同調行動に関する実験を行いました。課題の1つを図表1に示します。実験は集団で参加するメンバー全員に対し図表1左図のa, b, cの3本の線分（比較刺激）の中から，右図で示された線分（標準刺激）と同じ長さのものを選ばせるというものでした。実は，この実験の本当の実験参加者は1名のみで，残りの7名は実験協力者（サクラ）でした。この実験の目的は実験協力者の7人全員が同一の誤答を示した場合に，1名の実験参加者はどのような回答（反応）をするのか，すなわち実験参加者は同調行動をするのかどうかを調べるというものでした。この実験は同じ集団で何十試行も行われました。その結果，実験参加者が他のメンバーの回答に合わせて誤答をしてしまう割合は全体の3

分の1にものぼり，また実験参加者の約4分の3が少なくとも1回は誤答をするという同調行動を示すことが明らかにされました。

図表1　アッシュの実験で使用された実験刺激

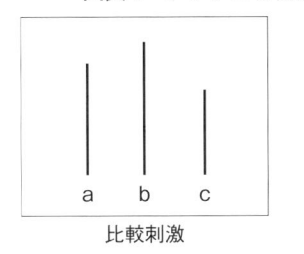

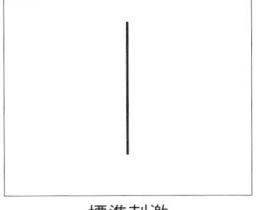

比較刺激　　　　　　　　標準刺激

　では，人はなぜこのように同調行動するのでしょうか。ドイッチュ（Deutsch, M.）とジェラード（Gerard, H. B.）は，同調行動をもたらす集団の構成メンバーからの影響は規範的影響と情報的影響の2つに区別できると考えました。規範的影響とは，メンバーからの期待に沿いたい，メンバーから受け入れられたい，拒絶されたくないという動機に基づき，その集団で期待される価値基準に沿った行動をとることです。先ほどのファミレスの事例で考えると，みんながファミレスに行こうとしているときに，わざわざ「私はたいしてお腹がすいてないからファストフードに行きたい」というと角が立つし，空気の読めない奴だと思われてしまうので，何もいわずにみんなに合わせるというのが規範的影響の一例になります。一方，情報的影響とは，自分では正解がわからない場合や妥当な考えが浮かばない場合に，客観的にみてできるだけ正しい判断を下したいという動機に基づき，集団内の他のメンバーの意見や判断を参考にし，メンバーから受ける影響のことです。例えば，授業で先生から選択肢の問題が出されて，正解だと思う選択肢について挙手をしなければならない場合，正解がわからず挙手できないときに，多くの人が手を上げている選択肢が正解だろうと考え，一緒に手をあげたことはありませんか。多くの人が支持することが必ず正解であるとは限りませんが，多くの人が正解だと考えていることは，正解である可能性が高いと考えてマネをする。このような同調行動が情報的影響による一例になります。この2つの影響は，状況によって前者が優勢に働いたり，後者が優勢に働いたりします。

　みんなと同じ行動をとるのは安心ですが，ときにはどうしても従えない，こ

のままみんなと同じことをしていると集団が大変なことになると予想される，そのように思えることがあります。そのときはどのような策があるでしょうか。自分がその集団から抜けることが一番簡単な方法です。しかし，自国が戦争を始める場合などのように，そうはいかない場合もあります。このようなときにみんなの同調行動を崩すこと（例えば，戦争をやめさせること）は難しいのですが，全く無理なわけではありません。自分以外で少しでも集団の行動に疑問を持っている人，このままではいけないのではないかと思っている人を探し出し，そして，その人にみんなと違う意見は自分だけではないこと，集団全員の意見が同じわけではない（全員一致ではない）ことを浸透させていくことが重要になります。少しのほころびが大きな穴になるように地道に違う意見をもつ仲間を増やしていくことが同調を崩す策となるのです。

1-3　1人でもみんなの考えを変えることができる

　集団の中で，少数の人たちや一個人が意見を通すことはなかなか難しいことです。しかし，そのようなことが全くできないわけではなく，1人でもみんな（多数派）の考えを変えることができます。ガリレオの地動説などのように，科学の進歩や大きな変化が起こるときには，少数の人が今までの常識を覆す，新たな考えを提示してきた例がいくつもみられます。集団内が，判断・意見の異なる少数派と多数派に分かれた場合，少数派のメンバーが多数派のメンバーに影響を与えることを少数派の影響（マイノリティインフルエンス）といいます。では，少数派はどのようにすれば多数派に影響を与えることができるのでしょうか。モスコビッチ（Moscovici, S.）の成果を紹介しましょう。まず，多数派のメンバー個々人にそれまでの判断と少数派による新たな判断の間で葛藤（このままでいいのだろうかと考えさせる）を生じさせて，新たな意見・判断に向かわせることが必要になります。すなわち多数派を不安定な状態にさせるということです。次に，確固たる信念を持った少数派が一貫した意見を主張していくことにより，少数派の確信・信念を多数派のメンバーに読み取らせて賛同させていく，すなわち少数派の意見を多数派のメンバーの間に浸透させて，多数派の意見を変えていくというのがモスコビッチの考えです。このとき少数派が一貫してぶれない姿勢をもつことがとても重要です。

1-4　命令されれば人は残酷になれる

　上司や先生，先輩など集団の中で力を持っている，いわゆる「権威」にはなかなかさからえないものです。人は一旦，上下関係の構造をもつ集団内に入ってしまうと，上からの命令に従い，自分に与えられた役割を果たさなければならないと考える傾向があります。例えば，集団内でのいじめを考えてみましょう。メンバーのリーダー格が「あいつ（対象者）は気に入らないから罰を与える」と決めると，リーダーに指示をだされた他のメンバーらは，対象者に暴行したり，全員で対象者を無視したりしていじめが行われます。集団の各メンバーは対象者をそこまで嫌っていない場合でも，リーダーから指示されると服従し，いじめに加わってしまいます。これはメンバーの意思が弱いからなのでしょうか。このような服従の心理を調べたミルグラム（Milgram, S.）の実験を紹介しましょう。実験者であるミルグラムは，見ず知らずの2人を一組として，教師役，生徒役を決めました。実は，この実験では教師役は本当の実験参加者でしたが，生徒役は実験協力者（サクラ）で，あらかじめ実験者が指示した通りに演じていました。教師役が生徒役に問題をだし，生徒役が答えを間違えた場合，教師役が生徒役に電気ショック，すなわち罰を与えます。電気ショックは15ボルトから450ボルトまでの15段階に分けられていました。たとえ教師役の実験参加者が実験途中で電気ショックを与えることを拒否しても，4回の拒否までは実験者が「続けてください」と続行するように命令しました。拒否を5回した場合に実験を終了としました。実験結果は実験参加者40名中26名（65％）が命令に従い450ボルトまで電圧を上げました。この事実は精神科医，大学生，一般人らの予想をはるかに上回るものでした。この実験により，多くの人が，命令が常軌を逸したものであっても，権威の力を大きく捉えると，「自分は命令に従っているだけである」と考え実行（服従）してしまうことが明らかになりました。すなわち個人の性格にかかわらず，権威のある人から命令される状況におかれると，人は残酷なことも意外と容易に行ってしまうことを示唆しています。

1-5　自分のことばかり考えて行動していいの？

　人は日々，自分だけが得をすることを追求して生活しているでしょうか。す

なわち行動するときは常に利己的にふるまっているでしょうか。この問いについて「その通り」と答える人は少ないでしょう。「そんなことをしたら世の中が成り立たない！」と怒る人もいるかもしれません。しかし，具体的な事例をみてみると意外と利己的にふるまっていることに気が付くかもしれません。例えば，電車に乗るために駅まで自転車で行った場合，「駅から少し離れた有料駐輪場にとめる」という（社会的に）協力的な行動と，「駅前に違法駐輪する」という非協力的な行動の2つの選択肢があるときに，あなたはどちらを選びますか？自転車が撤去されるリスクを考えなければ，駅前に駐輪するほうが駅まで近いので楽で，しかもお金もかからないので得です。しかし，みんながそのような行動をとると駅前は自転車であふれかえり，歩行者の邪魔になり，歩くことさえも困難な状態となり，結果的に誰もが不利益をこうむるという状態が生まれます。このように，個人にとっては最適な選択が，全体としての最適な選択にならない状況を社会的ジレンマといいます。ドウズ（Dawes, R. M.）は，以下のような社会的ジレンマが生じる3つの規定条件を示しています。それは，まず①一人ひとりの人間にとって協力か非協力かのどちらも選択できる状況にある，②その状況で協力を選択するより，非協力を選択するほうが一人ひとりにとっては望ましい結果が得られる，③全員が，個人にとっては有利である非協力を選択した場合の結果は，全員が協力を選択した結果よりも悪いものとなる，というものです。資源の問題や環境問題（ごみのポイ捨てなども含む）など社会的ジレンマを含んだ問題は数多く存在し，各自（各国）が自分なりの言い分があるために，その解決は難しいとされています。解決策の1つとして，協力する価値を高めること，一人ひとりが全体の利益を優先する心を持つことが重要であると考えられます。ただし，このような心のもちようだけでは，自分だけ損をする人もでてきて長続きしない可能性もあります。そのため，社会的ジレンマの解決のために人々を協力行動にかりたてるために重要なことは，自分が協力をのぞむことだけでなく，他のみんなも協力をのぞんでいるだろうと信じられることだといえます。つまり他者も協力を望んでいるだろうという「信頼」が重要になってくることを山岸らは述べています。

1-6　仲間でも出来の悪い奴はいらない

　いじめのような，集団にとっての出来の悪いメンバー，あるいは集団からは

み出てしまった逸脱者に対して，集団の他のメンバーが否定的な態度をとったり，あるいは無視したり，のけ者扱いをする現象は今にはじまったことではありません。集団にとって望ましくないメンバーを排除しようとする現象をマルケス（Marques, J. M.）らは黒い羊効果と命名し概念化しました。マルケスらによると黒い羊効果とは，自分たちの集団のメンバー（例えば，学校において同じクラスのメンバー）に対する好意と非好意（嫌い）の判断の差は，自分たちと似た他の集団のメンバー（例えば，隣のクラスのメンバー）に対する好意と非好意の差よりも極端に大きくなるということです。すなわち自分の集団の望ましい人に対してはとても好意的な評価をしているのに，自分の集団の望ましくない人に対しては，他の集団の望ましくない人よりも非好意的（否定的）評価をするということです。仲間だから出来の悪いメンバーはより許せなくなるという現象です。1-1で述べたように，自分たちの集団についてはより好意的に評価する「内集団ひいき」を行うことが知られているのに，なぜ自分たちの集団の出来の悪いメンバーには，より否定的な厳しい評価をするのでしょうか。ここには社会的アイデンティティの維持，特に自己高揚動機が深くかかわっています。自分たちの集団の望ましくない人（先に述べた出来の悪いメンバー，逸脱者，劣等生など）は，自分たちの集団をおとしめ（評価を下げ），ひいては自分の価値も下げるかもしれない脅威と捉えられます。そのため他の集団の望ましくない人よりもより厳しく，より低く評価されることになるのです。自分たちの集団をおとしめるという観点からいえば，例えば，大会で優勝を目指すことを目標としたサッカーチームで，よくミスをする仲間をより低く評価し，「うちのチームの恥」などと考え忌み嫌うことは黒い羊効果の一例となります。

　ここまで読んでみると気が付いた人がいると思いますが，黒い羊効果はいじめ問題を考える際にとても参考になります。なぜなら，いじめは仲間グループなど集団内で行われることが多いことが原因の1つと考えられるからです。

1-7　いじめについて考える

　いじめについての研究は学級集団を対象としたものが多く，いじめを受ける被害者といじめを行う加害者，その両者の対立した関係，葛藤をとらえて議論されてきました。しかし最近では，いじめを対人間の問題として捉えるのでは

なく，社会関係性，あるいは集団行動の過程として扱うようになっています。わが国では，正高（1998）がいじめという社会的不正行為は，それに協力するメンバー（同調者）の割合が，ある一定のレベルを超えると傍観していた周囲のメンバーも同調しはじめ，結果的に全員がいじめをする傾向があることを報告しています。

いじめを集団内の関係でみる場合，実は加害者でも被害者でもない第三者，すなわち傍観者の存在が重要であるとの指摘もあります。ジニ（Gini, G.）らにより，いじめ場面を想定した質問紙を用いて，いじめの目撃と介入に関する実験的研究が行われています。実験参加者は，いじめが行われているときの質問紙に記された第三者の反応を読み，いじめを第三者として観察している場面を想定します。第三者の反応として，加害者を支持する態度，被害者に好感をもっている態度，被害者を非難する態度などの条件を設定しました。実験の結果は，実験参加者は自分以外の第三者の態度をみて，いじめに加わるかどうか判断することがわかりました。すなわち，第三者が加害者に介入すれば，いじめに加わり，逆に被害者に介入するといじめの原因は加害者にあるとみなすことが明らかになりました。このことは，いじめにおける傍観者は，いじめ自体（いじめの加害者や被害者の様子）をみるよりも，自分以外の傍観者をみながら介入するかどうかの態度を決めていることを示しています。

2 集団の中での課題遂行

いつものジョギングコースを走っているとき，同じくらいのペースで走る人がいると，いつも自分一人で走っているよりも速く走れたという経験はありませんか。知り合いでもライバルでもないにもかかわらず，他者がいると少し頑張る原動力となり，速くなる。このように他者の存在が，自分のパフォーマンスを上げることがあります。逆に，一人なら集中して勉強できるのに，図書館で自分の座席のそばに人がいるとあまり勉強に身がはいらない，すなわちパフォーマンスが下がってしまうこともあります。ここでは他者が，自分のパフォーマンスに影響を与えることについて説明します。

2-1 自分の部屋より図書館のほうが勉強ははかどる？

私たちは競い合ったり，助け合ったりするわけでなくても，ただ誰かが近く

にいるというだけで他者から影響を受けます。例えば，塾や図書館の自習室で勉強をするときは，自分の部屋で勉強をするときよりもはかどったりすることがあるのではないでしょうか。このように他者が単に存在するだけで，課題の出来がよくなったり，効率が向上することを社会的促進といいます。しかし他者の存在が常にプラスになるとは限りません。試験中にたまたま試験監督が自分のそばに立っていると，緊張してふだんだったら解ける問題が解けなかったりすることがあります。このように他者の存在が課題の遂行を悪化させることを社会的抑制といいます。ザイアンス（Zajonc, R. B.）は他者の存在によるプラスとマイナスの影響を「他者の存在により行為者の意識が高まり，その時点で身についている反応が出やすくなる」と説明しています。行為者にとってやさしくて充分に学習された課題であれば，他者が存在することでより早く正答し，不得意な課題であれば間違ったり，いつも以上に時間がかかったりします。このことは他者の存在が前者では促進する方向に働き，後者では抑制する方向に働くからなのです。

2-2 みんなでやるとついつい手を抜いてしまう

　あなたは多くの人たちと一緒に作業をするとき，例えば小学生のとき，児童全員で校庭のゴミ拾いをするときなどに，友達とおしゃべりをしたり，先生の目をぬすんでさぼった経験はありませんか。集団の中で作業をするときの個人の仕事量が，個人1人だけで作業をするときの仕事量に比べて低くなるという現象が知られています。この現象は社会的手抜きと呼ばれています。これは，集団での作業では個人の仕事量が不明確になるために動機づけが低下することや，集団で作業をするときにメンバー間のタイミングが合わないことなどで生じると考えられています。ラタネ（Latane, B.）らは，グループの人数を変化させ，大声を出させたり，拍手をさせ1人当たりの音量の大きさを測定するという実験をしました。結果は図表2に示すように，一緒に同じ行動をする人数が多くなるほど，1人当たりの出す音量が減少することが明らかになりました。
　みなさんも集団で作業をするとき，全力をだしきれないことや，ついつい手を抜いてしまうことはありませんか？　メンバーの社会的手抜きは集団にとって大きな負担になっていきます。みなさんが集団のリーダーでなくても，メンバーの1人としてどのようにしたら社会的手抜きが生じないようになるのか，

日ごろからこのようなことを考えながら行動することにより集団のパフォーマンスは大きく変わっていきます。

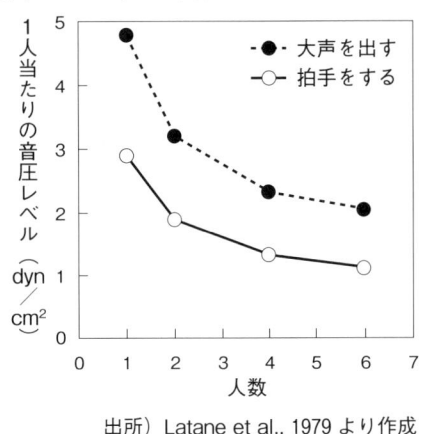

図表2　ラタネらの実験における社会的手抜き

出所）Latane et al., 1979 より作成

ディスカッションのテーマ

1　自分は，現在いくつの集団に所属していて，どの集団が自分にとって重要だと考えているでしょうか。所属している集団を具体的に書き出し，重要な順に番号を付けてみましょう。そして，重要だと考える集団は，どうしてそう思えるのか考えてみましょう。
2　いじめが，第三者すなわち傍観者の存在が深く関係しているという考え方について，自分の経験をふまえてどう考えますか。また，いじめを減少させるための方法を自分なりに考えてください。
3　複数人で作業をすると，しばしば社会的手抜きが生じ，リーダーらの頭を悩ませることになります。どのようにしたら，社会的手抜きが生じにくくなるでしょうか。その方法や方策について具体的に考えてみましょう。

【参考文献】
・碓井真史監修『史上最強図解よくわかる人間関係の心理学』（ナツメ社 2011）
・本間道子『セレクション社会心理学 26 集団行動の心理学』（サイエンス社 2011）

第8章 ヒトを活かし，ヒトを守る人的資源管理

はじめに

　経営学で4大経営資源とはヒト，モノ，カネ，情報を意味します。人的資源管理とは，「組織（企業）に属するヒト（人的資源）に対して，組織（企業）が実施する諸方策の総体である」と定義します。

　人的資源は他の経営資源とは異なり，そのインプットに対し必ず決まったアウトプットを産出する性質のものではありません。人的資源は仕事をする人間（個人）と職務を切り離すことができないため，個人のモチベーションやその日の気分などによって成果が異なってしまいます。思ったような結果がでないこともあれば，潜在能力が発揮されて，予期していなかったような成果が生み出されこともあります。組織の戦略に沿うように最適なヒトの配置を考え，努力の方向を定め，インセンティブや評価，昇進制度などの経営システムを整えることは，ヒトを活かす人的資源管理の任務の1つです。

　人的資源（労働力）がヒトである個人（労働者）と切り離せないという性質である以上，人的資源が「人権」を持ったヒトであることも認識しておかなければなりません。働くヒトの人権は憲法によって守られ，それを基にして，労働基準法をはじめとする諸労働法があります。法の細かな運用に関する規則や判例も含め，人的資源管理に携わる者はそれらを正しく理解し，遵守する必要があります。これがヒトを守る人的資源管理です。

　人的資源のサスティナビリティ（持続可能性）の維持もまた人的資源管理に課せられた使命です。企業が利用する人的資源は，家庭，学校，地方自治体，国などを含めた社会によって作り上げられた資源です。ヒトの世代的な再生産を確保するために，家庭を営む人間的生活の余地を残し，人生の豊かさを実感できる生活の手助けをすることはヒトを労働力として利用する者の義務であり，企業の社会的責任の1つです。

　本章は，「ヒトを活かし，ヒトを守る」を基本コンセプトに人的資源管理を概説していきます。本章が人的資源管理を学び始める方々の理解の一助となることを期待します。

1 人的資源と企業の責任
1-1 人的資源の性質と労働法

　経済学では人的資源（＝ヒト）の提供する労働力は価値創造の源泉とされています。ここではまず，「剰余価値」という概念を紹介しましょう。例えば，あなたが一人で，ある程度の大きな無人島で生活していると想定します。人間は賢いですから，採集や狩猟，工作などの労働に一日中打ち込んだとすれば，自分が消費するモノ以上にいくらかの蓄えができるはずです。その蓄えの部分を「剰余価値」といいます。剰余価値の源泉は人間の労働力とその行使である労働過程にあります。生産される剰余価値は，人々が社会を構成し，分業と交換によって自らの強みに特化し，能率を上げることによって増加します。人々がやがて大きな社会を構成するようになると分業は更に複雑になり，人々の分業の指揮や剰余価値分配の役割を持つ者が生まれます。かつて日本では貴族や殿様がそれを担っていましたが，現在では企業がそれを担っています。企業の運動は簡単にいえば，分業を組織し，社会が必要とするものを生産し，剰余価値を出資者や従業員に分配するというものです。

　ヒトは現在のところ企業によっては生産されません。仮にロボット（アンドロイド）によって人間の労働が完全に代替される時代が来たとしても，ロボットを作り，思考ルーティンや行動をインプットするのはやはりヒトでしょう。ヒトは家庭で生み出され，社会的な人間としての重要な教育のほとんどを家庭と社会（義務教育の期間）になされています。企業はそのヒトを使って事業を行い，利益を得ています。ですから，例えば，木材を使用する企業が，持続的な地球環境のために植林をする責任があるのと同じように，企業にはヒトの日々の労働力の再生産と，親から子，子から孫への世代的な労働力の再生産と社会の持続的な維持，発展のために努める責任があります。ヒトの労働力の再生産を確保するためのボトムライン（最低線）が労働基準法です。労働時間や労働条件について企業が守るべきルールが示されています。

　学問的に労働者とは，生産手段を持たず，労働力を売る（雇用される）ことで生計を立てるヒト（＝人的資源）と定義されます。労働者は憲法によって職業選択の自由が認められた自由な存在ですが，失業すれば生存の危機に立たされます。つまり，生産手段を持ち，解雇権を持つ企業（使用者）は従業員（労

働者）と比較して強い力を持っているわけです。この状態に任せておけば，企業の内部留保が増加する一方で，賃金は労働者間の過当競争によって次第に切り下げられ，労働力の再生産が難しい状況に陥る危険性があります。

　この力の差をいくらかでもバランスがとれるようにするために，労働者の団結権や団体交渉権を保障する労働組合法が定められています。労働組合は企業と交渉することで給料や労働条件を世代的な労働力の再生産が確保できる水準までに引き上げる役割があります。従業員が労働組合に加入したり労働組合を結成したりすることを禁止したり，又は，企業がそのことで従業員に不利益や差別待遇を与えることなどは，労働組合法によって「不当労働行為」として禁止されています。

　労働法は，ヒトとその再生産を守るためのボトムラインであり，遵守しない場合には行政官庁や労働基準監督局に所属する労働基準監督官によって改善指導が行われます。違反の程度が著しい場合には業務停止を命じられ，検察庁に送検されれば，経営者は罰金や懲役の刑を課せられることもあります。それだけではありません。近年は，企業による労働法違反や非人道的なヒトへの扱いがソーシャル・ネットワーキング・サービス（SNS）によって頻繁に拡散されています。「ブラック企業」としてのレッテルはたちまち世界中に拡散され，企業のイメージを傷つけ，収益に大きな打撃を与える可能性があります。

　対照的に，積極的にヒトを活かし，ヒトを守る「ホワイト企業」も世の中の注目を浴びています。「ホワイト企業」であるという評判は優秀な人材を集めるのに有用であるだけでなく，企業の売上の増加にも繋がります。マーケティングの大家であるコトラーは，現代の消費者は価格や機能だけで商品を選ばずに，自分の「価値観や信念」に適合した商品（ブランド）を選ぶと主張しています。「ホワイト企業としての戦略」も売上に貢献する時代になろうとしています。ヒトを活かし，ヒトを守る企業が消費者に選ばれることで，ヒトの生活と企業の業績が改善する一挙両得を期待することができます。

1-2　時間外労働（残業時間）と36（さぶろく）協定

　労働基準法第32条に労働時間について，「1日8時間，週40時間以上労働させてはならない」と定められています。しかし，週に30時間以上の時間外労働（＝残業）がある企業も珍しくありません。では，残業がある＝法を破る

ブラック企業，なのでしょうか。実はそうとは限りません。残業を記録させないなどの「不払い労働（サービス残業の強要）」は明らかに違法ですが，正式な手続きを踏んだ残業は合法なのです。

これを理解するためには，労働基準法第36条に基づく「36（さぶろく）協定」について知っておく必要があります。36条では，労働者の過半数で組織する労働組合がある場合にはその組合と，無い場合に労働者の過半数を代表する者との書面による協定（労使協定）を結び，行政官庁（あるいは労働基準監督局）に届け出た場合には，法定労働時間以上に労働させることが可能であると定められています。37条では，休日労働や時間外労働に関する割り増し賃金の規定も定められています。

それでは，36協定によって，どこまで残業時間を延ばせるものなのでしょうか。第36条の2項に定めに従い，厚生労働大臣は36協定で定められる延長時間の基準を定めています。現行の厚生労働省告示の「時間外労働の限度に関する基準」では，原則週15時間，月45時間と示されています。しかし，36協定に「特別条項」を付け加え，年に最多で6回，一ヶ月60時間まで延長させることもできます。この特別条項の発動には，臨時的かつ合理的理由と「労使協議」による了解を要するという規定があるものの，最大半年にわたって，一ヶ月60時間まで残業時間を伸ばすことができることになっています。

ただし，36条の4項には，基準の遵守に関して，「行政官庁は，（中略）必要な助言及び指導を行うことができる」としか書かれていません。つまり，基準の遵守に法的な強制力は無いということですから，実は基準以上に長い36協定を結ぶことも可能なのです。しかし，100時間を越える時間外労働をさせた場合には労働安全衛生規則の第55条の規定により，従業員に産業医との面談を行わせる必要があり，かつ，脳心臓疾患などでその従業員が倒れた場合には労災認定がなされる可能性も高くなります。

長時間の36協定を結ぶことは違法ではないのですが，従業員の安全を守る義務を怠ったということで，企業が責任を問われることは避けられません。過重労働が発覚してブラック企業のレッテルを張られてしまう前に，業務調整を行ったほうが賢明でしょう。

2 ヒトの能力と企業内訓練
2-1 野中郁次郎の暗黙知と形式知，SECI モデル

　ヒトという資源は「無限の可能性」を秘めているという意味でも他の経営資源とは異なります。例えば現在，あなたが事務職員で，全く「溶接」の仕事ができないとしても，3ヶ月ほどの訓練を経ればある程度はできるようになります。さらに「溶接」の仕事の経験を積めば積むほどあなたの「溶接」の能力は向上し，3年ほどの経験を積めば，熟練職人のハシリくらいにはなっているかもしれません。つまり，ヒトは訓練によって職業能力と仕事の内容を変化させることができるということです。さらに作業を繰り返すことによって自動的な改善機能が働き，能率を向上させることもできます。ヒトとしての基礎的な能力は家庭や社会（学校）で作り上げられますが，職業能力のほとんどは企業内部で，その企業の目的に合う形で育成されて行きます。

　この節では，ヒトの教育と技能育成について述べて行きますが，その前提知識として，「暗黙知」と「形式知」について知っておく必要があります。例えば，あなたが日本語を母国語として話せるとします。あなたは日本語を理解し，流暢に話す能力がありますが，日本語を教えるとしたらどうでしょうか。

　教師としての経験が無ければ，あなたは日本語の『助詞の「は」と「が」の使い分けがどのようになされているか』を説明することは難しいでしょう。しかし，使い方を間違うなんてことはほとんどないはずです。この場合，あなたは「は」と「が」の使い分けを「暗黙知」として知っているといいます。このように知っているものの，必ずしも説明できない知識を「暗黙知」といいます。

　もしあなたが日本語の教師としての訓練を受ければ，『「は」で接続される2つの文節は後ろが重要な情報で，「が」の場合は前のほうが重要である』という説明ができるようになります。このように他人に説明できるようになった知識を「形式知」といいます。これらは野中郁次郎による造語です。

　野中は，「SECI モデル」という学習サイクルを用いて人と人との学習のメカニズムを解き明かそうとしました。SECI モデルの S は「共有化」を意味します。例えば，外国人のサイモンさんが「が」と「は」の使い方について漠然な疑問を持ち，日本人である川口君が「は」と「が」の使い分けは暗黙知として知っている状況で出会い，二人で「これはなんだろう」と考える状況がこの

106　第8章　ヒトを活かし，ヒトを守る人的資源管理

> A）地球 は 太陽を回ります。

> A）地球 が 太陽を回ります。

「は」と「が」，どちらも主語を作る助詞でしょう？（サイモンさん）

「は」と「が」？使い分けなんか考えたことないな。（川口君）

SECIモデルによる学習

- 共同化（Socialization）：それぞれ暗黙知を持ち合い，暗黙知を共有化する。
- 表出化（Externalization）：お互いの暗黙知を形式知にして表現する。
- 連結化（Combination）：お互いの形式知を組み合わせ，新たな形式知を作る。
- 内面化（Internalization）：形式知を実行し，新たな暗黙知を形成する。

共同化に当たります。次に，Eの「表出化」です。「は」と「が」の使い分けの疑問について，サイモンさんが具体的な例とともに言葉にして説明し，川口君が自分の経験をもとに形式知として表現する過程です。その次がCで「連結化」です。「は」と「が」の使い分けに関するサイモンさんの疑問と川口君の解釈というお互いの形式知を連結，組み合わせて新しい形式知（仮説）を建てます。最後にIの「内面化」は二人で作り上げた形式知を再びそれぞれの暗黙知として取り入れ，検証を行う過程になります。ここで各人が納得行けばサイクルは終了ですが，納得できなかった場合には，再びSから始めることになります。知識が技能となっていくには，取り入れた形式知が暗黙知として，個人の内部に定着する過程が必要です。野中はこうした学習モデルが日本企業

の知識創造の場において有効に活用されていると述べます。

これを踏まえて日本企業の職場内訓練の制度を見てみましょう。日本の職場内訓練といえば通常，Off-JT（Off-the-Job Training）と OJT（On-the-Job Training）と自己啓発の3つが挙げられます。Off-JT とは，仕事を離れての訓練を意味します。講演や講習などで専門の講師が大人数の学習者を教える種類の訓練です。Off-JT で得られる知識のほとんどは「形式知」です。「形式知」は実践によって検証されなければ「暗黙知」として自身の技能にはなりません。そこで OJT があります。学習者は OJT で実践することで「形式知」を「暗黙知」として定着させ，技能として身につけることができます。

自己啓発は従業員がエンプロイアビリティ（雇用されるための能力）の維持発展のために必要な知識や技術を自律的に習得するための学習のうち，企業が費用を負担するものをいいます。自己啓発で習得された知識は，仕事の幅を広げる職務拡大（ジョブ・エンラージメント）や仕事の質を向上させる職務充実（ジョブ・エンリッチメント）によって実践されて暗黙知として定着し，従業員の技能を向上させます。自己啓発には従業員の将来の雇用を守るという意味で，失業に対するセーフティネットとしての役割もあります。

2-2　小池和男の知的熟練とインフォーマルな OJT

日本の技能育成に関する学者で著名なのは小池和男です。小池は工場の生産現場における技能形成に関する研究から，知的熟練の概念を提起しました。知的熟練とは，幅の広い経験によって育成される問題解決の能力のことをいう小池の造語です。小池は生産現場の観察から，フォーマルな OJT とインフォーマルな OJT の二種類に OJT を分類しました。

世界で一般的に知られる OJT といえば，Off-JT による形式知を暗黙知に転換し技能にするための手段であり，短くて1日，長くても3ヶ月程度の実習期間を指します。小池はこれをフォーマルな OJT とします。その上で普段の仕事の試行錯誤や自己鍛錬，上司や同僚からのアドバイスなどによって技能が成長する3年から5年ほどの間をインフォーマルな OJT と名付けました。小池は，職場では技能が伸びなくなる3年くらいで配置転換が行われ，新たな職務において再び3年ほどのインフォーマルな OJT が続けられる。これによって従業員が一定の深さと幅の広い技能を得ることができるように設計されている

のだ，と指摘しました。結果として日本の生産現場では，欧米ではあまり見られない職種の幅を超えた技能が育成されています。小池は熟練従業員には工場全体を見渡せるような知識があり，はば広い視点から問題を解決する知的熟練が備わっていると主張しました。

図表1 厚生労働省の職業能力評価基準にみる卸売業のキャリアマップ

卸売業（食品・菓子・雑貨等） キャリアマップ

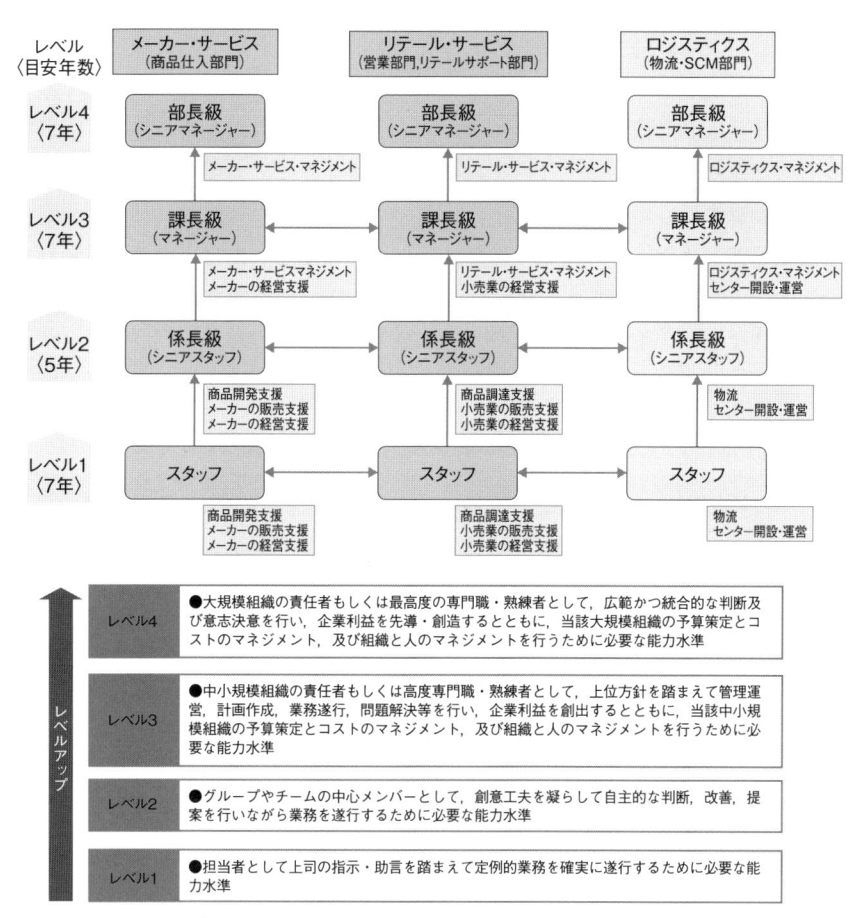

レベル〈目安年数〉	メーカー・サービス（商品仕入部門）	リテール・サービス（営業部門・リテールサポート部門）	ロジスティクス（物流・SCM部門）
レベル4〈7年〉	部長級（シニアマネージャー）	部長級（シニアマネージャー）	部長級（シニアマネージャー）
	メーカー・サービス・マネジメント	リテール・サービス・マネジメント	ロジスティクス・マネジメント
レベル3〈7年〉	課長級（マネージャー）	課長級（マネージャー）	課長級（マネージャー）
	メーカー・サービスマネジメント／メーカーの経営支援	リテール・サービス・マネジメント／小売業の経営支援	ロジスティクス・マネジメント／センター開設・運営
レベル2〈5年〉	係長級（シニアスタッフ）	係長級（シニアスタッフ）	係長級（シニアスタッフ）
	商品開発支援／メーカーの販売支援／メーカーの経営支援	商品調達支援／小売業の販売支援／小売業の経営支援	物流センター開設・運営
レベル1〈7年〉	スタッフ	スタッフ	スタッフ
	商品開発支援／メーカーの販売支援／メーカーの経営支援	商品調達支援／小売業の販売支援／小売業の経営支援	物流センター開設・運営

レベルアップ →

- **レベル4**：●大規模組織の責任者もしくは最高度の専門職・熟練者として，広範かつ統合的な判断及び意志決定を行い，企業利益を先導・創造するとともに，当該大規模組織の予算策定とコストのマネジメント，及び組織と人のマネジメントを行うために必要な能力水準
- **レベル3**：●中小規模組織の責任者もしくは高度専門職・熟練者として，上位方針を踏まえて管理運営，計画作成，業務遂行，問題解決等を行い，企業利益を創出するとともに，当該中小規模組織の予算策定とコストのマネジメント，及び組織と人のマネジメントを行うために必要な能力水準
- **レベル2**：●グループやチームの中心メンバーとして，創意工夫を凝らして自主的な判断，改善，提案を行いながら業務を遂行するために必要な能力水準
- **レベル1**：●担当者として上司の指示・助言を踏まえて定例的業務を確実に遂行するために必要な能力水準

（厚生労働省：ウェブサイトより転用）《http://www.mhlw.go.jp/stf/seisakunitsuite/bunya/0000093584.html》

小池理論は，厚生労働省の示す技能形成のためのキャリアマップ設計とも合致しています。厚生労働省は職業能力開発促進法に基づき，労働者の技能育成を企図する事業主の参考とするために，いくつかの職業系統をモデルとしたキャリアマップを提供しています。〈図表1〉で示した卸売業におけるキャリアマップは，従業員はメーカー・サービス，リテール・サービス，ロジスティクスの三部門の間を移動でき，配置転換によって幅の広い技能を形成することができる可能性を示唆しています。さらに目安年数が示されています。これは標準滞留年数ともいわれるもので，従業員がそのレベルに滞留すべき年数の目安が示されています。別角度から見れば，その年数の間はインフォーマルなOJTによって技能向上が期待できるということです。技能が向上し，能力の水準を満たすことが認められると次のレベルに昇進することができます。能力の水準が昇進のレベルを満たしたか否かの判断については，上司による査定によってなされます。査定では，具体的に何の仕事がどれだけできるようになるというよりは，「問題解決の能力」のような曖昧で人間的な能力の評価が行われるため，上司の主観的な評価が重視されることになります。

　日本の大企業における職能資格制度もここであげたキャリアマップと同じようなシステムになっていて，給料がそれと連動しています。日本の賃金や昇進の制度は年功制度であるとよくいわれますが，その本質は能力を評価の中心におく能力主義です。目安年数（標準滞留年数，会社によって必要滞留年数）があるために，全体でみれば，確かに昇進は同期単位の年功序列であり，それに対応する賃金も年功賃金であるかのように見えます。しかし，ミクロで個人個人を見てみますと，上司の能力査定によって同期の間で目安年数±何年かの差が生じており，最速で昇進する者とゆっくり昇進して行く者とでは，課長クラスになるまでには大きな差が生じます。

　小池が提唱した知的熟練論は長期雇用を前提とする雇用システムを正当化し，配置転換を多用した従業員の幅の広い技能形成に市民権を与えました。その意味で小池の貢献はヒトの雇用を守る労務管理に繋がっているということができます。

3 日本の雇用システムの変遷
―複線型のキャリアとコース別雇用の発展―

　日本企業では，正社員であれば長期雇用の慣行があり，経営上の人材需要を長い目で見た採用計画が必要になります。労働契約法の第16条では解雇について，「客観的に合理的な理由を欠き，社会通念上相当であると認められない場合にはその権利を濫用したものとして，無効とする」とあり，労働判例においても「整理解雇の4原則：①経営上の必要性が認められる。②整理解雇を避けるための努力（配置転換など）がなされた。③被解雇者の選定の合理性がある。④労働組合，従業員との協議等の手続きがなされた。」がすべて満たされていなければ解雇は無効であるとの判断が示されています。

　企業が雇用の安定を提供する代わりに，正社員は入社から定年までの職業人生を会社に捧げることが期待されていました。企業は戦略や育成計画に応じて，新規で従業員を雇うのではなく，既存の正社員を配置転換させ，モチベーションを高く維持させるためのインセンティブ（誘因）を与えるシステムを提供してきました。

　企業の戦略と従業員の行動方式は組織の「パラダイム」に依拠しています。経営学でパラダイムとは，企業内部で正しいと信じられている正義，それに基づく意思決定の傾向などを意味します。パラダイムは企業における類似の意思決定と成功体験の蓄積から醸成されるものです。高度成長期以来1990年代までに，少なからぬ浮き沈みを経験したものの，結局は成功裏に終わって来た「拡大戦略」が，日本企業のパラダイムとなっていました。そのパラダイムのもとでは，企業の成長と共に部門も増加して行くという前提で，ほとんどすべての正社員はいずれ昇進して部門を治める管理職となると考えられてきました。正社員のたどるキャリアのパス（通路）は管理職になるための一本道で，従業員にとって成功するということは，管理職に出世するということのみだったのです。

　しかし，バブル崩壊以降，失われた10年を経て，企業はそのパラダイムを変化させる戦略を採るようになってきました。それが「選択と集中」です。かつて企業は新しい事業部を立ち上げる際に，収益が上がっていない事業部も「いずれ役に立つかもしれない」という理由で存続させ続けていました。とこ

ろが1990年代以降，不採算部門を閉鎖し，成長が予測できる部門に資金と人材を集中する戦略を採る企業が増えてきました。ですが，不採算部門を閉鎖するといっても，そこで働く正社員を解雇するのは容易ではありません。整理解雇を避けるための出向や転籍，早期退職勧告を含めた人事異動が必要になります。さらに，組織の拡大とともに管理職が右肩上がりに増加することもなくなるので，同期単位で競争し，年とともに昇進して行く年功序列制度を維持することも困難になってきました。

　管理職への昇進の道を断たれた従業員は一体何を目標にその後の会社人生を送ればよいのでしょうか。従来の日本企業のキャリア・パスではそこを考慮してはいませんでした。近年，管理職になる道を断たれた従業員や，管理職としてではなく高度な専門職を目指す従業員のために，複線型のキャリア・パスを用意する企業が増加しています。転勤や職種の転換の無い限定で雇用される限定正社員など，雇用の時点で管理職を目指す社員とは異なったコースで雇用する「コース等別雇用管理」を行う企業も増加しています。

　コース等別雇用でよく知られているのが，「総合職」と「一般職」のコース分けです。これは1986年に制定された「雇用の分野における男女の均等な機会及び待遇の確保等の法律（男女雇用機会均等法：以降，均等法と略す）」を受けて，従来は性別を基準に構築されていた職区分を改め，基幹業務を担う「総合職」と定型業務のみを担う「一般職」に分けたことを契機とします。しかしながら，実際には「総合職」は男性が大多数を占め，「一般職」は女性向けであるという社会観念ができあがってしまったため，近年，こうしたコース分けが均等法に触れる可能性が出てきました。そのため，「総合職」と「一般職」のコース間転換を認める企業やコースの名称を改める企業も増加しています。

　また，昇進の条件として，総合職の代名詞でもあった「転勤経験」を含めるのも，家庭責任を負わされる女性に厳しいとして，均等法の観点から難しくなりました。例えば，支店内部での昇進に関して転勤経験を含めてしまうと，合理的な理由があるとは証明できない場合，均等法違反になる可能性があります。85年の段階では努力義務規定だった均等法ですが，1999年の改正以来，禁止事項に変わり，企業は遵守しなければならなくなりました。また，職種における男女比を是正するため，昇進や採用に際して，条件が同じであれば「女性を

優遇する」ことを明記する「ポジティブ・アクション」を実施する企業も増えています。女性従業員を直接的，間接的を問わず，社会慣習的な性差別から守ることも人的資源管理に携わる者の役割の1つに数えられるようになっています。

ディスカッションのテーマ

1 労働基準法では，労働時間について，1日8時間，週40時間と定められています。
　それでは，何故，残業を含めて週40時間以上の労働時間が社会で許容されているのでしょうか。
2 日本企業の評価制度の本質は能力主義のはずですが，賃金は年功賃金，昇進は年功序列といわれるのはどのような理由からでしょうか。従業員の能力形成の過程を踏まえて答えなさい。
3 近年，「一般職」という呼称で，募集を行うことが難しくなりつつあります。これはどのような理由からでしょうか。これまでの経過を踏まえて答えなさい。また，今後のコース別の雇用は均等法を踏まえて，どのようなことに気をつけるべきか，考えなさい。

【参考文献】
・小池和男『日本企業の人材育成』（中公新書 1997 年）
・佐護譽『人的資源管理論』（文眞堂 2003）
・野中郁次＝紺野登『知的創造の方法論』（東洋経済新報社 2003）
・野村正實『日本的雇用慣行―全体像構築の試み』（ミネルヴァ書房 2007）

第9章 国際経営

1 国際経営とは

　私たちは毎日の生活の中で多くの外国製品を使用しています。外国製品と気付かずに使っていることもあります。外国とのつながりは仕事でもあります。海外との遠隔テレビ会議，在外子会社への転勤，海外出張など，国籍や母国語の違う同僚と一緒に働く機会も増えました。こういう時代に国境を越えた企業の経営を考えることから，いろいろなことが見えてくるでしょう。経営の現場と国際経営の現場に境界線があるわけではなく，国際経営はさまざまな分野と密接に関連しています。異文化マネジメント，経営戦略，マーケティング，組織，人的資源管理，生産管理など幅広い分野にまたがります。以下では，企業はなぜ海外へ進出するのかということ，異文化が企業経営にどのような影響をおよぼすかを考えてみましょう。

1-1 企業の海外進出の動機

　企業が外国の市場で自社製品を販売する方法はいくつかありますが，輸出，現地企業への技術供与，そして海外生産が代表的な方法です。それぞれメリットとデメリットがありますので，どの方法を選択するかは，投資額の大きさ，生産工程の管理，品質管理，販売チャネルの確保，宣伝広告活動など，多面的に比較検討しながら決めることになります。

　では次に，なぜ企業がそもそも海外に進出するかについて考えてみます。一般的には企業を創業し，自国で新製品の開発を行います。そして自国で，製造し，販売します。その際，コストを抑えるために，より安価な原材料を外国から輸入する，あるいはより安価に労働力が入手できる場合，海外に生産を移転することもあるでしょう。1990年代に円高が進んだ際には，生産コストの削減や日本への逆輸入を目的として，国内生産を代替するために海外での生産が行われました。

　国内販売が好調であれば，自社製品に対する自信も生まれ，ある程度の所得水準のある海外市場での競争に打って出ることを検討するかもしれません。あ

るいは国内の競合他社が外国市場に参入した場合，国内に留まっては将来的にはグローバルな競争力を付けることはできないと判断し，海外販売を開始することもあります。最初は製品輸出からスタートし，一定の需要が確保できれば現地での生産も検討するようになるでしょう。この場合，生産国のみならず，近隣の第三国への輸出も視野に入れるかもしれません。こうして外国市場での販売により，利益を得ることができるようになります。海外進出の動機として，ここでは，安価な原材料や労働力の調達，競合他社への追随，製品の販路の拡大という3つがあることがわかりました。

　しかし，近年，変化が生じています。上述の場合は，まず自国でヒット商品を生み出したメーカー，競争力をつけた企業が海外進出をするということです。それに対して第一の変化は，そもそも新製品がこれまでのように自国だけでは生まれにくくなっているということです。外国で生まれた新しい技術を利用することが必要かもしれませんし，外国の消費者を知ることが新製品開発のヒントになるかもしれません。つまり自国のみにとどまっていては新製品の開発はできず，海外に進出することで新しい情報や技術，消費者のニーズ，新製品開発の方向性などを探るケースです。第二の変化は，今や有形の製品だけではなく，無形のサービスも海外市場に供給する時代です。これまでスーパーなどの小売業にとって，国内で築いたメーカーとの取引関係や流通網などは物理的に海外に輸出することは困難でした。一般にサービス業は消費の現場で，消費者と向き合ってサービスを提供しますから，海外展開は難しかった分野ですが，近年では現地企業の買収や提携などによりサービス分野での海外展開も積極的に行われています。第三に，IT 分野に典型的に見られるように，まず国内で基盤を固め，そして海外ではなく，世界同時に新製品や新サービスの販売を開始する企業が現れています。そもそも IT 分野などでは提供するサービスが世界規模のインフラを必要とします。このように，技術の進歩などによる環境の変化により，海外進出の動機も変化しています。

1-2　異文化の影響

　国際経営に固有の領域として，異文化マネジメントがあります。国籍，母国語，価値観，生活習慣などが異なる社員からなる職場の管理を，異文化マネジメントと呼びます。80 年代までは，異なる文化的背景や価値観を持つ人々は

理解し合うことが難しく，仕事の効率も低下してしまう。そこで2つの文化の架け橋となる人材が必要と考えられていました。子供のころの海外経験や留学，海外での勤務経験のある人材が両者の間に入り，2つの文化の違いを説明し，相互理解を促します。

　しかしその後は，人の多様性には国籍や文化だけではなく，実はさまざまな違いがあることが注目されるようになりました。異文化の経験の有無にかかわらず，もっと広い意味での多様な人材が集まって共同で仕事をします。そうした中で少数派の意見，異質な意見に耳を傾けることによって，よりよい解決法に到達する可能性があることがわかってきました。文化の違いもこうした多様性の一部と考えられます。少数の意見を尊重し，自由闊達な議論を奨励するという組織文化こそが，異文化間の理解を促進することにつながるという考え方です。異文化間の架け橋的存在にのみ頼る方法から，組織内の異質性の尊重へと異文化マネジメントも進化してきました。さらに，長期間同じメンバーで仕事をしていると，最初は異質であった集団やチームも同質化してくるといわれており，定期的に異質性を補充することの必要性も指摘されています。

　次に，私たちの働き方について考えてみましょう。日本企業は4月に高校や大学の新卒者を一括採用します。それは企業の中で採用後に必要な能力を育成していくことを前提としたものです。そのため，社員は就職してから2〜3年おきに職場を変えて，その企業で必要なさまざまな能力を身につけながら，適職を探し，昇進していくというジョブローテーションという制度を採用しています。企業内での異動です。戦後そうした仕組みができあがり，年功序列，終身雇用が日本企業の人事制度の特徴といわれるようになりました。このような仕組みの中では，就社といわれるように，社員の能力やスキルもその企業の中で最大限いかすことができるため，あまり他の企業への転職は歓迎されません。そのため，外部の労働市場は発達しませんでした。

　アメリカやヨーロッパの企業はそれに比べると，企業の中で人材を育てるというよりは，必要なスキルを持った人材を外部から採用しようとします。外部で培った能力や実績を評価しますから，独立の職業訓練施設，MBAなどの経営専門大学院，企業でのインターンシップといった実践的な能力を養う制度が日本以上に発達しています。企業の中では特定分野のスペシャリストとして仕事をしますから，企業内で職能横断的に異動することはまれで，むしろ企業間

で転職を繰り返すことで，昇進を果たしていくため，外部労働市場が発達しています。

　こうした異なるキャリア形成の在り方と雇用慣行が交差する現場が，国際経営の現場と考えられます。日本企業の海外子会社は，日本と同じ年功序列型の雇用慣行を維持することは難しいでしょう。企業が海外に多くの子会社を持つようになると，互いに異なる雇用慣行が影響しあって進化していきます。日本企業も伝統的な年功序列・終身雇用の利点を尊重しつつも，社員の能力をこれまで以上に活かす組織づくりを目指しています。国際企業の経営は日本企業の経営に大きな影響を及ぼすのです。

2　欧米日企業の国際化パターンの比較

　ここでは，主に70年代までのヨーロッパ企業，アメリカ企業，日本企業の国際化パターンを比較します。次の第3節では80年代に出現した，これら3つのパターンの融合ともいうべき新しい国際企業の在り方を見ていきます。ヨーロッパ，アメリカ，日本という70年代までのいわゆる先進諸国の企業の国際化パターンには，それぞれの地理的特徴や歴史的条件などが大きく影響を及ぼしています。バートレット＆ゴシャール（1989）はおよそ10年間にわたり，数百人のマネジャーを対象に行なったインタビュー調査の結果にもとづき，ヨーロッパ企業をマルチナショナル，アメリカ企業をインターナショナル，日本企業をグローバルと呼び，その特徴を以下のように説明しました。

2-1　ヨーロッパ企業の国際化パターン

　3カ国・地域の中で，ヨーロッパ企業が最も早く輸出や海外拠点の設立といった国際事業を開始しました。いち早く産業革命を成し遂げたこと，植民地を有していたこと，国によっては国土が狭く隣国と国境を接していたことなどの理由から，早くから外国で事業を展開しました。その頃は交通や通信が未発達なこともありましたが，二度の世界大戦等もあり，本社と在外子会社の間で円滑なコミュニケーションをとることはできない時期がありました。本社から直接日々のオペレーションについて指示を出すことはできませんので，結果として現地の経営は現地に任せる，現地で決定するという自律性の高い在外子会社へと発展していきました。

本社の経営者は子会社が全体の利害に反する行動をとらないようコントロールするための手段として，信頼できる部下，例えば家族や親族などを現地子会社のトップに任命しました。このように，在外子会社の管理・統制は人間関係を主体としたものでしたので，マザードーター企業とも呼ばれます。各子会社に技術や生産能力など主要な経営資源を配分し，在外子会社がそれぞれの現地の消費者のニーズに応える新製品を開発し，ビジネスを伸ばすことができるような組織が形成されていきました。このように現地の環境に合わせて本社のやり方を変えたり，製品を現地消費者のニーズに合わせて改良したりすることを，現地適応といいます。親会社及び在外子会社を含めて，現地適応能力に優れた独立した事業体の集合がヨーロッパの国際企業の原型といわれています。バートレット＆ゴシャールはこれを権力分散型連合体と評価し，マルチナショナル企業と呼びました。

　本章における図表1から図表4は，中央に本社，周囲に六カ国の在外子会社が示されています。本社，子会社とも色の濃さが経営資源と意思決定権限の大きさを表しています。濃淡には濃い，中間的濃さ，白と3種類あり，濃い方が大きいということです。本社及び在外子会社は，指揮命令の強制力，統括力，交換される情報量などの総合的な関係の強さを表す線で結ばれています。この線は2種類あり，実線は強い関係，点線は弱い関係を示しています。ヨーロッパ企業の場合は，図表1に見るように本社には多くの経営資源が蓄積されておらず，白で示されています。特に本社がオランダやスイスといった小国にある

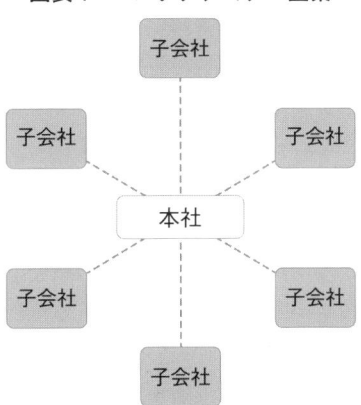

図表1　マルチナショナル企業

多国籍企業では，活動の多くを国外で行っている場合もあります。逆に，在外子会社はそれぞれ独自の新製品開発を行うだけの経営資源を保有しており，濃い色で示されています。本社と子会社の関係は財務的関係など限定的なものであり，点線で示されています。

2-2　アメリカ企業の国際化パターン

　アメリカ合衆国は1776年の独立宣言以来，国内経済が急速に成長しました。19世紀後半からの技術進歩により企業の生産性は飛躍的に増大し，企業規模も拡大しました。20世紀に入ると，専門的な経営の知識とスキルをもったマネジャーが登場し，テイラーの科学的管理法，フォードの大量生産方式など，新たな経営手法も確立されました。また，GMやデュポンなどは事業の多角化に伴い，事業部制組織を構築していきました。

　アメリカ企業は巨大な国内市場を抱えていたため，第二次世界大戦までは国内販売を伸ばすことで，企業の規模を拡大することができました。アメリカ企業が本格的に外国市場への参入を開始したのは戦後です。多角化が進み，海外進出も地理的な広がりを見せるようになると，世界規模の製品事業部制あるいは世界規模の地域事業部制へと組織を拡大して対応しました。海外の拠点をアジアや欧州といったくくりで地域別に統制するか，あるいは製品カテゴリー別に統制するかは，業界の特性や企業の個別事情などにより決まります。

　第二次世界大戦終結後は，所得水準，技術力ともに高かったアメリカで，多くのイノベーションが生まれました。アメリカ企業はアメリカ国内に設置した中央研究所で新製品を開発し，国内販売の成功を踏まえて，海外市場へ参入していきました。このように所得水準の高い国で需要が生まれ，所得水準の低い国へと移っていく状況を需要の下方シフトといいます。

　アメリカ企業がどのように在外子会社をコントロールしたかを見てみましょう。すでに国内で資金力，競争力のある製品群，先端的な経営管理手法などを手にしたアメリカ企業は，子会社でも同様の経営手法などを実践するために，ミニチュア・レプリカと呼ばれる本社を模した組織を海外でも設立しました。本社と在外子会社の間にレポートラインと呼ばれる指揮命令系統を定め，規則的かつ効率的な情報伝達経路を構築しました。在外子会社のトップにはヨーロッパ企業のように同族を任命するのではなく，アメリカ国内で養成した経営の

専門家を任命しました。こうした専門経営者はアメリカの洗練された経営手法を熟知しており，本社と同様の組織構造を縮小コピーした子会社において，効率的に仕事を進めることのできる人材として選任されました。

本社は子会社に対して，経営上の方針や目標を明確に示した上で，必要に応じて現地のニーズに合わせたマイナーな製品改良を行うことについての権限を与えました。海外拠点はマイナーな現地適応を行う一方で，本格的な改良が必要な場合にはアメリカの本社に要望するなどして対応しました。

戦後のアメリカの巨大な多国籍企業では，あくまでも本社が中心であり，最も多くの経営資源と意思決定権限が集中していましたので，図表2では本社は濃い色で示されています。在外子会社は本社で策定した全社戦略に従いますが，資金力のあったアメリカ企業は海外拠点に対してもある程度の経営資源を移転し，一定の現地適応の裁量を与えました。図表2では子会社は中間的な濃さで示されています。本社と子会社を結ぶ線は，規則的かつ効率的な情報経路で結ばれていますが，絶対的な命令系統ではないため，点線で描かれています。バートレット＆ゴシャールは，図表2のようなアメリカ企業を本社を中心とした調整型連合体と捉え，インターナショナル企業と呼びました。

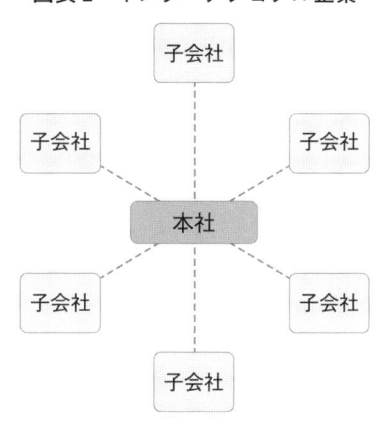

図表2　インターナショナル企業

2-3　日本企業の国際化パターン

最後に，最も遅れて本格的な国際化に乗り出した日本企業について見ていき

ましょう。本社の経営者は戦後しばらくは，技術の獲得，製品の品質向上，コスト削減を目指しました。コストを削減するためには，一定の生産量を確保することが必要です。国内の工場で集中的に生産することによって効率性を追求，コスト削減を実現し，同時に国内の厳しい管理のもと一定の品質を担保することに成功しました。当初は初期投資の少ない方法として，日本国内で生産した製品の海外市場への輸出という方法を選択しました。

戦後しばらくは，欧米市場において大規模な投資を行い工場を立ち上げる資金力を日本企業は持っていませんでしたので，販売拠点としての子会社を設立しました。バートレット＆ゴシャールは，この時期の日本企業の本社は海外子会をグローバル市場への配送パイプラインと見なしていたと述べています。しかしながらこの時期，日本企業の在欧米子会社は，既存の先進的な多国籍企業が満たしていない市場のニーズをキャッチし，そのことが後に日本企業の競争力の源泉ともなる，きめ細かな隙間ニーズに対応する製品差別化能力の基礎となったという評価もあります。

欧米諸国への投資に対して，戦後の東南アジア諸国へ直接投資は様相が異なります。労働集約的な産業では，コスト削減のために生産工程を賃金の安い東南アジア諸国へ移転し，そこから第三国へ輸出することもありました。自動車産業などでは，日本から部品を輸出し，現地工場では最終組立のみを行うノックダウン方式という方法を採用しました。

日本企業の国際化パターンの特徴は，中央集権化が進んでいることです。情報や技術等の経営資源，意思決定権限は日本の本社に集中していました。在外子会社の役割は本社の経営方針や全社戦略，本社からの指示を着実に実行することでした。本社では，子会社のオペレーションを厳しく管理し，指示，技術，部品等，多くが本社から子会社への一方通行の流れにあったため，ワンウェイ・モデルと称されました。バートレット＆ゴシャールはこうした権限と経営資源が本社に集中する中央集権の日本企業を，グローバル企業と呼びました。

図表3を見ると，本社への資源や権限の集中度が高く，本社は最も濃い色で示されています。在外子会社は基本的に本社の指示を実行する役割に徹するため，そのために必要とされる以上の経営資源の蓄積はありませんでした。まさしく，現地市場への製品の配送パイプラインであり，在外子会社は白で示されています。本社と子会社を結ぶ関係は，本社からの強い指示，監視等があるた

め，実線で示されています。

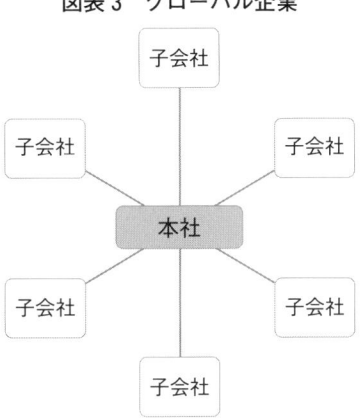

図表3　グローバル企業

(子会社が本社を中心に放射状に配置された図)

2-4　業界と国際化パターンの適合性

　国際化のパターンというのは，どのように作られていくのでしょうか。1つの考え方はこれまで見てきたように，それぞれの国の文化や地理的条件などの影響を受けながら形成されるため，国ごとに異なる特徴が生まれるというものです。物理的に近くにある企業が実践してうまく行っている方法は，他の企業も模倣しようとするかもしれませんし，日本市場が提供するビジネス環境上の制約は，どの企業にとっても同じであり，それに適した方法を模索すると似たような形に収斂するかもしれません。こうした考え方は，制度の補完性と呼ばれます。一国においてさまざまな制度や慣行等は相互に補完し合いながら進化していきますので，結果として，国によっては共通点を持つようになります。もう1つの考え方は，業界によって競争の内容が異なるため，企業に求められる能力が異なるということです。そのため，業界ごとに似たような経営様式や戦略，国際化のパターンを採用するということも考えられます。

　バートレット＆ゴシャールの研究の成果の1つは，70年代までのヨーロッパ，アメリカ，日本の企業の詳細な調査から，国際化のパターンと特定の業界の要件が適合した企業が成功したことを発見したことです。図表4を見てください。日用雑貨業界，通信機器業界，家電製品業界の3つの業界で，それぞれ求めら

れる企業能力が異なります。それらの能力を獲得し，発揮することができた企業が，成功企業として○で示されています。必ずしもすべてのアメリカ企業がインターナショナル企業，すべてのヨーロッパ企業がマルチナショナル企業ではありませんでしたが，多くは国際化のパターンと国籍が合致しています。そして，各業界で求められる能力を発揮することができる国際化パターンをとった企業が成功しました。

図表4　業界・日米欧企業の適合と成功企業（70年代まで）

	欧州企業	アメリカ企業	日本企業
日用雑貨 ＝現地適応	(ユニリーバ)	P&G	花王
通信機器 ＝イノベーション能力	(エリクソン)	ITT	NEC
家電製品 ＝効率性	フィリップス	GE	(松下)

マルチナショナル □　インターナショナル □　グローバル □　(成功企業)

3　新たな国際企業モデルの提示

　バートレット＆ゴシャールはヨーロッパ，アメリカ，日本の企業の国際化パターンを明らかにした上で，80年代以降は環境変化に対応する中で，欧米日の多国籍企業は同じような組織に収斂していくと予測しました。それをトランスナショナル企業と呼びました。トランスナショナル企業は，マルチナショナル企業の強みであった現地適応能力，インターナショナル企業の優位性であるイノベーション能力，グローバル企業のもつ効率性という，それまで同時達成は困難といわれていた3つの戦略課題を同時に達成する可能性の高い企業として提唱されました。

　トランスナショナル企業の特徴を表すキーワードは，経営資源の分散，事業の専門化，相互依存関係の3つです。本社も在外子会社も同等に扱う経営資源のグローバルな分散は，世界のさまざまな場所で生起しうるイノベーション，外国の市場ニーズへの現地適応，要素価格の国家間格差の利用，政治や為替変動へのリスクヘッジなどを可能にします。第二の事業の専門化とは在外子会社

の役割を細分化・専門化すること，そして幅広い権限を与え効率性を高めることを意味します。いわゆる分業の効果を狙います。第三の相互依存関係とは，世界中に分散する専門化した拠点を統合するネットワークの構築を指します。図表5は，本社，子会社を含むすべての拠点が濃い色で示され，それぞれの拠点は強い相互依存関係にあるため，実線で結ばれています。バートレット＆ゴシャールは，このようなトランスナショナル企業は前述の3つの戦略課題を同時に達成することができると主張しました。

しかしながら，現実的には必ずしも多くの多国籍企業がトランスナショナル企業に収斂したわけではなく，それぞれの企業の伝統やDNAは引き継がれており，モデル通りに実現できた企業は少ないといわれています。

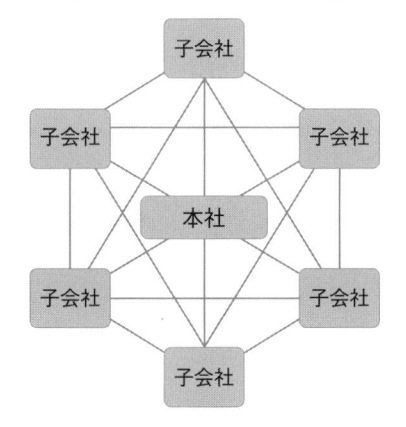

図表5　トランスナショナル企業

ディスカッションのテーマ

1　海外市場への参入方法について，輸出，相手国の企業への技術供与，海外生産の3つの方法のメリットとデメリットを話し合ってみましょう。例えば，初期投資，技術の流出のリスク，品質管理といったことをキーワードとして，考えてみてください。
2　70年代，アメリカ企業は日本に子会社を設立しました。洗練された経営手法を持ち込んだはずでしたが，多くの課題に直面しました。どのような課題があったと考えられますか。消費者ニーズ，労働観，集団主義と個人主

義などを，ディスカッションのキーワードとしても，いいかもしれません。
3 みなさんはこれまでに何人かのチームで共同作業をしたことがあると思います。自分と違う意見をもつメンバーと，どのようにコミュニケーションをとりましたか。最終的には目的に向かって，よりよい解決に到達したと思いますか。よりよいあるいはよくない結果，いずれであったとしても，それはなぜだったと思いますか。是非，それぞれの体験を共有してみてください。

【参考文献】
・江夏健一＝太田正孝＝藤井健編『シリーズ国際ビジネス＜1＞国際ビジネス入門』（中央経済社 2008）
・江夏健一＝桑名義晴編著『三訂版 理論とケースで学ぶ国際ビジネス』（同文舘出版 2012）
・吉原英樹＝白木三秀＝新宅純二郎＝浅川和宏編『ケースに学ぶ国際経営』（有斐閣 2013）
・C. A. Bartlett,; S. Ghoshal (1989). Managing Across Borders: The Transnational Solution, *Harvard Business School Press*, Boston, MA. （吉原英樹監訳『地球市場時代の企業戦略―トランスナショナル・マネジメントの構築』（日本経済新聞社 1990））

第10章 財務会計

1 会計とは

　会計（企業会計）は，「企業の経済活動を主として貨幣額で計数的に測定し，その結果を報告書にまとめて利害関係者に伝達する行為」です。企業は，資金を運用して製品の製造・販売やサービス提供などの経済活動を営んでいます。会計はこのような経済活動を所定のルールに従って記録し，その結果を利害関係者に報告します。

　会計の分野は情報を利用する利害関係者のポジションにより財務会計と管理会計に分かれています。財務会計は企業外部の利害関係者に情報を提供する会計であり，外部報告会計ともよばれます。それに対し，管理会計は経営管理に役立つ資料を企業内部の経営管理者に提供する会計で内部報告会計ともよばれます。利害関係者とは自己の利益を守り，適切な経済的意思決定を行うために，企業の動向に強い関心を有し，企業に関する情報を必要とする人々のことを指し，企業の株を保有している株主や企業に金銭を貸している債権者などがあげられます。

図表1　利害関係者と財務諸表の利用法

利害関係者	情報の利用法
株主	資金が適切に運用されているかチェックする。
債権者	お金を貸すときの判断材料にする。
投資家	株の売買の判断材料にする。
従業員	賃金上げの交渉に利用する。
課税当局	税金の算出のための資料にする。

　財務会計は社会のさまざまな利害関係者に大きな影響を与えるので，法律の規制を受けています。法律の規制による会計を制度会計と呼び，わが国においては会社法，金融商品取引法，税法の3つの法律による規制があります。3つの法律による規制が相互に関連し，結びついているのでトライアングル体制とも呼ばれています。その他にも制度会計以外の法規制を受けない財務会計領域

があり，企業は利害関係者との良好な関係を築くために自発的にさまざまな情報を開示しています。その中でも投資家向けの情報開示をインベスター・リレーションズ（IR）とよび，企業のホームページを充実させたりミーティングを開催したりすることで投資家へ向けて多くの情報を提供しています。

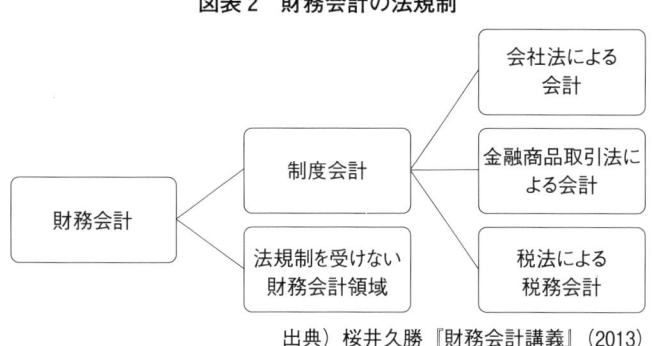

図表 2　財務会計の法規制

```
財務会計 ─┬─ 制度会計 ─┬─ 会社法による会計
          │            ├─ 金融商品取引法による会計
          │            └─ 税法による税務会計
          └─ 法規制を受けない財務会計領域
```

出典）桜井久勝『財務会計講義』(2013)

2　財務会計の役割
2-1　株式会社制度

　経営を行う上で重要なことは資金をどのように調達するかです。もちろん友人知人から出資してもらったり，銀行から借り入れたりといった方法もありますが，企業規模が大きくなるにつれ資金を集めることが難しくなってきます。この資金調達を容易にする制度が株式会社制度です。株式会社とは，会社の経営権を細かく均等に分割した株式を買ってもらって資金を調達する会社のことです。例えば経営を行う資金として1億円必要だったとします。1人から1億円出してもらうことは難しいですが，1,000人から10万円ずつ集めることは比較的容易といえます。

　株式を発行して株主を集める企業側のメリットとして，銀行からの借り入れとは異なり株主から集めたお金は株主に返さなくてよいため，返済期限や金利の支払いを気にせず自由に使えるという点があります。一方，株主側のメリットとして，経営権が手に入る他に，企業が稼いだ利益の中から保有している株式数に応じて分け前を受け取ることができるインカム・ゲインと，保有する株式の価格が上昇したとき，売却することで利益が得られるキャピタル・ゲイン

があります。また仮に企業が倒産しても株式を購入するために支払った金額が無駄になるだけでそれ以上の責任を負う必要はないという株主有限責任制度により，投資家は安心して企業の株式を購入することができます。

2-2　会社法会計

　ところが株式会社制度は関係者間に利害対立を生じさせるという弊害も生み出しました。まず株主と債権者の間に利害対立があります。株主は株式を購入することで，債権者は金銭を貸し付けることでともに企業に対し資金を提供しています。しかし企業倒産時には，株主有限責任制度により，株主は株式を購入するために支払った金額が無駄になるだけですが，債権者は株主から金銭を回収することができないため企業の財産から回収するしかありません。そのため経営権を持っている株主が相談して企業の利益を多額の配当として分配してしまえば債権者の権利は害されることとなります。そこで配当金額を会社法で制限しています。会社法461条により，資産と負債の範囲と評価の方法を示して純資産額を計算できるようにした上で，純資産額の中の所定の部分は分配できないとされています。

　株主と経営者の間にも利害対立があります。株主と経営者の利害関係が問題となってきた理由は，株式会社において多くの株主に株式が分散して所有されるようになり，株主以外の専門の経営者が経営を行う所有と経営の分離が進んだからです。株主は経営者に資金の管理と運用を委託します。経営者は株主の利益のために行動する受託者です。受託者である経営者は，株主から委託された資金を誠実に管理するだけでなく，株主の利益を最大化するよう自己の全能力を投入して経営活動を行う責任を負います。これを受託責任といいます。受託責任を果たさない例として経営者が過大な経費を支出するなど企業資産を私物化したり，失敗を恐れて海外進出や新商品の開発といった投資プロジェクトを行わなかったりといったことがあげられます。所有と経営が分離した株式会社においては，株主は経営者が上記の例のように受託責任を果たしていないと考えるかもしれません。そこで，このような問題を解消するために会社法は企業の経営者に財務諸表を中心とした会計に関する情報を報告することを要求し，株主に対し適切な情報提供を行うことを求めています。経営者が株主に対してこのような会計報告を行うべき責任を会計責任といいます。

会社法による規制により株主，債権者，経営者の間の利害対立が解消されます。財務会計が果たすこのような役割を利害調整機能といいます。

2-3 金融商品取引法会計

財務会計には証券投資の意思決定に役立つ情報を提供して投資家を保護することにより，証券市場がその機能を円滑に遂行できるようにする役割があります。この役割を情報提供機能といいます。近年株主は株式の転売や配当金等，株式投資から得られる利益に関心を持つようになってきています。つまり会計報告の用途は，経営者の受託責任の遂行状況を評価する目的から，投資意思決定のための情報開示へとシフトしているといえます。企業は多額の資金を必要としており，主要な部分は投資家が証券市場を通じて株式を購入することにより提供しています。そのため投資家の情報要求に応える必要があります。例えば，今から株式を購入しようとする投資家がいたとします。しかし企業に関する情報が全く提供されていなければ，投資家はどの企業の株式を購入すれば利益を得ることができるかがわからないため，結局どの企業の株式も購入されないでしょう。つまり株式の売り手である企業が買い手の投資家に対し，企業の財政状態や経営成績のような企業価値につながる情報を開示しない限り，投資家に株式を買ってもらえず証券市場は崩壊することになります。よって企業から投資家への情報提供は，証券市場を成立させるための不可欠な要件といえます。

2-4 会計基準

財務会計が役割を適切に果たすためには，財務諸表の作成，開示に際して準拠されるべき社会的な規範を設定し，経営者の行う会計処理に一定の規制を加えることが必要です。このような社会的な規範として形成されてきたものが会計基準で，公正妥当なものとして社会的な承認を得ているという意味で，一般に認められた会計原則（GAAP: Generally Accepted Accounting Principles）とよばれています。会計基準設定により経営者に適切な財務諸表を作成させたり，利害関係者の理解を高めたり，監査人の意見表明の拠り所となったりします。

1949年に当時の経済安定本部・企業会計制度対策調査会（現在の金融庁・

企業会計審議会の前身）がアメリカの会計基準を参考に制定した企業会計原則が日本で最初の本格的な会計基準です。この基準は財務諸表作成の指針だけでなく，監査の判断基準，企業会計に関連する商法・会社法や税法などの法令の制定や改廃に際しても尊重されてきました。以後企業会計審議会により会計基準が設定されてきました。しかし近年の国際動向として，会計基準は政府機関ではなく民間団体が設定すべきという意見が強くなり，2001年に民間法人である企業会計基準委員会が設立され，以降，企業会計基準委員会がわが国の企業会計の基準を設定するようになっています。

また世界共通の会計基準を樹立しようとする試みがあり，1973年に国際会計基準委員会により「国際会計基準（IAS: International Accounting Standards)」が制定されました。2001年からは，国際会計基準審議会（IASB: International Accounting Standards Board）へと継承され，「国際財務報告基準（IFRS: International Financial Reporting Standards)」という名称で会計基準の制定が継続されています。近年の日本国内の会計基準の新設や改廃に際しては，国際的な会計基準との整合性が重視されることが多いです。国内基準と国際基準の差異を解消することを会計基準の国際的なコンバージェンスといいます。

3 財務諸表
3-1 財務諸表の種類

企業は利害関係者に対し，財務諸表と呼ばれる報告書を作成し開示することで会計報告を行っています。財務諸表の種類には貸借対照表，損益計算書，キャッシュ・フロー計算書，株主資本等変動計算書などがあります。また2003年度から子会社や関連会社を含む企業集団を1つの組織体として捉え，その事業活動を明らかにするために連結財務諸表が作成されるようになりました。連結財務諸表は企業集団に属する各企業個別の財務諸表を合算・修正して作成されます。

企業は継続して経営を行うため，財務諸表は一定期間（通常1年）ごとに作成されます。財務諸表の作成期間を会計期間といい，会計期間の始まる日を期首，最後の日を期末（又は決算日），期首と期末の間を期中といいます。また現在の会計期間を当期とすると，1つ前は前期，1つ後は次期といいます。わ

が国の企業においては期首が4月1日、期末が3月31日と定められていることが多いです。

3-2 貸借対照表

貸借対照表（Balance Sheet，B/S）とは一定時点（通常は期末決算日時点）における企業の財政状態を、資金の調達面と運用面に分けて表示する表のことです。

図表3　貸借対照表

貸　　借　　対　　照　　表
平成×1年3月31日　　　　　　　　（単位：万円）

資産	金額	負債及び純資産	金額
現　金	7,000	借　入　金	3,000
商　品	2,000	資　本　金	7,000
備　品	1,000		
	10,000		10,000

　図表3の右側（貸方側）は企業がどのように資金を準備したかという調達面を表しています。一方図表3の左側（借方側）は企業がどのように資金を活用したかという運用面を表しています。図表3は企業が銀行から3,000万円から借り入れ、また株式を7,000万円発行し、調達した合計10,000万円を利用して、商売に必要なパソコンやコピー機といった備品を1,000万円分、商品を2,000万円分購入し、余ったお金は現金として保有していることを示しています。なお貸借対照表の資産合計と負債及び純資産合計は常に一致します。図表3においてもともに10,000万円となっているのが確認できます。このことを貸借対照表等式と呼び、数式に表すと資産＝負債＋純資産となります。

　資産は企業の活動に役立つもの（いわゆる財産）のことであり、営業循環基準と1年基準を用いて流動資産及び固定資産に分類されます。営業循環は現金→仕入→製造→販売→代金決済といったサイクルであり、このサイクルにある資産を流動資産に分類します。販売目的で保有する商品や製品、商品販売時に

生じる権利である売掛金は流動資産に分類されます。1年基準は営業循環基準に該当しない資産でも決算日翌日から起算して1年以内に現金化される資産を流動資産に分類する基準です。例えば取引先に金銭を貸し付けた際に生じる権利である貸付金は営業循環基準を満たさないので，1年基準を用いて返済期日が決算日の翌日から1年以内のものを短期貸付金として流動資産に，1年を超えるものを長期貸付金として固定資産に分類します。以下で流動資産と固定資産の中でも代表的なものを紹介します。

流動資産
　　現　　　金：紙幣や硬貨などの通貨。
　　売　掛　金：代金後払いの約束で商品を販売した際に生じる権利（債権）。
　　有 価 証 券：売買目的で所有する株式等。
　　商品（製品）：販売目的で保有する財貨。
　　短期貸付金：取引先などに金銭を貸し付けた際に生じる権利（債権）のうち返済期日が決算日の翌日から1年以内のもの。

固定資産
　　建　　　物：商売のための店舗や倉庫などの建築物。
　　土　　　地：店舗，倉庫などの敷地や駐車場の用地。
　　長 期 貸 付 金：取引先などに金銭を貸し付けた際に生じる権利（債権）のうち返済期日が決算日の翌日から1年を超えるもの。
　　投資有価証券：長期保有目的の株式等。

　資産には流動資産と固定資産の他に繰延資産があります。繰延資産とは，ある支出が行われ効果が次期以降に及ぶと期待されるもので，創立費や株式交付費などがあります。また固定資産は物理的な形態をもつ資産である有形固定資産，物理的な形態を持たない資産である無形固定資産及びそれ以外の投資その他の資産に分類されます。無形固定資産には法律上の権利である特許権や商標権などがあります。

　負債は，将来，現金などで支払わなければならない義務（債務）のことで，資産と同様に営業循環基準と1年基準を用いて流動負債，固定負債に分類されます。例えば，商品を購入した時に生じる支払義務である買掛金は営業循環基準により流動負債に，銀行などから金銭を借り入れたときに生じる返済義務である借入金は営業循環基準を満たさないので，1年基準を用いて返済期日が決

算日の翌日から1年以内のものを短期借入金として流動負債に，1年を超えるものを長期借入金として固定負債に分類します。以下で流動負債と固定負債の中でも代表的なものを紹介します。

流動負債

　　買　掛　金：代金後払いの約束で商品を購入した際に生じる支払い義務（債務）。

　　短期借入金：銀行などから金銭を借り入れた際に生じる返済義務（債務）のうち，返済期日が決算日の翌日から1年以内のもの。

固定負債

　　長期借入金：銀行などから金銭を借り入れた際に生じる返済義務（債務）のうち，返済期日が決算日の翌日から1年を超えるもの。

　　社　　　債：社債（企業が発行する債券）の発行により生じる債務。

　純資産は，資産の総額から負債の総額を差し引いた企業の正味の財産です。純資産の部の大部分は株主資本で，株主資本は資本金，資本剰余金，利益剰余金，自己株式に区分されます。資本金は，株式の購入を通じて株主が拠出した資金のことです。資本剰余金は，払い込まれた資金のうち資本金としなかった部分である資本準備金と資本準備金に含まれない項目であるその他資本剰余金に分かれています。利益剰余金は，会社法に従って現金配当するために積み立てた利益準備金とその他利益剰余金に区分され，さらにその他利益剰余金には，企業が経営上の目的のために積み立てた任意積立金と利益の残り部分である繰越利益剰余金があります。自己株式は，株式会社が発行した株式のうち，当該会社で保有している株式のことを指します。

　貸借対照法項目の記載順は，原則，流動性配列法を取ります。流動性配列法とは，貸借対照表項目を流動性（換金可能性・返済期日）の高いものから順に配列する方法です。したがって貸借対照表の左側は流動資産→固定資産→繰延資産の順に並びます。しかし，電力，ガス業界に属する企業においては固定性の高いものから記載する固定制配列法を取ることもあります。

3-3　損益計算書

　損益計算書（Profit and Loss Statement, P/S）は一会計期間の経営活動を通じて稼得された収益とそのために要した費用を対応させて表示し，期間的な

経営成績である当期純利益（又は当期純損失）を導く表のことです。

図表4　損益計算書

損　　益　　計　　算　　書

平成×1年4月1日〜平成×2年3月31日　　　（単位：万円）

費　　用	金　　額	収　　益	金　　額
売　上　原　価	1,000	売　　　　上	2,500
給　　　　料	500		
当　期　純　利　益	1,000		
	2,500		2,500

　図表4の右側は収益を表し，左側は費用を表します。図表4は原価1,000万円の商品を2,500万円で販売し，社員に500万円給料を支払うと，利益が1,000万円生じたことを表しています。貸借対照表と同様に損益計算書の左側と右側も必ず一致し，図表4についても計算してみると2,500万円となり一致することが確認できます。これを損益計算書等式と呼び，数式に表すと費用＋当期純利益＝収益あるいは費用＝収益＋当期純損失となります。

　収益は，商品を販売したり，また取引の仲介をしたりするなどして得た収入で，純資産を増やす原因となるものです。以下で収益の中でも代表的なものを示します。

収　益
　　売　　　　上：商品の販売高（売価）。
　　受 取 利 息：預金の利子や貸付金の利子。

　費用は，店舗の家賃や従業員の給料など，収益を得るために費やされたものであり，純資産を減らす原因となるものです。以下で費用の中でも代表的なものを示します。

費　用
　　仕　　　　入：商品の仕入れ高（原価）。
　　給　　　　料：従業員に支払う給料。
　　支 払 利 息：銀行などから借り入れた借入金にともなう利子。

損益は収益から費用を差し引いて計算し，プラスになれば利益，マイナスになれば損失となります。まとめて損益といいます。

損益計算書上，収益とそれに関連する費用は対応して表示しなければなりません。これを費用収益対応の原則といいます。収益と費用の対応関係には個別的関係と期間的対応があります。例えば，原価1,000円の商品を2,500円で販売しました。このようなとき売上高と売上原価は商品を介在して個別的関係があります。また企業は従業員の給料，店舗の家賃や水道光熱費といった費用を支払います。さまざまな商品を扱う企業において，支払った費用のうちどれだけの部分が2,500円で販売した商品に影響を与えているか把握できないので期間的対応をしていると考えます。

図表5　損益計算書の構成（報告式）

（単位：万円）

営業損益計算	売上高	2,500
	売上原価	1,000
	売上総利益	1,500
	販売費及び一般管理費	500
	営業利益	1,000
経常損益計算	営業外収益	400
	営業外費用	200
	経常利益	1,200
純損益計算	特別利益	100
	特別損失	500
	税引前当期純利益	800
	法人税，住民税及び事業税	320
	法人税等調整額	△40
	当期純利益	440

企業は図表5のような形式で損益計算書を開示します。このような形式は図表4の勘定式の損益計算書に対して報告式といいます。報告式の損益計算書では，営業損益計算，経常損益計算，及び純損益計算の3つの区分で段階的に利益が計算できます。

営業損益計算では，売上高から売上原価を差し引いて売上総利益が計算され

ます（2,500万円 − 1,000万円 = 1,500万円）。売上総利益から給料，販売手数料といった販売費及び一般管理費を控除して営業利益が計算されます（1,500万円 − 500万円 = 1,000万円）。営業利益は，本業の営業活動で稼ぎだした利益を表します。

経常損益計算では，営業損益計算の結果を受けて，本業の営業活動以外の活動によって発生する営業外収益と営業外費用が加減されて，経常利益が計算されます（1,000万円 + 400万円 − 200万円 = 1,200万円）。経常利益は，企業の経常的な利益獲得能力を表します。本業以外の活動とは資金の運用や調達であり，営業外収益には有価証券を保有することで得られる受取配当金や金銭を貸し付けたときの利子である受取利息があり，営業外費用には金銭を借り入れたときの利子である支払利息があります。

純損益計算においては，経常損益計算の結果から特別利益と特別損失を加減し，税引前当期純利益を算出します（1,200万円 + 100万円 − 500万円 = 800万円）。特別利益や特別損失は臨時的に発生した収益・費用で代表的なものには固定資産売却損益があります。税引前当期純利益から法人税，住民税及び事業税を控除し，法人税等調整額を加減して当期純利益を求めます（800万円 − 320万円 − 40万円 = 440万円）。当期純利益は企業のすべての活動の結果として得られた最終的な利益です。

3-4　貸借対照表と損益計算書の関係

純資産は資産から負債を差し引いた企業の正味の財産なので，期首（前期末）貸借対照表における純資産と期末貸借対照表における純資産を比較することで正味の財産がどれだけ増えたか（減ったか）を求めることができます。この数値は損益計算書における当期純利益（損失）と一致します。つまり，貸借対照表と損益計算書は利益額の決定に不可欠な書類として連携しています。このように一会計期間における純資産の増減がその期間の利益と等しくなっていることを，クリーン・サープラスの関係といいます。

3-5　その他の財務諸表

キャッシュ・フロー計算書は一会計期間における企業のキャッシュ・フローの状況を記載した書類です。キャッシュ・フローとは現金の流れという意味で，

キャッシュ・フロー計算書には企業に現金がどれだけ入ってきてどれだけ出ていったのかを企業の活動区分別（営業活動，投資活動，財務活動）に表示しています。

株主資本等変動計算書は一会計期間における貸借対照表の純資産の部の各項目の変動要因を報告するために作成される書類です。

ディスカッションのテーマ

1. 社会において，財務会計が必要とされる理由を考えてみましょう。
2. 図表3を期首の貸借対照表とします。期中に①原価1,000万円の商品を2,500万円で販売し，代金を現金で受け取りました。②給料を500万円現金で支払いました。という取引のみを行ったときの期末の貸借対照表を作成してみましょう。
3. 2の設定を用い，クリーン・サープラスの関係を確認してみましょう。

【参考文献】
・大塚宗春＝福島隆＝金子良太＝菅野浩勢『テキスト入門会計学〔第2版〕』（中央経済社 2013）
・桜井久勝『財務会計講義〔第14版〕』（中央経済社 2013）
・TAC簿記検定講座『合格テキスト日商簿記3級 Ver7.0』（TAC出版 2014）
・谷武幸＝桜井久勝編著『1からの会計〔初版〕』（中央経済社 2012）

第11章　経営分析

1　経営分析とは？

　企業の財務諸表は金融庁が運営している EDINET（http://disclosure.edinet-fsa.go.jp）や各企業のホームページなどで容易に入手可能となっています。

　経営分析とは，企業の利害関係者が財務諸表を中心とした会計に関する情報を利用して，企業の強み・弱み・将来性などを分析し，意思決定に利用する手法です。経営分析の手法は実数分析及び比率分析に区分されます。実数分析は財務諸表に記載されている売上高，当期純利益，自己資本といった数値をそのまま利用し，分析する手法であり，比率分析は財務諸表に記載されている2種以上の数値の比率を取って分析する手法です。経営分析の手法としては企業規模や業種間の差を超えた分析を行うことができる比率分析が用いられることが多いです。

2　安全性分析

　安全性とは企業の財務体質が健全かどうかを指します。企業には買掛金，借入金といった債務があります。支払期日が来た時に債務を返済できなければ企業の信用が落ち，倒産につながる可能性があります。また長期的には資本構成にも気を配る必要があります。

　財務の安全性を示す代表的な指標として流動比率があります。流動比率とは，比較的短期間に返済期限が到来する債務に対して，比較的短期間に現金化可能な資産がどれだけ存在するかを示し，短期の支払い能力がどの程度あるかを示す指標です。

$$流動比率 = \frac{流動資産}{流動負債} \times 100 \;(\%)$$

　現金，売掛金，商品，短期貸付金など流動資産で，買掛金や短期借入金などが流動負債です。業種にもよりますが，一般的には流動比率は100％を超えていることが望ましく，150％前後必要といわれています。また多額の外貨を保有していたり，売上債権の回収可能性が低下していたりすると換金性は低くな

り，流動比率の数値以上に安全性が低下しているので注意が必要です。

一方，長期的な財務の安定性を目指す上で，資本構成に気を配る必要があります。特に，銀行などの金融機関は財務の安全性が維持されなければ，新規の融資に慎重になることがあります。資本は返済の必要がある資金である負債と返済する必要のない資金である自己資本に大別されます。負債は銀行や他企業といった企業外部から調達するので，他人資本と呼ぶこともあります。

図表1 貸借対照表における負債と自己資本

貸借対照表

資産	流動資産	流動負債	負債（他人資本）
		固定負債	
	固定資産	株主資本	自己資本	純資産
		評価・換算差額等		
	繰延資産	新株予約権		

図表1は貸借対照表における負債と自己資本を表したものです。右側（貸方側）の合計，つまり負債と純資産を合計した数値を総資本といいます。左側（借方側）の資産の合計金額は総資産といいます。ただし連結貸借対照表の場合，評価・換算差額等はその他の包括利益累計額という名称に替わり，また純資産には含まれますが自己資本には含まれない非支配株主持分という項目が出てくることもあるので注意してください。非支配株主持分は，子会社の資本のうち親会社以外の株主に属するもののことです。

資本の構成を分析する上でよく使われる指標には総資本に占める自己資本の割合を分析する自己資本比率や負債が自己資本の何倍あるかを分析する負債比率があります。

$$自己資本比率 = \frac{自己資本}{総資本} \times 100 \ (\%)$$

$$負債比率 = \frac{負債}{自己資本} \times 100 \ (\%)$$

　自己資本比率が高いあるいは負債比率が低いケースは，総資本における負債の割合が低下していますので，ともに企業の安全性が高い状態にあるといえます。

　負債は将来的に返済しなければなりません。よって負債の削減を最優先の課題とする企業がありますが，負債を急に減らすことは投資機会の減少につながり企業が成長しないこともあります。ある程度銀行からお金を借りるなどして資金を調達し，新商品の開発，支店の新設といった投資を行うことも企業の成長戦略の選択肢の1つとなります。

　固定比率は，長期間経営に利用する固定資産を調達するための資金を返済の必要のない自己資本でまかなえているかを分析する指標です。

$$固定比率 = \frac{固定資産}{自己資本} \times 100 \ (\%)$$

　固定比率が低いほど，長期的な企業の安全性が確保されているといえます。

3　効率性分析

　効率性とは資産あるいは資本の利用効率を指します。代表的な指標である総資産（総資本）回転率は，企業の保有するすべての資産（資本）がどの程度売上につながっているかを示します。回転率が高いほど，資産（資本）が効率的に活用され売上につながっているといえます。例えば，同じ1億円の売上があるA社とB社があります。A社の総資産（総資本）が5,000万円，B社の総資産（総資本）が1,000万円だったとすると，B社のほうが少ない資産（資本）を用いて売上を上げているので効率的に経営を行っていることとなります。よって企業が無駄な資産を抱えているのであれば，回転率が低下する原因の1つとなります。なお総資産と総資本の数値は等しいので，総資産回転率と総資本回転率は同じ値になります。一般的に，建物，機械装置といった大規模な設備投資が必要な製造業では回転率が低く，その必要性が少ない小売業では回転率が高い傾向にあります。

$$総資産回転率 = \frac{売上高}{総資産（期中平均）} \quad (回)$$

回転率の逆数を取り365日を乗じることで回転期間を求めることもあります。回転率は回転数を見るので高いほうが効率的であることを示しますが，回転期間は資産が1回転するのに要する日数を表すので短いほうが効率的であることを示します。

$$総資産回転期間 = \frac{総資産（期中平均）}{売上高} \times 365 \quad (日)$$

総資産は期中平均を取ります。一定時点の財政状態を表す貸借対照表項目と一会計期間の経営成績を表す損益計算書項目を対応させるとき，貸借対照表項目については期首（前期末）における貸借対照表の数値と期末における貸借対照表項目の数値を平均した期中平均を取り，比率を計算することが理論的とされています。

回転率の導出はそれぞれ図表2のように総資産回転率の分母の総資産の期中平均額をそれぞれ，有形固定資産，棚卸資産，売上債権に置き換えることで導くことができます。

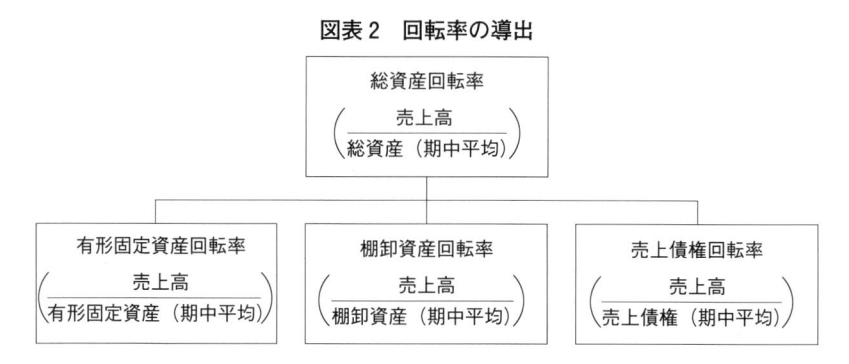

図表2　回転率の導出

```
          総資産回転率
          （  売上高  ）
          （総資産（期中平均））
                │
     ┌──────────┼──────────┐
有形固定資産回転率   棚卸資産回転率    売上債権回転率
（   売上高    ）  （  売上高  ）   （   売上高    ）
（有形固定資産（期中平均））（棚卸資産（期中平均））（売上債権（期中平均））
```

有形固定資産回転率は，有形固定資産に投資された金額が売上高にどの程度効率的に結びついているかを表す指標です。有形固定資産が効率的に稼働していれば，製品・商品の販売量が増えていくので，回転率は高くなります。逆に稼働していない工場があったり，購入した土地を利用していなかったりしていると回転率は低くなります。ただし，新製品開発のために多額の設備投資を行った後に，有形固定資産回転率が一時的に低下することもあります。

棚卸資産回転率が高ければ商品，製品の在庫が効率的に販売できていることを示します。しかし企業が在庫を抱えすぎていると，在庫管理コストの増加や商品価値の低下を招き，結果，棚卸資産回転率の低下を引き起こすこともあります。

売上債権回転率が高いほど，売掛金のような商品売上時に生じる債権である売上債権が少なく，現金販売の割合が高い，あるいは債権を回収するまでの期間が短いことを示します。

4 収益性分析

収益性とは企業の利益獲得能力を指します。売上に対しどれだけ利益を出せているか，あるいは資本をどれだけ利益に結びつけることができているかといった点に着目します。

売上高に対する利益の割合を示す売上高利益率は，販売でどれだけの利益をあげているかを示す比率です。売上高利益率は損益計算書で導かれる利益の段階に応じて計算します。段階別の利益と売上高利益率の関係を図表3にまとめています。

図表3　損益計算書における段階別の利益と売上高利益率の関係

売上高 －売上原価	
売上総利益	売上高総利益率 $= \dfrac{売上総利益}{売上高} \times 100$ (%)
－販売費及び一般管理費	
営業利益	売上高営業利益率 $= \dfrac{営業利益}{売上高} \times 100$ (%)
＋営業外収益 －営業外費用	
経常利益	売上高経常利益率 $= \dfrac{経常利益}{売上高} \times 100$ (%)
＋特別利益 －特別損失	
税引前当期純利益 －法人税，住民税及び事業税 　法人税等調整額	
当期純利益	売上高当期純利益率 $= \dfrac{当期純利益}{売上高} \times 100$ (%)

売上高総利益率は，売上高に対する売上総利益の割合を示し，製品・商品を販売することで採算をとれているかをみるための指標です。例えば，商品の仕入れ値や製品の製造原価を低く抑えると，売上原価が下がり売上総利益が上がるので売上高総利益率を高くすることができます。

売上高営業利益率は，売上高に対する営業利益の割合を示し，企業の本業である営業活動がどれだけ効率的に行われたどうかがわかります。この数値が売上高総利益率に比べ極端に悪化している場合，企業の販売管理活動を見直す必要があります。

売上高経常利益率は，売上高に対する経常利益の割合を示し，営業活動だけでなく資産運用や資産調達といった活動も含めた企業の経常的活動の結果どれだけ効率的に利益を上げることができたかを示す指標です。仮に売上高営業利益率が低くても有価証券を保有することで得られる受取配当金や他企業に金銭を貸し付けたときの利子である受取利息が多いと，売上高経常利益率は高くなります。

売上高当期純利益率は，売上高に対する当期純利益の割合を示します。当期純利益は，企業の一会計期間におけるすべての活動の結果得られた最終的な利益なので，売上高当期利益率は売上高利益率の中でも特に重要な指標とされています。

資本と利益の関係を分析する資本利益率は，損益計算書項目である利益と貸借対照表項目である資本の関係を見るので総合的な収益性を分析する指標といわれています。資本利益率は利益÷資本で計算され，利益として当期純利益，資本として自己資本を用いた自己資本当期純利益率の利用頻度が最も高いです。自己資本当期純利益率は返済不要な資金を用いて最終的にどれだけの利益を生み出すかを分析する指標でROE（Return on Equity）とも呼ばれ，新聞，ニュースなどで目にすることもあるかと思います。

$$自己資本当期純利益率 = \frac{当期純利益}{自己資本（期中平均）} \times 100（\%）$$

さらにROEは，売上高当期純利益率，総資本回転率，及び財務レバレッジ比率という3つの要素に分解することで企業の収益力の差はどこから生じているかについて分析することができます。

$$\frac{当期純利益}{自己資本} = \frac{当期純利益}{売上高} \times \frac{売上高}{総資本} \times \frac{総資本}{自己資本}$$

「売上高当期純利益率」は，売上高に対する当期純利益の割合を見る指標で収益性を分析し，「総資本回転率」は，企業が調達した資本をどれだけうまく使って売上につなげているか資本利用の効率性を分析する指標です。「財務レバレッジ比率」は安全性を分析する指標で，自己資本比率の逆数である総資本÷自己資本で表されます。財務レバレッジ比率は，自己資本に対し総資本がどれだけあるかを示し，特に資金調達を負債に頼っているとき財務レバレッジ比率は高くなります。

自己資本当期純利益率の他によく使われる資本利益率として総資産（総資本）当期利益率があります。総資産と総資本は同じ数値なので，総資産利益率と総資本利益率も同じ数値になります。総資産当期純利益率はROA（Return on Assets）とも呼ばれ，企業がすべての資産を用いてどれだけ利益を上げたかを示す指標です。ROAは，売上高当期純利益率と総資産回転率の2つの要素に分解することができます。

$$\frac{当期純利益}{総資産} = \frac{当期純利益}{売上高} \times \frac{売上高}{総資産}$$

5 損益分岐分析
5-1 損益分岐分析とは

損益分岐分析は，費用，営業量（販売数量や売上高），及び利益の3つの要素の関係に着目し，損益分岐点というポイントを求めるための分析です。損益分岐点とは，文字どおり損失と利益が分岐する点のことで，言い換えると利益（損失）がゼロの点になります。損益分岐点を把握することで，例えば利益を出すためには商品を何個以上売ればよいのか，利益の出る売上高のボーダーはいくらなのか，といった問題を解決することができます。これによって，利益計画や販売計画（メーカーであれば生産計画も合わせて）を効果的に立てることが可能となります。

損益分岐分析はシンプルな分析でありながら，重要な経営課題に対して的確な情報を提供します。しかしながら，その分析上のコンセプトは厳密性や精確性ではなく，どちらかといえば経営上の重要性に重きを置いています。という

のも，損益分岐分析はさまざまな前提（分析上の仮定）を設けることで分析を単純化しているためです。例えば，分析で必要な要素である価格や費用に関わる要素は常に一定であり，商品や製品は単一であることや，メーカーであれば販売数量は生産数量と常に一致しているという前提が置かれています。これらの前提はかならずしも現実的なものではなく，まさに現実を単純化したものであるといえます。とはいえ，この分析の単純化こそが，損益分岐分析がシンプルな分析で重要な情報を提供することができる強力な分析手法であるといわれる所以なのです。

　ところで，先ほど損益分岐分析を行うことで，商品を何個以上売れば利益が出るのかという問題を解決できると述べました。「例えば100円で仕入れた商品を150円で販売し，それが一個でも売れれば利益が出るのでは？」と思った人がいるかもしれません。前章でも説明したように，会計上の利益は単純に商品の販売額から仕入額を差し引いて出てくるものではなく，仕入額以外にもさまざまな費用を差し引いた上で計算されていきます。それでは，「諸々の費用込で149円の商品を150円で販売したら，かならず1円の利益が出るのでは？」と考えた場合はどうでしょうか。この考え方に基づけば，「損益分岐点は販売数量が0個の点になる」ということになります。もちろんこの結論は誤りです。実は，費用はその性質から営業量（販売数量や売上高）の変化にともなって変化する変動費と営業量の変化に関わらず一定（変化しない）の固定費という2種類の費用に分類することができます。先ほどの例にある「諸々の費用込で149円」という費用は，販売数量1個当たりの費用として認識できるものなので，これは費用の中でも変動費として分類されるものになります。では一方で，固定費とはどのような費用を表すのでしょうか。損益分岐分析では，変動費と固定費の分類を行うことで，損益分岐点における営業量がさまざまに変化していきます。次項において，まずはこうした変動費と固定費の違いや両者の関係についてみていくことにします。

5-2　変動費と固定費

　先述したように，変動費は営業量の変化にともなって変化する費用で，営業量が高くなると比例的に増加し，反対に営業量が低くなると比例的に減少していくような動きをします。一方で，固定費は営業量の変化に関わらず一定の費

用で，営業量が高くなっても低くなっても常に同じ金額となります。会計ではこうした費用の動きのことを，コスト・ビヘイビア（原価態様）といいます。変動費と固定費のコスト・ビヘイビアをグラフで表せば，図表4と図表5のようになります。

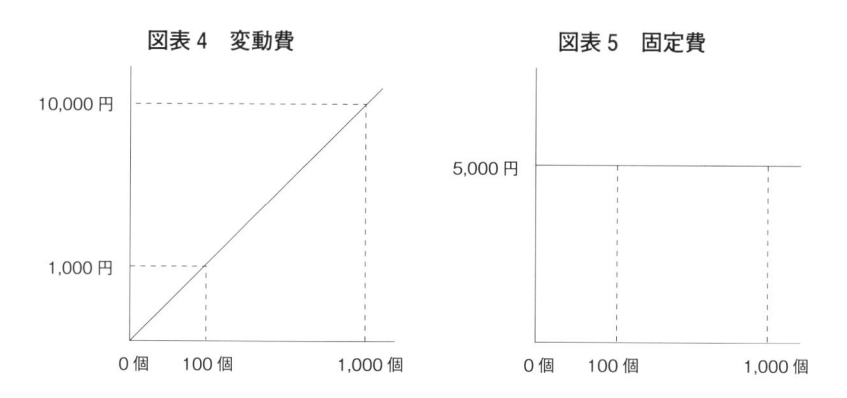

図表4　変動費

図表5　固定費

　ここでは，営業量（横軸）を販売数量とした場合の変動費と固定費の具体例をみていきましょう。まず商品の仕入原価という費用について考えたいと思います。仕入原価は一定数量の商品を購入した段階でその合計金額が計上されますが，実際は売上原価という形で販売された数量分の金額が仕入れた商品の費用として認識されます。つまり，仕入原価は商品の販売数量に応じてその金額が変化していくことになります。これは図表4のようなコスト・ビヘイビアとなる変動費であることがわかります。一方で，店舗設備にかかる保険料はどのように考えればよいでしょうか。保険料（火災保険料など）は対象となる設備等に対して通常月ごとや年ごとにその代金を一定額支払います。この費用は販売数量が100個であっても1,000個であっても毎月（もしくは毎年）同額発生していきます。このことは仮に販売数量が0個であったとしても保険の契約時に設定した金額の支払いが発生することになります。こうした費用は図表5のようなコスト・ビヘイビアとなるので，固定費であることがわかります。

　企業で発生する費用は多種多様なものがありますが，これらを変動費と固定費に分解することによって損益分岐分析を行う上で適切に費用を扱うことができます。前項の例のように販売数量（営業量）に応じて変化する変動費のみを費用として扱った場合には，販売数量0個が損益分岐点における販売数量であ

ったのに対して，固定費を考えた場合にはこの点が状況によって変わっていきます。それでは，変動費と固定費の概念を踏まえた上で，具体例を交えながら損益分岐分析の計算方法を次項にて理解していきたいと思います。

5-3 損益分岐分析の計算方法と具体例

損益分岐分析は先ほど述べたとおり，費用，営業量，及び利益の3つの要素間の関係を考えていきながら，損益分岐点を発見していくための分析手法です。こちらもまずは図表6をみて分析のイメージを捉えてから実際の計算例を考えていきましょう。図表6のグラフを損益分岐図表といいます。ここでも営業量（横軸）を販売数量として考えています。損益分岐図表の中にはいくつかの直線があり，それぞれを売上高線，総費用線，そして固定費線と呼んでいます。グラフの縦軸では売上高と費用（つまりそれぞれの金額）を捉えていくのですが，売上高線をみる場合は売上高の金額，総費用線及び固定費線をみる場合には費用の金額をみることになります。売上高線は販売数量が増加することで比例的に増加していきます。売上高はいくらの価格の商品を何個売ったかによって決まるものなので，売上高線の変化は価格（傾き）と販売数量（横軸）の2つの要素によって変化していくことがわかります。一方で，費用の側面をみると，先述したように費用は変動費と固定費に分類することができます。固定費は販売数量の変化に関わらず一定額発生する費用なので，固定費線で示すよう

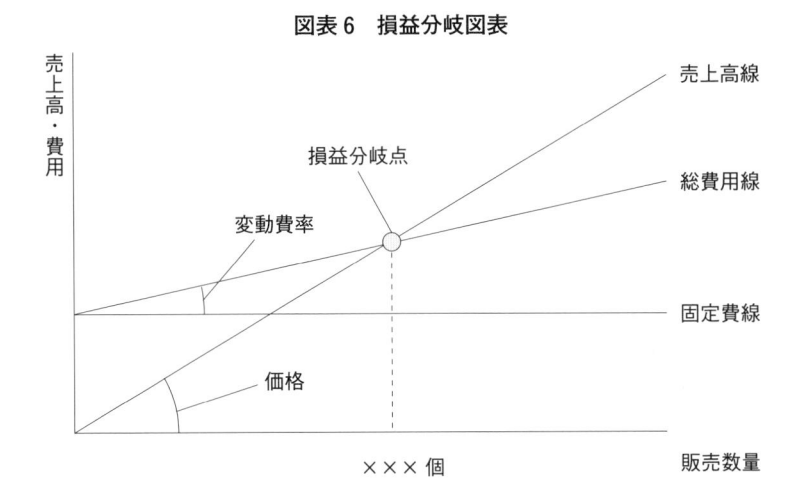

図表6　損益分岐図表

に販売数量（横軸）に対して水平な直線となります。この固定費に変動費を加えれば費用の総額（総費用）になるので，総費用線は固定費と変動費が合わさった形の直線になっていることがわかります。変動費は販売数量の変化に応じて比例的に変化するものですが，販売数量1個当たりの変動費のことを変動費率といい，総費用線における変動費部分はこの変動費率（傾き）と販売数量（横軸）の2つの要素によって変化していきます。

損益分岐図表をみることによって，損益分岐点を視覚的に簡単に把握することができます。結論から述べれば，損益分岐点は売上高線と総費用線が交わる点になります。図表6における損益分岐点は販売数量が×××個の点であり，つまりグラフのような条件のもとでは商品を×××個販売すれば損益計算上利益は出ないが損失も出ない状態になることがわかります。ただ，グラフだけでは具体的な計算方法がわかりにくいので，以下では損益分岐点における販売数量（損益分岐点販売数量）を求めるための計算例を確認していきます。

ここでは具体例として，単品のラーメン1種だけで勝負するラーメン店の損益分岐分析を考えていきたいと思います。このラーメンは価格が1杯700円で，ラーメン1杯を作るための変動費（例えば麺やスープの材料費など）が200円，固定費（例えばお店の賃貸料や保険料など）はひと月当たり1,000,000円であるとします。

損益分岐点は利益（損失）がゼロになる点ですが，利益は収益と費用の差額なので，言葉を換えれば収益（売上高）＝費用（総費用）の点であるといえます。

上記の例では，

売上高　＝　700円　×　？杯
　　　　　　（価格）　（販売数量）

総費用　＝　200円　×　？杯　＋　1,000,000円
　　　　　（変動費率）（販売数量）　（固定費）

となるので，売上高と総費用をイコールで結んだ時の販売数量？杯を求めれば損益分岐点販売数量がわかります。すなわち，

700円　×　？杯　＝　200円　×　？杯　＋　1,000,000円

この式を整理していくと，

① 700円　×　？杯　−　200円　×　？杯　＝　1,000,000円

② （700 円 － 200 円） × ? 杯 ＝ 1,000,000 円
③ 500 円 × ? 杯 ＝ 1,000,000 円
④ ? 杯 ＝ 1,000,000 円 ÷ 500 円
⑤ ? 杯 ＝ 2,000 杯

となることがわかります。つまり，2,000 杯が損益分岐点販売数量になります。

以上の結果から，このラーメン店は毎月最低 2,000 杯のラーメンを販売しなければ，損失（赤字）が発生してしまい，この状態が続けば最悪店を閉じることになるかもしれません。反対に，2,000 杯以上のラーメンを継続して売ることができれば，売れれば売れるだけ利益がどんどん上がっていくので将来お店の拡大を見込めるかもしれません。

このように損益分岐分析を行うことによって，販売計画（商品をどれだけ売ればよいのか）や利益計画（利益を出すためにはどうしたらよいのか）を効果的に考えることが可能になります。計算そのものはシンプルでありながら，経営上の重要な問題の解決に的確な情報を提供する損益分岐分析は，多くの企業で使われている有用な経営分析の一手法であるといえます。

ディスカッションのテーマ

1 財務諸表を利用して同業界内の 2 社の安全性，効率性，収益性を分析し，比較してみましょう。
2 財務諸表の他に経営分析に使えそうな情報はどんなものがあるでしょうか。
3 損益分岐分析における営業量を売上高とした場合に，分析の仕組みがどのように変わるのか考えましょう。

【参考文献】
・乙政正太『財務諸表分析〔第 2 版〕』（同文舘出版 2014）
・渋谷武夫『ベーシック経営分析〔第 2 版〕』（中央経済社 2012）
・谷武幸＝桜井久勝編『1 からの会計〔初版〕』（中央経済社 2012）

第 12 章　管理会計

1　管理会計とは

　管理会計は英語ではマネジメント・アカウンティング（Management Accounting）と呼ばれ，マネジメントは経営管理，アカウンティングは会計を意味します。この意味では管理会計とは企業内部で行われる経営管理のための会計の仕組みであると捉えることができます。会計というと貸借対照表や損益計算書などの財務諸表や簿記などの仕組みを想起することが多いかもしれません。しかし，管理会計はかならずしもこうした仕組みだけを考えるものではありません。むしろ会計の考え方（例えば収益，費用，及び利益の捉え方など）をベースに経営管理の仕組みを考えることが管理会計の基本的なスタンスです。この点では管理会計を会計学の一分野でありながら経営学の一分野であると捉えることもできます。

　企業における経営管理にはさまざまなものがありますが，管理会計ではその中でも意思決定や業績管理といった問題に対して有用な仕組みが数多くあります。意思決定とは単純にいえば物事の選択に関わることで，管理会計では例えば投資プロジェクトの選択や受注の可否の選択などの問題を考えます。また，業績管理の問題では，企業の成績（業績）を自社の望ましい状態に導いていくためにはどうしたらよいのかといった問題について考えていきます。

　一般的に経営管理に関するさまざまな仕組みをマネジメント・システムと総称し，管理会計に関するさまざまな仕組みを管理会計システムと総称しています。経営管理と管理会計は密接に関係していますが，企業のマネジメント・システムのひとつに管理会計システムが位置づけられ，これは現在でも企業の中核的なマネジメント・システムであると考えられています。したがって，管理会計を理解することは企業における経営管理のコアとなる仕組みを理解することにつながり，将来企業の経営管理に関心のある人には非常に有益なテーマであるといえます。

　次節ではまず，代表的かつ伝統的な管理会計システムを 2 つほど紹介していきます。ここで管理会計が企業の経営管理にどのように役に立つのかについて

理解します。第3節では，管理会計システムのひとつである CVP 分析について具体例を交えながら解説します。ここでは CVP 分析という管理会計システムを実際に活用する場面を想定しながら，管理会計システムの活用例について具体的なイメージをつかんでいきたいと思います。第4節はまとめとなります。

2 管理会計システムの役割
2-1 予算管理システム

　まずは管理会計システムの代表格である予算管理システムについて説明していきます。予算管理とは，予算という金額ベースの予定値を用いた経営管理の仕組みをいいます。より具体的には，企業が望ましい業績を達成できるように，企業内の個々の部署で目標値の意味合いを持つ予算を設定し，これを財務諸表の中に統合していく形で計画立てられます。さらに，こうした計画が適切に実行されるようにさまざまな業務プロセスをモニタリングしていくことで目標値と実績値のズレを認識し，目標に少しでも近づけるように企業をコントロール（統制）していきます。このような仕組みを計画と統制による経営管理といいます。予算管理はまさにこの計画と統制による経営管理をベースとした仕組みであると考えられています。

　それでは計画と統制の2つの側面で予算管理がどのように実行されていくのかについて考えてみたいと思います。まず計画の側面ですが，予算を設定することを予算管理の言葉で予算編成と呼んでいます。予算編成では，具体的な予算がいくつか編成されていきますが，ここでは代表的な予算である損益予算，資金予算，そして総合予算について説明していきます。

　損益予算は，収益と費用に関する予算で，例えば目標とする営業利益を達成するためにどのくらいの売上高を上げるべきなのか，売上原価，販売費，一般管理費はどの程度に抑えるべきなのかといった目標を考えていきます。これらの目標値は，売上高予算，売上原価予算，販売費予算，そして一般管理費予算として編成されていきます。このように目標利益の達成のために編成される予算が損益予算であり，予算編成の中でも非常に重要な予算となります。

　一方で資金予算は，損益予算を補完する形で編成される予算です。損益予算で扱う会計上の収益や費用に関わる予算は，資金（お金）の動きとかならずもリンクしていません。例えば，商品を売り上げた際に代金を掛や手形とした

場合には，実際に現金が企業に入るタイミングは数ヶ月後になります。したがって，現金などのお金の動きに着目した予算を損益予算とは別に編成する必要があり，この動きに特化した予算が資金予算であるといわれています。資金予算を活用することで，現金がどのタイミングで入ってきて，どのタイミングで出ていくのかをあらかじめ見積り，現金の枯渇が生じないように計画していきます。

　損益予算と資金予算を各部署が編成したのちに設定されるのが総合予算です。総合予算は一般的な財務諸表と同じ形式の予算表（見積財務諸表）となります。損益計算書の予算表のことを見積損益計算書といい，貸借対照表の予算表のことを見積貸借対照表といいます。図表1及び図表2をみると一目瞭然ですが，「第10章 財務会計」でみた財務諸表の形式と同じであることがわかります。予算編成では，この総合予算を編成することが最終的なゴールになります。企業は見積財務諸表で設定した数値を達成できるように各部署がそれぞれの業務に当たることを指示します。こうすることで企業全体が同じ目標に向かって足並みをそろえて行動していくことが期待されます。

図表1　見積損益計算書

平成×1年1月1日より
平成×1年12月31日まで（単位：万円）

売上高	3,000
売上原価	800
売上総利益	2,200
販売費及び一般管理費	200
営業利益	2,000
営業外収益	600
営業外費用	100
経常利益	2,500
特別利益	200
特別損失	400
税引前当期純利益	2,300
法人税、住民税及び事業税	920
法人税等調整額	△80
当期純利益	1,300

図表 2　見積貸借対照表

見　積　貸　借　対　照　表

平成×1年12月31日　　　　　　（単位：万円）

資産の部	金　額	負債及び純資産の部	金　額
現　　　金	10,000	借　入　金	5,000
商　　　品	4,000	資　本　金	10,000
備　　　品	1,000		
	15,000		15,000

　予算が編成されれば，実際に各部署が目標達成に向けて業務に当たることになりますが，業務遂行の途中，また一連の業務が終了したのちに行われるのが予算統制です。企業のマネジャー（経営管理者）は，業務が目標の達成に向かって行われるように，目標値と進捗状況に常に目を光らせている必要があります。このことをモニタリングといい，マネジャーはモニタリングをしながら必要に応じて業務遂行者にアドバイスや改善の提案を行います。また，一連の業務が完了すると実績値が上がってきますが，この実績値と目標値（予算）との比較を行うことを予算差異分析といいます。予算差異分析では，予算と実績とのズレ（予算実績差異）を認識することで，なぜ予算（目標）を達成できなかったのかについて検討することにつなげます。特に予算と実績に大幅な差異が生じていれば，その原因を徹底的に調査し必要な改善策を考えます。

　予算管理は，以上の予算編成と予算統制という2つのプロセスからなり，目標とする業績の達成を実現するように企業を管理していきます。予算管理システムを活用することで，企業のトップから現場の従業員までを同じ目標に向けて調整することができます。各部署がバラバラに行動しないように，企業全体の最適化を心がけることが予算管理システムを効果的に活用するための鍵となるといえるでしょう。

2-2　原価管理システム

　原価管理とは，製品の生産やサービスの提供にかかる費用である原価を管理

するための仕組みをいいます。損益計算上，費用そのものは各種利益に対してマイナスの影響を及ぼすものなので，いかにしてこの原価を削減するべきなのかを考えることが重要になります。ただし，何らかの業務活動が行われれば，それに付随して費用が必然的に発生するので，費用＝悪いものという認識は正しくありません。むしろ特定の業務活動に見合う額の費用であれば，それは合理的なもの，正しい費用として評価すべきであるといえます。原価管理では，このような考えのもとさまざまな仕組みが考案されてきました。

　まず現在の企業でも広く活用されている原価管理システムである標準原価管理システムについて説明したいと思います。標準原価管理は，標準原価計算という原価を計算するための仕組みに基づいて算出された標準原価を使った原価管理手法です。標準原価における標準という言葉は目標値としての意味合いを持ち，この目標の達成に向けて企業を管理していきます。そのプロセスは先述の予算管理システムのやり方と同じで非常にシンプルです。標準（目標）の設定から開始して，業務遂行段階におけるモニタリングを行い，業務遂行後は標準と実績との比較を行います。標準原価管理における標準と実績のズレを標準実績差異といい，予算管理システム同様この差異を認識することで目標達成状況を確認することができます。原価計算上，原価はその形態や機能などにより細かく分類することができるので，個々の原価ごとに標準実績差異を把握すれば原価に関するより詳細な分析が可能となります。標準原価管理においても，特に生産現場などで共通の原価目標のもとに従業員を同じ方向に行動づけるよう計画・統制していくことが重要となります。

　高品質・低価格（低コスト）を実現することに強みを持つわが国の企業においては，標準原価管理システム以外にもさまざまな原価管理手法が発達してきました。そのひとつに原価企画という原価管理システムがあります。原価企画とは，製品やサービスの企画・開発・設計の段階（つまり製品の生産やサービスの提供の前段階）で行われる原価管理手法のことです。実は製品やサービスの原価のほとんどは，この企画・開発・設計段階において決定することがわかっており，この段階で原価を削減するほうが生産段階などで削減するよりも効果的であるといわれています。原価企画はこの段階においていかに原価を削減するかに焦点を当て，原価そのものを作り込んでいこうとする積極的な原価低減のための仕組みであるといえます。メーカーでの原価企画であれば，製造部

門だけではなく，設計部門や購買部門などの他部署と連携しながら，目標原価の達成に向けて部署間の垣根を越えて原価削減に取り組むことが求められます。

原価管理システムは，経営管理の仕組みであるがゆえに，予算管理システムに類似した管理手法をとりますが，当然ながら原価の管理に特化している点などをみれば両システムの違いがわかると思います。

3 管理会計システムの活用例
3-1 CVP分析とは

本節では管理会計における分析手法の1つであるCVP分析について，具体的な計算例を交えながら説明していきたいと思います。CVP分析は管理会計において利益管理システムとして活用されています。Cは費用（Cost），Vは営業量（Volume），Pは利益（Profit）を意味します。費用，営業量，利益の3つの要素は，前章で説明した損益分岐分析でも取り上げられていました。実は損益分岐分析はCVP分析の一分析手法であり，損益分岐点という利益（損失）がゼロの点を把握する局所的な分析となります。CVP分析は損益分岐分析の考え方をベースに，費用，営業量，利益の関係をさまざまな視点から分析するものです。損益分岐分析では利益もしくは損失が生じる点はどこにあるのかを認識することが主要な問題でしたが，CVP分析では目標となる利益を達成するためには商品の価格をいくらに設定し何個販売すべきか，また変動費率や固定費をどの程度の水準まで抑えたらよいのかといった問題を考えていきます。

それでは目標利益というのはどのように設定されるのでしょうか。前章で掲出した損益分岐点図表をもとに考えてみると，グラフ上の損益分岐点より右側で売上高線と総費用線の幅が利益額を意味します。右に行けば行くほどその幅は大きくなるので，その分利益額も大きくなることがわかります。損益分岐図表を用いれば，目標とする利益額の決定はこの幅をどれだけ設けるのかと考えることと同義となります。設定した幅（利益額）における販売数量は何個かがわかれば，目標利益を達成するために必要な販売数量が把握できます。また，損益分岐分析では価格，変動費率，固定費額等は一定であるとして考えていましたが，その他の条件を一定として目標利益を達成するための価格はいくらか，変動費率はどの程度かといったシミュレーションを行うこともできます。次項

では具体的な計算例を交えながらCVP分析によるシミュレーションを行ってみたいと思います。

3-2 CVP分析の計算例

ここでは前章でも例示した単品のラーメン1種だけで勝負するラーメン店のケースを考えてみたいと思います。先ほどの例では，ラーメン1杯の価格が700円，変動費率が200円，月の固定費が1,000,000円という条件でした。それでは，このラーメン店がある月に目標とする利益額1,500,000円を達成するためにはどうすればよいでしょうか。

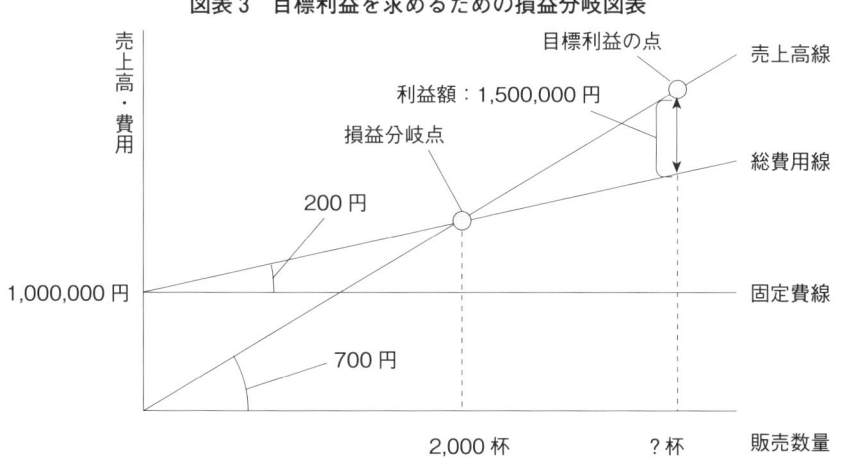

図表3　目標利益を求めるための損益分岐図表

損益分岐点は利益（損失）がゼロになる点でしたが，このケースは利益が1,500,000円になる点を求める必要があります。グラフに表すと図表3のようになり，まずは利益額1,500,000円の点における販売数量を計算してみたいと思います。

利益は収益と費用の差額なので，式に示せば，

利益 ＝ 収益（売上高）－ 費用（総費用）

になります。この式に上記のケースにおける条件を当てはめて考えると，

1,500,000円 ＝ 700円 × ？杯 －（200円 × ？杯 ＋ 1,000,000円）
（目標利益）　　（価格）（販売数量）（変動費率）（販売数量）　（固定費）

となります。この式における？の箇所の数値を求めれば，目標利益を達成するために必要な販売数量を求めることができます。
　この式を整理していくと，
① 1,500,000 円 + 1,000,000 円 = 700 円 × ？杯 − 200 円 × ？杯
② 2,500,000 円 =（700 円 − 200 円）× ？杯
③ 500 円 × ？杯 = 2,500,000 円（式を逆転）
④ ？杯 = 2,500,000 円 ÷ 500 円
⑤ ？杯 = 5,000 杯
となります。以上の結果から，目標利益 1,500,000 円を達成するためには，このラーメンを月に 5,000 杯売らなければならないことがわかります。このケースにおける損益分岐点販売数量が 2,000 杯でしたので，2.5 倍ほどのラーメンを販売して目標に到達することになります。
　CVP 分析では，先ほど利益を計算した際の式の？の箇所を他の要素に変更することによってさまざまなシミュレーションが可能になります。例えば，次のようなケースを考えてみましょう。
　このラーメン店で月に 5,000 杯のラーメンを販売することは現在の設備環境において困難であり，月 4,000 杯が限度であると考えています。しかしながら，1,500,000 円の利益を達成することは重要な目標であると考えているので，その他の要素，つまり価格，変動費率，そして固定費を変化させることでこの問題を解決しようと考えました。
　それでは，その他の条件は一定で価格を現状の 1 杯 700 円からいくらに変更すればよいでしょうか。この問題を考える場合には，先ほどの式を以下のように書き換えます。
1,500,000 円 = ？円 × 4,000 杯 −（200 円 × 4,000 杯 + 1,000,000 円）
　以上の式における？（価格）を解けば，4,000 杯という販売数量の限度を想定した場合の価格を求めることができます。この計算例の解答だけを示すと，目標利益 1,500,000 円を達成するために必要な価格は 825 円となります。したがって，これまで 700 円であったラーメン 1 杯を 125 円ほど値上げしなければならないことがわかります。
　以上では価格を変更した場合のシミュレーションを行いましたが，同様に変動費率と固定費を変更した場合のシミュレーションを行うこともできます。式

を示すと以下のようになります。

変動費率の変更を想定した場合

1,500,000 円 = 700 円 × 4,000 杯 －（？円 × 4,000 杯 + 1,000,000 円）

固定費の変更を想定した場合

1,500,000 円 = 700 円 × 4,000 杯 －（200 円 × 4,000 杯 + ？円）

これらの計算結果を示すと，変動費率の変更を想定した場合は，変動費率が75 円となり，固定費の変更を想定した場合は，固定費が 500,000 円となります。変動費率の場合は 200 円から 75 円とラーメン 1 杯当たり 125 円の費用の削減が必要となり，固定費の場合は 1,000,000 円から 500,000 円と固定費を半分にしなければならないことがわかります。

こうしたシミュレーション結果をみると，このラーメン店が検討すべき課題が明確となります。まず変動費率の削減ですが，変動費率の主要な要素はラーメンの材料に関わるものなのでこれをやみくもに削減すればラーメンの質の低下につながります。また，固定費の削減に関しては，固定費はおもに店舗設備に付随して発生するものなので固定費の削減は同時に設備の削減につながり，これもひいてはラーメンの質の低下を招いてしまうかもしれません。では，価格の値上げはどうでしょうか。結果としては 125 円の値上げは 20％弱ほどの価格増となりますので，これをお客さんが受け入れてくれるかどうかによります。このケースであれば，材料や設備は同じものを使用しないとならないので，あとは店主の技術を向上させ値上げに見合うラーメンを提供することで可能となるかもしれません。

以上検討したように，このケースでは商品の質を上げることで価格増を顧客に許容してもらうという方向にシフトしました。もちろん，価格を上げることがすべてのケースで最適解となるわけではありませんが，CVP 分析を行うことで目標を達成するために何をしたらよいのかという課題を具体化させることができました。CVP 分析はまさにこのような経営課題の具体化・明確化を図ることに長けています。CVP 分析を活用することで，目標利益を達成するための利益計画，またそれに付随する販売計画や生産計画を立てることでよりよい経営管理を行うことが可能となります。

4 まとめ

　本章では，予算管理，原価管理，及びCVP分析という管理会計において代表的な仕組みを説明してきました。これらの説明からもわかるように，管理会計は会計制度で規定されるような会計情報だけを扱うものではありません。むしろ企業内部の経営管理に必要なさまざまな情報を活用することが重要となります。経営管理に必要であれば，ときに会計情報を作り替えたり，補足的な情報を加えたりすることが有用となります。その情報は会計情報のように金銭的な情報に限らず，非金銭的な物量情報も活用されているのが特徴です。企業が直面している経営課題は企業ごとに異なるので，それぞれの企業が抱える課題を解決するために，管理会計システムそのものの仕組みを変えたり，活用方法を見直したりすることが重要であるといえます。

　企業が活用している管理会計システムは，本章で取り上げたもの以外にもさまざまなものがあります。例えば，投資プロジェクトの選択を合理化するような仕組みや経営戦略の遂行をサポートするような仕組みがあります。管理会計はこうしたさまざまな仕組みを通して，特に意思決定や業績管理といった経営管理に対して有益な情報を提供します。本章で説明しきれなかった内容や仕組みについて学びたい場合は以下にあげる文献を参考にしてください。

ディスカッションのテーマ

1　財務会計と管理会計のおもな違いについて考えましょう。
2　CVP分析において，目標利益を達成するために複数の要素（例えば，価格と変動費率）を同時に変更する場合にはどうしたらよいか考えましょう。

【参考文献】
【初学者に推奨される図書】
・園田智昭＝横田絵理『原価・管理会計入門』（中央経済社 2010）
【体系的に学びたい人に推奨される図書】
・小林啓孝＝伊藤嘉博＝清水孝＝長谷川惠一『スタンダード管理会計』（東洋経済新報社 2009）

第13章 税務会計と BEPS 問題

1 税務会計の計算構造
1-1 益金と損金

　税務会計とは，財務諸表の利益にもとづいて，これに法人税法の規定を加味して課税所得の算定を行う会計領域のことです。つまり，法人税等は，図表1に示すように，損益計算書で算出した当期利益に「益金算入項目」及び「損金不算入項目」を加算し，そして，「益金不算入項目」及び「損金算入項目」を減算することにより所得金額を算定します。

図表1　企業利益と課税所得

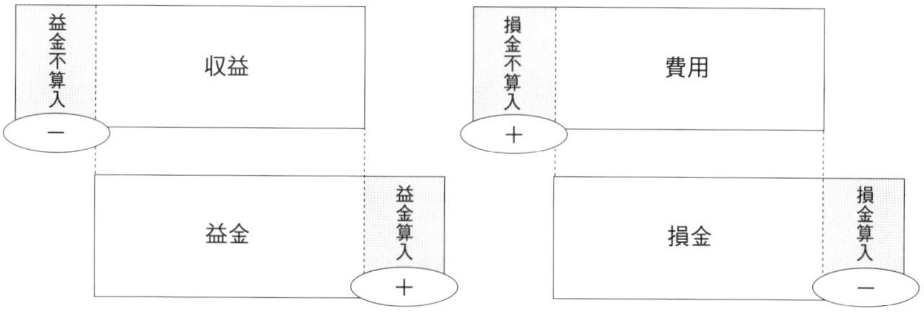

　益金とは，①資産の販売に係る収益の額，②有償又は無償による資産の譲渡に係る収益の額，③有償又は無償による役務の提供に係る収益の額，④無償による資産の譲受けに係る収益の額，⑤その他の取引で資本等取引以外のものに係る収益の額，のことです。そして，損金とは，①当該事業年度の収益に係る原価の額，②当該事業年度の販売費，一般管理費その他の費用の額，③当該事業年度の損失の額で資本等取引以外の取引に係るもののことです。
　この企業会計と法人税法における収益と益金，及び費用と損金との関係について事例を用いて説明します。受取配当金等は，企業会計と法人税法とでは取扱いが異なり，企業会計においては「収益」として認識されますが，法人税法では一定額が「益金」の額に算入されません。
　例えば，A社がB社に投資し，A社がB社から配当金を受け取った場合に

は，次のような仕訳になります。つまり，法人税法は，二重課税の排除を目的として受取配当金等を益金の額に算入しないのです。

● A社の仕訳
(借) 受取配当金 ×××　　　　　(貸) 売上 ×××
　　　↑
> B社から支払われた配当なのですが，すでにB社で法人税が支払われているため，A社の収益として計上されると二重課税となるので，別表四で益金不算入します。

また，交際費においても，図表2に示すように，企業会計と法人税法とでは取扱いが異なり，企業会計においては「費用」として認識されますが，法人税法では一部分しか「損金」の額に算入が認められていません。例えば，中小法人（資本金又は出資金が1億円以下の法人等）では，「年800万円まで」又は「飲食費の50％」のいずれかが損金算入限度額として容認されます。そして，中小法人以外の法人の場合の損金算入限度額は，「飲食費の50％」までです。

つまり，法人税は，出費費用の公明性と税収の確保を目的として交際費の損金算入限度額を抑えているのです。

図表2　交際費の損金算入額

法人税 ⇒ 交際費として会計帳簿に記載されるが、法人税では，下表のように制限される。

資本金又は出資金	損金算入限度額
中小法人	「年800万円まで」か「飲食費の50％」のいずれかを選択
中小法人以外	飲食費の50％

（注）中小法人とは、資本金又は出資金が1億円以下の法人　等

1-2　損益計算書と法人税申告書別表四の関係

企業会計における収益・費用と，法人税法における益金と損金との間には差異があるため，図表3に示すように，《法人税申告書別表四》を用いて調整する必要があります。

税務会計上，益金算入項目とは，収益ではないが益金となるもののことであ

り，損金不算入項目とは，費用ではあるが損金とならないもののことあり，益金不算入項目とは，収益ではあるが益金とならないもののことであり，損金算入項目とは，費用ではないが損金となるもののことです。

例えば，益金不算入額 50 万円，損金不算入額 100 万円の場合には，当期純利益 200 万円に加算（100 万円）・減算（50 万）され 260 万円が所得金額になります。

図表 3　損益計算書と法人税申告書別表四

損益計算書			法人税申告書別表四
経常損益の部			
営業損益の部			当期利益
売上高	×××		
売上原価	△×××		加算
売上総利益	×××		益金算入項目
販管費	△×××		・退職給与引当金の要取崩額の益金算入額　他
営業利益	×××		損金不算入項目
営業外損益の部			・過大な役員報酬の損金不算入額
営業外収益	×××		・役員賞与等の損金不算入額
営業外費用	△×××		・交際費等の損金不算入額
経常利益	×××		・寄付金の損金不算入額　他
特別損益の部			
特別利益	×××		減算
特別損失	△×××		益金不算入項目
税引前当期利益	×××		・受取配当金等の益金不算入額　他
法人税額等	△×××		損金算入項目
法人税等調整額	±×××		・減価償却超過額の当期認容額
当期利益	×××		・繰越欠損金の損金算入額　他
			所得金額

損益計算書（P/L）

費　　　用	800 万円	収　　　益	1,000 万円
当期純利益	200 万円		
	1,000 万円		1,000 万円

法人税申告書別表四

益金不算入額 収益 50 万円	→	当期純利益（加算）	200 万円
損金不算入額 費用 100 万円	→	損金不算入額（減算）	100 万円
		益金不算入額	50 万円
法人税額＝ 250 万円×税率	←	所得金額	250 万円

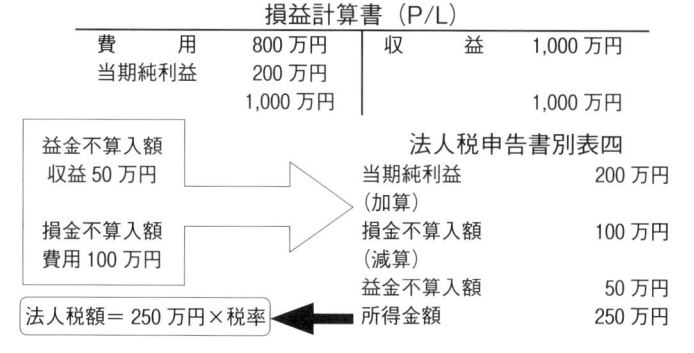

2 税効果会計の目的

　税効果会計とは，企業会計と税務会計との「差異」を調整して法人税等の計算を再構築する会計のことです。つまり，会計上の法人税等の額と，実際に納付すべき法人税等の額との調整を行う会計上の手続きのことです。そして，税効果会計における差異には，「永久差異」と「一時差異」の二種類が存在します。

　一時差異とは，将来的に解消される差異のことです。例えば，一時差異は，減価償却限度超過額，及び引当金繰入限度超過額等の「将来減算一時差異」と，特別償却準備金の積立等の「将来加算一時差異」のように課税所得を増減させる性質の差異のことです。

　仮に，無制限に全額を損金として認めてしまうと法人税額が大きく減収することになります。そのため，企業会計上（帳簿上），減価償却費は全額が費用として計上されますが，税務会計上（税務上），減価償却費は一部しか損金として認められません。そして，この損金とならなかった減価償却費を資産として計上したものが「繰延税金資産」であり，次のような経理処理（仕訳）になります。

　（借）繰延税金資産　　×××　　　（貸）法人税等調整額　×××

　しかし，減価償却限度超過額（将来減算一時差異）であっても，将来の経営業績が悪い場合には，繰延税金資産として計上することは認められません。

　また，将来加算一時差異の経理処理は，次のような仕訳になります。

　（借）法人税等調整額　×××　　　（貸）繰延税金負債　　×××

　一方，永久差異とは，将来的に解消されることのない差異のことです。永久差異とは，交際費等における損金不算入額，及び寄附金の損金不算入額のように，一定の額以上は損金に算入されることができないため，永久に解消されない差異のことです。

　例えば，交際費は当期に費用計上できなかったものが，次期以降に計上されることはないため，永久差異となるのです。

3 法人税の計算と申告
3-1 法人税の計算

　法人税は，内国法人を納税義務者としますが，内国法人とは，国内に本店又は主たる事務所を有する法人のことです。そして，内国法人のうちで，①公共法人（地方公共団体・日本放送協会等）には納税義務が生じず，②公益法人（学校法人・宗教法人・財団法人・社団法人・日本赤十字社等）は収益事業からなる所得に対して納税義務が生じ，③普通法人（株式会社等）と協同組合等（農業協同組合・漁業協同組合・信用金庫等）はすべての所得に対して納税義務が生じます。

　また，法人税は，当期の所得金額に法人税率を乗じて算出した算出税額から，所得税額控除や外国税額控除額などの各種控除額を控除し，さらに中間納付税額を控除することにより算定します。

　また，法人税の基本税率は，図表4に示すように，長期間に渡り30.0%でしたが，平成24（2012）年以後25.5%に引き下げられました。現在，法人税の基本税率は23.9%まで引き下げられていますが，法人の場合には，法人税率に加えて，法人事業税及び法人住民税も課税されることになります。法人事業性

図表4　法人税の基本税率

年	法人税の基本税率	中小法人の軽減税率《本則》（年800万円以下）
昭和56（1981）年	42.0%	30.0%
昭和59（1984）年	43.3%	31.0%
昭和62（1987）年	42.0%	30.0%
平成元（1989）年	40.0%	29.0%
平成2（1990）年	37.5%	28.0%
平成10（1998）年	34.5%	25.0%
平成11（1999）年	30.0%	22.0%
平成24（2012）年	25.5%	19.0%
平成27（2015）年	23.9%	

（注）中小法人の軽減税率の特例（年800万円以下）については，平成21（2009）年4月1日から平成24（2012）年3月31日の間に終了する各事業年度は18%であり，平成24（2012）年）4月1日から平成29（2017）年3月31日の間に開始する各事業年度は15%です。
（出所）財務省ホームページ「法人税率の推移」を基に自己作成。

及び法人住民税は，各種の行政サービスや公共サービスを受けることの見返りとして，応益負担を目的として課される税金のことです。

3-2 法人税の確定申告

内国法人の法人税の確定申告は，図表5に示すように，原則として事業年度終了の日の翌日から2ヶ月以内です。そのため，内国法人は，各事業年度の終了の日から2ヶ月以内に，その事業年度の所得金額及び法人税額を記載した確定申告者を所轄の税務署長に提出することが義務づけられています。しかし，株主総会で決算の承認を受ける等の正当な理由を有する場合には，1ヶ月間の法人税の申告延長が特例として認められています。

そして，内国法人の事業年度が6ヶ月を超える場合には，図表5に示すように，仮決算にもとづいてその事業年度開始の日以後6ヶ月を経過した日から2ヶ月以内に所轄の税務署長に対して中間申告を行うことが義務づけられています。

なお，事業年度とは，原則的に，法人の財産及び損益の計算の単位となる期間で，法令で定めるもの又は法人の定款，寄附行為，規則その他これらに準ずるものに定めるもののことです。

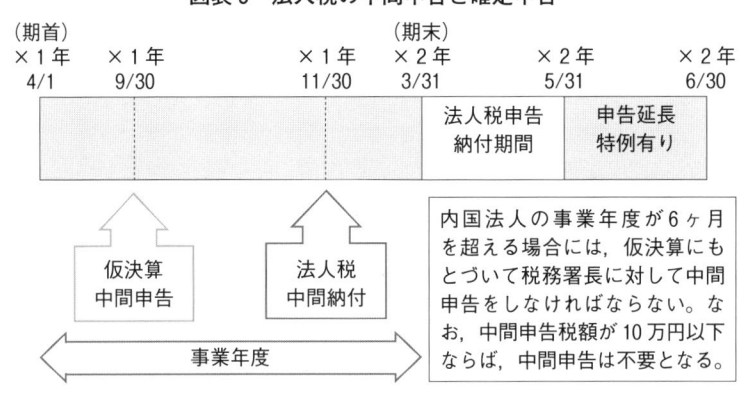

図表5　法人税の中間申告と確定申告

（期首） ×1年 4/1	×1年 9/30	×1年 11/30	（期末） ×2年 3/31	×2年 5/31	×2年 6/30
			法人税申告 納付期間	申告延長 特例有り	

仮決算
中間申告　　　法人税
中間納付

事業年度

内国法人の事業年度が6ヶ月を超える場合には，仮決算にもとづいて税務署長に対して中間申告をしなければならない。なお，中間申告税額が10万円以下ならば，中間申告は不要となる。

また，わが国の法人税は，原則的に，「単体納税制度」を採用していますが，欧米諸国では，「連結納税制度」が採用されています。

この連結納税制度は，内国法人である連結親会社の所得と100％の株式を保

有して連結関係を締結する連結子会社の所得とを合算して連結所得を算定し，この連結所得に対して法人税を課税する納税制度のことです。

そして，連結納税制度では，親会社が原則として，連結事業年度終了の日の翌日から2ヵ月以内に所轄の税務署長に対して法人税の申告及び納付を行うことになります。

4　BEPS問題とタックス・ヘイブン
4-1　BEPS問題

BEPS（Base Erosion and Profit Shifting）問題とは，多国籍企業によって引き起こされる税源浸食と利益移転のことです。

このBEPS問題では，図表6に示すように，①税収の減少に伴う税制に対する信頼の低下と公共投資に求められる財源の不足，②国境を越えることができる者と国境を越えられない者との間に生じる税負担の差，③BEPSを活用しない企業が競争上不利な立場に押しやられることにより生じる公正な競争の侵害などの問題点が指摘されています。

このBEPS問題の代表事例としては移転価格を活用した取引が挙げられます。移転価格を活用した取引とは，国外関係者である海外子会社との間で，納税額の削減を図ることを目的として非関連者取引間とは異なる価格で国際的な移転価格操作を行う取引のことです。

つまり，内国法人が，国外関係者である海外子会社との間で取引を行う際に，その取引価格を独立企業間価格と異なる価格に設定したならば，課税所得を減少させて法人税の租税回避を図ることができます。しかし，この移転価格を用いた取引では，「二重課税」という問題点を指摘できます。例えば，海外の子会社に対して税務調査が入り法人税の追徴課税が実施されたならば，二重課税という問題点が発生することになるのです。

また，多国籍企業によるタックス・ヘイブンを活用した法人税の租税回避行為も，BEPS問題の代表事例の1つに挙げられます。

図表6 BEPSの問題点

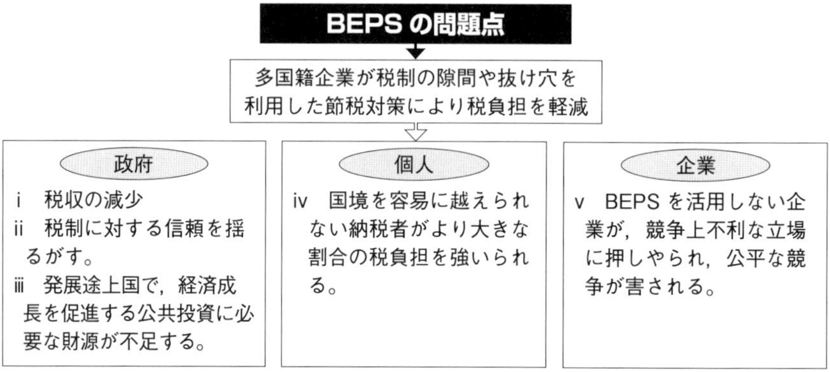

BEPSの問題点

多国籍企業が税制の隙間や抜け穴を利用した節税対策により税負担を軽減

政府
i 税収の減少
ii 税制に対する信頼を揺るがす。
iii 発展途上国で，経済成長を促進する公共投資に必要な財源が不足する。

個人
iv 国境を容易に越えられない納税者がより大きな割合の税負担を強いられる。

企業
v BEPSを活用しない企業が，競争上不利な立場に押しやられ，公平な競争が害される。

（出所）OECD租税委員会議長　浅川雅嗣稿，「税制調査会資料〔国際課税関係〕」（2013年10月）参照。

4-2　タックス・ヘイブン

　一般的に，租税競争とは，国内の国際的競争力を高めることを目的として国内の資本の強化を図るか，又は，外国資本の積極的な誘致を目的として海外からの直接投資の増進を図ることにより，国内の法人税負担を国際的な水準よりも緩和させることです。そして，この租税競争が，タックス・ヘイブン（Tax Haven）と呼ばれる法人税率が著しく低い国及び地域を生み出しています。

　多国籍企業は，図表7に示すように，タックス・ヘイブンを活用することにより法人税等の租税回避行為を行っています。日本企業の中にも，法人税の低税率に注目して，本店を図表7に示すようなASEAN（Association of South-East Asian Nations）等の海外に移転させる企業も多く，そして，日本企業の海外移転は，日本国内における"法人税の空洞化"を生み出すことになり，そのため，平成27（2015）年，日本国政府は，"法人税の空洞化"を防ぐことを目的として法人税率を25.5％から23.9％に引き下げたのです。

　また，わが国を含む主要先進国では，タックス・ヘイブンを用いた租税回避行為に対抗するため，「タックス・ヘイブン対策税制」を制定しています。タックス・ヘイブン対策税制では，一定の要件を備える特定外国子会社の留保所得を本国の親会社の所得と合算して課税することになります。なお，タック

ス・ヘイブン対策税制の対象となる特定外国子会社とは，タックス・ヘイブンに本店又は主たる事務所を有し，当該事業年度の所得に対して課税される租税の金額が当該所得の金額の25％以下の法人のことです。

図表7　多国籍企業の税務戦略とアジアの法人税率

企業名	節税方法
スターバックス	英国での利益を抑制し，消費者から批判を受けた。
アップル	低税率のアイルランド子会社に利益を移転して節税を行った。
アマゾン・ドット・コム	低税率のルクセンブルク等に利益を移転して節税を行った。
グーグル	アイルランド経由で数十億ユーロの節税を行った。

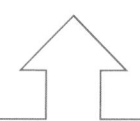

　グローバル（多国籍）企業は，アイルランドのような低法人税率国（12.5％）に子会社を作り，その子会社を通じて製品を世界に供給し，その子会社に利益や特許料収入を集めて節税を行っている。

国名	法人税の基本税率	備考
タイ	30.0％	パートナーシップの税率は，一定の要件を充たせば，23％又は20％である。
フィリピン	30.0％	教育機関及び病院等の特殊な事業では，軽減税率が採用されている。
インド	30.0％	
インドネシア	25.0％	2010年以降，17.0％である。
ベトナム	25.0％	優先業種の税率は，一定の要件を充たせば，20％又は10％である。
マレーシア	25.0％	2009年度以降，25.5％である。
韓国	22.0％	2億ウォン超200億ウォン以下20.0％，2億ウォン以下10.0％である。
シンガポール	17.0％	2010年以降，17.0％である。
台湾（中国）	17.0％	120,001元以上17.0％，120,000元以下免税である。
香港（中国）	16.5％	

（出所）税理士法人トーマツ編著，『アジア諸国の税法《第8版》』（中央経済社，2015年）を基に自己作成。

ディスカッションのテーマ

1 税務会計と税効果会計の相違点について調べて，税効果会計が法人税の納付に与える影響についてディスカッションしてみてください。
2 連結納税制度は，内国法人である連結親会社の所得と100％支配従属関係にある連結子会社の所得とを合算して連結所得を算定し，この連結所得に対して法人税を課税する納税制度のことですが，「連結納税制度」の意義についてディスカッションしてみてください。
3 多国籍企業の中には，法人税納税額の租税回避を図るために海外に本社を移転する企業が出現していますが，「タックス・ヘイブン」を活用した企業の税務戦略についてディスカッションしてみてください。

【参考文献】
・志賀櫻『タックス・ヘイブン―逃げていく税金』（岩波書店 2013）
・髙沢修一『法人税法会計論〔第2版〕』（森山書店 2013）
・富岡幸雄『新版 税務会計学講義〔第3版〕』（中央経済社 2013）
・中田信正『税務会計要論〔16訂版〕』（同文館出版 2008）
・成道秀雄『新版税務会計論〔第3版〕』（中央経済社 2011）

第14章　租税法とタックス・プランニング

1　租税の定義
1-1　租税の性質

　租税は，ドイツ租税基本法（1919年）1条1項に拠れば，「特別の給付に対応した反対給付として捉えるべき性質ものではなく，公法上の団体が法律上の要件に該当するすべての者に対して，収入の獲得を目的として課する単発的又は継続的な金選給付のことをいう」と規定されています。

　一般的に，租税を規定する法律のことを『税法』と称しますが，租税とは，国又は地方自治体が国民（住民）や法人に対して強制力をもって徴収する財貨のことであり「公益性」と「権力性」を有し「非対価」的でもあります。

　つまり，租税は，特別の給付に応じた反対給付ではなく，公共的なサービスに充てることを目的としており強制的に徴収されます。そして，租税は，反対給付を伴わないという点において非対価的な性質も有しています。

1-2　租税の目的と根拠

　租税は，景気の調整，公共サービスの実現，所得の再分配を目的として課されます。そして，租税は，国民経済を安定させることを目的としてインフレーション及びデフレーションへの対応策として政策的にも利用されます。

　現実的には，福祉・教育・公安などの公共サービスを実現するためには一定の財源が求めらえることになり，この財源確保のために租税が課されますが，国家等は国民間の経済的な格差の拡大防止を目的として累進税率を採用することにより課税の公平性を実現しています。

　また，国家等は，納税者に対して強制的に課税を行っていますが，その課税の根拠として「利益説」と「義務説」を挙げることができます。前者は，国家等が納税者の財産や身体を保護することへの対価として租税を認識するという考え方であり，後者は，国家等が有する課税権に対する義務として租税を認識するという考え方です。この他，課税の根拠としては「会費説」も指摘できます。会費説とは，国家を維持するために財源が求められることになり，納税者

は自己の担税能力に応じてこの財源を負担しているのです。

1-3 租税の法源

租税の法源としては，①憲法，②法律，③政令・省令，④告示，⑤条例・規則，⑥条約，⑦通達等が挙げられます。

第一に，憲法とは，国家の最高法規であり，憲法の趣旨に反して租税を課すことはできません。

第二に，法律とは，税体系の根幹を形成する規制であり，共通的規則と個別的規則とに大別されます。前者の例としては，国税通則法及び国税徴収法が挙げられ，後者の例としては，所得税法，法人税法及び相続税法等が挙げられます。

第三に，政令とは，法律で規定した基本事項を具現化するために内閣が制定する命令のことであり，省令とは，各省の大臣が制定する命令のことです。前者の例としては，法人税法施行令等があり，後者の例としては，法人税法施行規則等があります。

第四に，告示とは，各省大臣が自己の所轄事務に関して行う指示や決定のことです。

第五に，条例とは，地方自治体議会が制定する規制のことであり，規則とは，地方自治体首長が制定する法規のことです。

第六に，条約とは，国家間において締結される規制のことであり，近年，租税条約の存在価値が高まっていますが，租税条約とは，国際的な二重課税を批判し，租税回避に伴う脱税行為を防ぎ，締結国間の情報交換を目的として課される国家間の取り決めのことです。

第七に，通達とは，上級行政官庁から下級行政官庁に対する命令及び指令のことであり，厳密な意味で法源に分類することはできませんが，実務上，通達に基づいて税務処理を行うケースが多いため法源に準じる規制です。

2 租税の基本原則
2-1 アダム・スミスの四原則

租税の基本原則としては，アダム・スミス（Adam Smith）の四原則が挙げられます。このアダム・スミスの四原則は，図表1に示すように，①公平の原

則，②明確の原則，③便宜の原則，④最小徴税費の原則により構成されています。

　第一に，公平の原則とは，納税者が各自の担税能力に応じて納税すべきであるという原則です。

　第二に，明確の原則とは，納税の期日，納税の方法及び納税の金額等が明確でなければならないという原則です。

　第三に，便宜の原則とは，納税者が納税するに際して便利でなければならないという原則です。

　第四に，最小徴税費の原則とは，納税者が課される徴税費はできるだけ少額なものでなければならないという原則です。

図表1　アダム・スミスの四原則

2-2　アドルフ・ワグナーの四原則

　アドルフ・ワグナー（Adolf Heinrich Gotthilf Wagner）の四原則は，図表2に示すように，①財政政策上の諸原則，②国民経済上の諸原則，③公正の諸原則，④税務行政上の諸原則に区分され，さらに，九原則に区分されます。

　第一に，財政政策上の諸原則は，十分性の原則及び弾力性の原則に区分されます。前者は，財政需要を充たすためには十分な租税収入を上げなければならないという原則のことであり，後者は，財政需要に対応するためには弾力的に操作できる租税収入でなければならないという原則のことです。

　第二に，国民経済上の諸原則とは，税源選択の原則と税種選択の原則に区分されます。前者は，国民経済が発展することを妨げることなく税源を選択するべきであるという原則であり，後者は，国民経済が発展することを妨げることのないように税負担が公平に行われなければならないという原則です。

第三に，公正の諸原則は，普通性の原則及び公平性の原則に区分されます。前者は，租税は特権階級を生み出すことなく普遍的に配分されなければならないという原則であり，後者は，アダム・スミスの考え方との同質性を窺えます。

第四に，税務行政上の諸原則は，明確性の原則，便宜性の原則及び経費最小の原則に区分されます。これらの三原則は，アダム・スミスの考え方との同質性を窺えます。

図表2　アドルフ・ワグナーの四原則

3　租税法の体系
3-1　租税法律主義

租税法律主義の萌芽は，1215年のマグナカルタに窺うことができ，1629年の権利請願を経て1689年の権利章典において確立します。日本でも，1889年に制定された大日本国憲法第62条1項に規定されており，さらに日本国憲法でも租税法律主義が採用されています。日本国憲法第30条は，「国民は，法律の定めるところにより納税の義務を負う」と規定し，同第80条は，「新たに租税を課し又は現行の租税を変更するには，法律又は法律の定める条件によることを必要とする」と定め，租税徴収の拠りどころとして租税法律主義を採用しています。つまり，国又は地方自治体が租税を課税し徴収するためには法律上の根拠を要することが求められることになり，逆に，国民は，法律上の根拠を要することなく納税の義務を負いません。

また，租税法律主義は，図表3に示すように，課税要件法定主義，課税要件明確主義及び合法性の原則（手続的保障原則）により構成されます。

第一に，課税要件法定主義とは，法律で規定された課税要件を充たすことにより納税義務が成立するという考え方です。

第二に，課税要件明確主義とは，法律に基づいて課税要件を確定する際の見

解は一義的なものでなければならず多義的なものは認めないという考え方です。

第三に，合法性の原則（手続的保障原則）とは，租税の賦課及び徴収等に係る行政処分は法律に基づき適正なものでなければならないという考え方です。

一方，租税公平主義とは，国民の担税力に応じて公平に租税を配分しなければならないという原則です。また，租税公平主義は，租税平等主義とも称されるものであり，日本国憲法第14条の平等の原則の要請に応じた原則です。

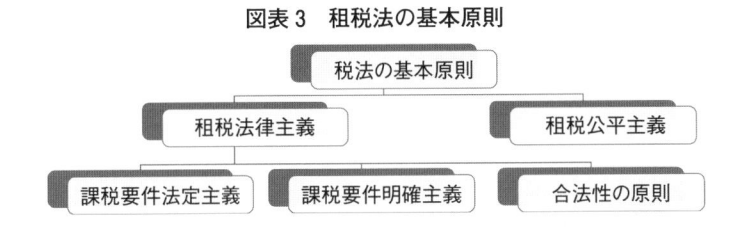

図表3　租税法の基本原則

```
                    税法の基本原則
                   /            \
         租税法律主義              租税公平主義
        /     |      \
課税要件法定主義  課税要件明確主義  合法性の原則
```

3-2　租税の種類

租税は，図表4に示すように，①国税と地方税，②内国税と関税，③直接税と間接税，④人税と物税，⑤収得税と財産税，⑥消費税と流通税，⑦普通税と目的税，⑧従量税と従価税，⑨経常税と臨時税に分類されます。

第一に，課税主体が国となる税を国税と称し，所得税，法人税，相続税，消費税，印紙税，酒税，たばこ税及び登録免許税等が該当します。また，課税主体が地方自治体となる税を地方税と称し，都道府県が課税する都道府県民税，事業税，不動産取得税，ゴルフ利用税及び自動車税等と，市町村が課税する市町村民税，固定資産税，軽自動車税及び特別土地保有税等に区分されます。

第二に，内国税とは，財務省主税局，国税庁（国税局・税務署）を所掌として賦課・徴収される関税以外の税のことであり，関税とは，国内事業の保護を目的として海外から輸入される貨物に対して課される税のことです。

第三に，直接税とは，租税負担者と納税義務者が一致する税のことであり，国税では所得税，法人税，相続税，登録免許税，印紙税等等が該当し，地方税では都道府県民税，市町村民税，事業税，不動産取得税，自動車税，自動車取得税，固定資産税，特別土地保有税及び都市計画税等が該当します。また，間接税とは，租税負担者と納税義務者が不一致の税のことであり，消費税，酒税，たばこ消費税，石油税，揮発油税及び石油ガス税等が該当します。

第四に，人税とは，納税者個人の人的事情に配慮して財産や収益に対して課される税のことであり，物税とは，納税者個人の人的事情に配慮することなく，客観的な判断に基づいて財産や収益に対して課される税のことです。

　第五に，収得税とは，収入を得ているという事実に基づいて課される税のことであり，所得税，法人税及び住民税等が該当します。また，財産税とは，財産を所有しているという事実に基づいて課される税のことであり，固定資産税及び自動車税等が該当します。

　第六に，消費税とは，物品の購入又はサービスの消費という事実に基づいて課される税のことであり，流通税とは，各種の経済的取引や法律行為に基づいて課される税のことであり，登録免許税，印紙税及び不動産取得税が該当します。

　第七に，普通税とは，使途を特定することなく一般経費に充てることを目的として課される税のことであり，目的税とは，特定の目的に充てることを目的として課される税のことであり，自動車取得税，軽油取得税及び都市計画税等が該当します。

　第八に，従量税とは，物品数量を課税標準とする税のことであり，従価税とは，物品価格を課税標準とする税のことです。

　第九に，経常税とは，毎期，経常的に課される税のことであり，臨時税とは，臨時的に一定期間だけ課される税のことです。

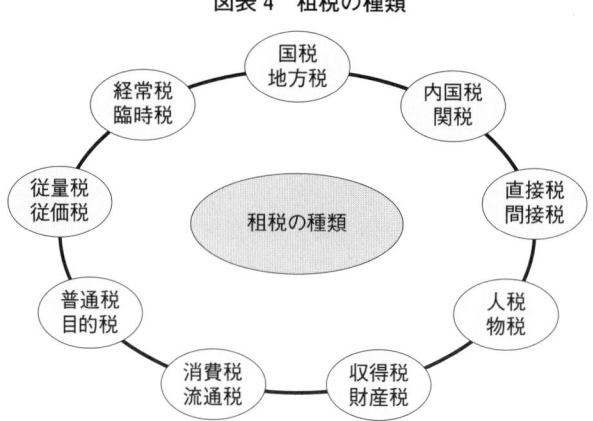

図表4　租税の種類

3-3 課税要件

　課税要件とは，納税義務の成立要件のことであり，①納税義務者，②課税物件，③課税物件の帰属，④課税標準，⑤税率が挙げられます。

　第一に，納税義務者とは，税を納める主体のことであり，租税債務を負担する者のことです。この他，複数の者が同一の納税義務を負っている場合には連帯納税義務者と称し，本来の納税義務者と特定の関係を有する者が主たる納税義務者に代わって納税義務を負っている場合には第二次納税義務者と称します。

　第二に，課税物件とは，課税対象とされる物・行為又は事実のことであり課税客体とも称されます。ただし，課税物件は，税法の種類により異なり，例えば，所得税及び法人税の課税物件は，個人及び法人の所得が対象となり，相続税の課税物件は相続財産が対象となり，消費税では資産の譲渡額が対象となります。

　第三に，課税物件の帰属とは，課税物件と納税義務者との結びつきのことであり，納税義務は課税物件が特定の者に帰属することにより成立します。

　第四に，課税標準とは，税額を算定するための基盤であり，課税物件である物・行為・事実を金額・価額・数量等で表示されます。

　第五に，税率は，課税標準に対して乗じる比率のことであり，課税標準の大きさに関係なく常に一定している比例税率と課税標準の大きさに比例して増大する累進税率の2種類です。

4　租税競争と税務戦略
4-1　相続税を活用した税務戦略

　日本の相続税は，図表5に示すように，平成24（2012）年度税制改正大綱で，相続税の最高税率の引き上げと，相続税の基礎控除額の縮小が行われました。

　一方，相続税においても，法人税における租税競争と同じように租税競争の様相を帯び始めており，図表5に示すように，相続税率及び贈与税率が0％の国が増加している。

　そのため，富裕層の中には，国外金融資産を活用して相続税の租税回避行為を図る者も出現しています。

図表5　諸外国の相続税率及び贈与税率・平成24（2012）年度税制改正大綱

相続税0%の国	贈与税0%の国
アルゼンチン，イタリア，インドネシア，インド，エストニア，オーストラリア，カナダ，キプロス，コロンビア，シンガポール，スイス，スウェーデン，スロバキア，スロベニア，タイ，チェコ共和国，ベトナム，ポルトガル，中華人民共和国（香港），マルタ，マレーシア，メキシコ，ラトビア，リトアニア，ロシア　等	アルゼンチン，オーストラリア，カナダ，コスタリカ，シンガポール，バハマ，フィジー　等

（出所）Tax Relief 2001, *A Summary of Selected Provisions of the Economic Growth and Tax Relief Reconciliation Act of 2001,* The National Underwriter Company, 2001, p.66.

相続税率

基礎控除後の法定相続分相当額	改正前	改正後
1,000万円以下	10%	10%
1,000万円超　～　3,000万円以下	15%	15%
3,000万円超　～　5,000万円以下	20%	20%
5,000万円超　～　1億円以下	30%	30%
1億円超　～　2億円以下	40%	40%
2億円超　～　3億円以下	40%	45%
3億円超　～　6億円以下	50%	50%
6億円超	50%	55%

4-2　消費税を活用した税務戦略

消費税は，図表6に示すように，売上にかかる消費税（仮受消費税）から仕入にかかる消費税（仮払消費税）を控除することにより算出します。例えば，売上金額が10億円で仕入金額が9億円の場合には，仮受消費税（10億円×8%）から仮払消費税（9億円×8%）を控除した金額である800万円を納税することになります。

図表6　消費税の計算方法・消費税の輸出還付金額

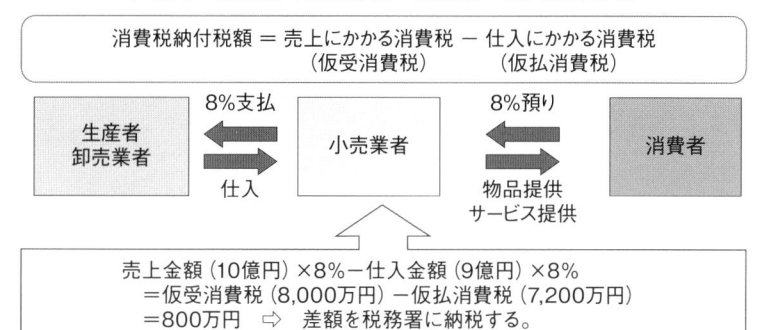

```
消費税納付税額 ＝ 売上にかかる消費税 － 仕入にかかる消費税
               （仮受消費税）         （仮払消費税）
```

生産者
卸売業者　←8%支払／仕入→　小売業者　←物品提供・サービス提供／8%預り→　消費者

売上金額（10億円）×8%－仕入金額（9億円）×8%
＝仮受消費税（8,000万円）－仮払消費税（7,200万円）
＝800万円　⇨　差額を税務署に納税する。

また，消費税法第7条は，「本邦から輸出として行われる資産の譲渡又は貸付については，消費税を免除する」と規定しています。そのため，海外輸出が多い日本企業は，消費税法第7条にもとづいて輸出免税（ゼロ税率）となるのです。例えば，日本企業が商品10,000,000円を仕入れ，これを輸出して20,000,000円を売り上げたケースは，以下のような仕訳になり，仮受消費税から仮払消費税を控除した金額（800,000円）が還付されることになります。そのため，日本企業の中には，図表7に示すように，消費税の還付金額を目的として戦略的に海外輸出額を増加させる企業が出現する可能性もあります。

・商品仕入時の仕訳
　（借）仕入　　　　　　10,000,000　（貸）当座預金　10,800,000
　（借）仮払消費税　　　　　800,000
・商品販売時の仕訳
　（借）当座預金　　　　20,000,000　（貸）売上　　　20,000,000
　※　仮受消費税は0円であるため仕訳しない。

図表7　消費税の輸出還付金額

有力20社の最新輸出還付金額の推算

企業名	事業年度	消費税還付金額	輸出割合	企業名	事業年度	消費税還付金額	輸出割合
トヨタ自動車	2011.4～2012.3	1,695億円	60.61%	キヤノン	2011.1～2011.12	540億円	77.30%
日産自動車	同	977億円	67.22%	マツダ	2011.4～2012.3	527億円	75.70%
豊田通商	同	910億円	55.44%	伊藤忠商事	同	509億円	29.70%
三井物産	同	867億円	51.99%	本田技研工業	同	466億円	59.60%
丸紅	同	843億円	31.99%	三菱自動車	同	423億円	73.49%
住友商事	同	737億円	47.39%	新日本製鐵	同	310億円	32.79%
三菱商事	同	674億円	18.50%	任天堂	同	198億円	77.09%
ソニー	同	642億円	67.59%	スズキ	同	120億円	40.44%
パナソニック	同	605億円	46.99%	三菱重工業	同	83億円	41.89%
東芝	同	566億円	54.50%	日立製作所	同	59億円	42.69%

合計（1兆1,751億円）

(出所) 湖東京至稿,「消費税を法人事業税・付加価値割と合体する提言」日本租税理論学会編,『税制改革と消費税』(法律文化社, 2013年) 83ページ。

ディスカッションのテーマ

1　租税公平主義とは，国民の担税力に応じて公平に租税を配分しなければならないという税法の基本原則ですが,「課税の公平性」の意義についてディスカッションしてみてください。
2　富裕層の中には，相続税納税額の租税回避を図るために海外移住や資産の海外移転を図る者が出現していますが,「資産フライト」と呼ばれる現象についてディスカッションしてみてください。
3　消費税における軽減税率の導入が検討されていますが,「消費税の軽減税率」の導入についてディスカッションしてみてください。

【参考文献】
・金子宏『租税法〔第19版〕』（弘文堂 2014）
・北野弘久『税法学原論〔第六版〕』（青林書院 2007）
・志賀櫻『タックス・イーター――消えていく税金』（岩波書店 2014）
・三木義一『日本の税金〔新版〕』（岩波書店 2012）
・山本守之『租税法の基礎理論〔増補版〕』（税務経理協会 2005）

第15章　意思決定論

1　意思決定論とは何か

　私たちは，日常生活においてしばしば何かを決定しなくてはいけない場面に出くわします。企業であれば，その場その場で戦略的に行動を行い，なるべく利益が上がるよう努力をします。この章では，このような状況下で，人間がいくつかの選択肢の中からどのように選択を行なうべきか，もしくは行なっているのか，といったことを分析するための理論・方法論として，意思決定論，特に意思決定者が複数存在する状況を分析する，ゲーム理論について説明をします。

　まず，意思決定論ではどのような問題を扱い，分析するのでしょうか？　例として，大学生が3年生になったら配属されるゼミ選択について考えてみましょう。どこのゼミに入ろうかと考えた時に，皆さんはどのような行動をとるでしょうか？　まず，各ゼミの研究内容・雰囲気に関する情報収集をし，自分の興味のある分野の勉強ができるか，あるいは自分の思い描いている将来の職業に役立つ勉強ができるかということを考えます。また，ゼミを選ぶ際に自分が重要視している基準について確認をします。さらに，仲のよい友達と同じゼミに入りたいなどといった他人の選好というのも重要かもしれません。これらの情報がそろったら，自分の選好や希望が通る可能性などを考慮して，最適なゼミの希望順を作成します。

　ここで，最適な意思決定を行う上で重要なポイントとなるものとして，次の三点が考えられます。

  1. 自分の評価基準をどう決めるか？
  2. 他人の行動を予測して行動するにはどうすればよいか？
  3. 効率的に解を探索することはできるのか？

　1点目に関して，ゼミに配属される際に自分が何をしたいのかということは，必ずしも明確ではありません。そこで，このような意思決定者の評価基準を明確にする手法として，階層分析法（AHP）などが考えられています。また3点目に関して，最適な意思決定を導き出すのにある方程式を解かなければなら

ないことが少なくありません。このような場合は，コンピュータの力を借りて方程式を解いてもらうことが多いわけですが，できるだけ早く答えを得られるようにするために，効率的な解の探索方法を構築しておく必要があります。最後に2点目に関して，他人の行動を予測して最適な意思決定を求める強力なツールとしてゲーム理論が挙げられます。このように，意思決定論といってもさまざまな分野があり，この章でそのすべてについて解説することはできません。そこで本章では，比較的最近，経営学の分野においても用いられることが多くなってきたゲーム理論について，その初歩について解説していきたいと思います。

2　囚人のジレンマ

　ゲーム理論は，フォン・ノイマン（John von Neumann）とモルゲンシュテルン（Oskar Morgenstern）により1944年に出版された，「ゲーム理論と経済行動」によって誕生したといわれています。ゲーム理論は，「複数の意思決定を行う主体（プレイヤー）が，その意思決定に関して相互作用する状況を研究する理論」と定義することができます。ここで，意思決定を行う主体（プレイヤー）は個人だけでなく，企業や国家などの現在考えている問題で1つのまとまった意思決定ができると認識できる単位を指します。

　次に，ゲーム理論の分類について説明します。大きく分けて，ゲーム理論はプレイヤー間の協力がない非協力ゲームと，プレイヤー間に協力がある協力ゲームに分類することができます。また，非協力ゲームは，大きく分けて，各プレイヤーが同時に意思決定をする同時手番ゲームとプレイヤー間に意思決定をする順番がある先手後手のあるゲームに分類されます。現実によく知られているゲームで考えると，例えばじゃんけんなどは同時手番ゲームと考えることができ，将棋・オセロなどは先手後手のあるゲームと考えることができます。

　それでは，ゲーム理論で分析される問題の具体例を挙げていきます。まず，ゲーム理論で非常に有名な，囚人のジレンマというゲームについて考えていきます。囚人のジレンマとは，以下のような問題です。

・重大な犯罪を犯した2人がその容疑に関して別々の部屋で警察の取調べを受けている。
・2人の囚人には自分たちの罪を自白するか，黙秘するかの2つの選択肢があ

る。
・2人は別々の部屋に隔離されているので話しあうことはできない。

　ここで，2人は別々の部屋に隔離されていて話し合いができないので，この問題は非協力ゲームであるということがわかります。次に，各囚人の各選択肢に対する懲役年数は次のようになります。2人とも黙秘した場合，重大な犯罪が立証されないが銃の不法所持などの軽犯罪を犯していることはわかっているので，2人とも懲役1年の刑となるとします。また，2人とも自白した場合は，重大犯罪が立証されるので，2人とも懲役8年になります。最後に1人が黙秘し，1人が自白した場合は，自白したほうは警察に協力したということで懲役3ヶ月，黙秘したほうは最も重い懲役10年の刑が科されます。問題は，このとき各囚人は自分の懲役年数を最小化するためには，黙秘・自白のどちらを選べばよいのかということです。囚人は自分だけ自白し，相手が黙秘してくれれば最も得をします。しかし，自分が自白したとき，相手も自白してしまうと，2人とも懲役8年で両者が黙秘したほうがよかったことになります。そこで，各囚人はどちらを選択すればよいか迷い，どうすればよいか簡単には決められません。

　このような同時手番ゲームは，次のような利得行列と呼ばれる表を用いて分析していくことになります。

図表1　囚人のジレンマの利得行列による表現

		囚人2	
		黙秘	自白
囚人1	黙秘	1年, 1年	10年, 3ヶ月
	自白	3ヶ月, 10年	8年, 8年

　ここで，各囚人の名前に隣接して書かれている黙秘・自白というのは各囚人の選ぶことのできる戦略を表しています。また，各囚人の選ぶ各戦略が交わるところに，その戦略を用いた時に各囚人に科される懲役年数が書かれています。コンマの左に書かれてある数字が囚人1に科される懲役年数，コンマの右側に書かれてある数字が，囚人2に科される懲役年数を表しています。例えば，囚人1が黙秘，囚人2も黙秘の場合，（1年，1年）と書かれているマス目で交わり，囚人1も2も懲役1年が科されるということを意味しています。

それでは，ゲーム理論の考え方に従って，各囚人の最適な意思決定について考えます．まず，囚人1に着目してみましょう．このとき，相手が黙秘を選択しようが自白を選択しようが，自分は自白したほうが，懲役年数は少なくなっているので，囚人2の決定がどちらかによらず，囚人1は，自白をしたほうが得ということになります．これを同じように囚人2に対しても見てみると，囚人1と同様になるので，囚人2にとっても自白するという結果が最適ということになります．そこで，ゲーム理論による答えは，囚人1，2両方ともが自白するということになります．

3 学習塾の立地問題

もう1つ同時手番の非協力ゲームの例を見てみましょう．次は，経営に関する例題を示します．2つの町A町，B町では，新興住宅街の開発が進んでおり，最近，子供の人口が飛躍的に増えました．そこで，2つの塾経営会社1,2は，A町かB町のどちらかに塾を立地しようと考えています．A町，B町には塾がほとんどないので，塾を立地すれば多くの子供が利用すると考えられます．そこで，A町に塾ができれば600人の子供が，また，B町に塾ができれば500人の子供が利用すると考えられています．

もし塾経営会社1,2がそれぞれ別の町に塾を立地すれば，その町の塾利用者すべてを獲得できるものとします．また，同じ町に塾を立地した場合は，塾経営会社2のほうが1よりも知名度が高いことから，塾経営会社2が1の2倍の利用者を得ることができるとします．

塾の利用者を多く獲得するために，2つの塾経営会社はどちらの町に塾を立地すればよいでしょうか？ここでは2つの塾経営会社は相手の行動を観察できず，同時に意思決定を行うものとします．

この問題を利得行列を用いて表現すると以下のようになります．（両社がB町に塾を立地したときの数値は500が3で割り切れないことから1が2のちょうど2倍にはなっていないことに注意してください．）

図表2　学習塾の立地問題の利得行列による表現

		学習塾2	
		A町	B町
学習塾1	A町	(200, 400)	(600, 500)
	B町	(500, 600)	(170, 330)

　囚人のジレンマのときと同じように各プレイヤーの立場になって，両社の最適な戦略を求めてみてください。

　今度は，囚人のジレンマのときと同じようにはいかないことがわかると思います。各プレイヤーの立場になって，相手がA町，B町を選択したときの自分の利得の大小関係が変わるからです。

　このようなゲームを解くときに，有効な概念に"最適反応戦略"というものがあります。最適反応戦略というのは，相手の各戦略に対して，自分の利得が最大になるような戦略のことです。そして，全プレイヤーが最適反応戦略を選択しているような戦略の組をナッシュ均衡点と呼び，これが最適意思決定となります。なぜなら，ナッシュ均衡点から自分の戦略を変更しても，利得を高くすることはできないからです。それでは，塾2がA町を選択したときの塾1の最適反応戦略を考えてみましょう。このとき，塾1はA町を選ぶと集客数が200であり，B町のときは集客数が500なので，学習塾1はB町を選択することが最適反応戦略となります。同様に，学習塾2がB町を選択したときの最適反応戦略は，A町となります。

　同様に，学習塾2についても見てみると，学習塾1がA町を選択するときは，B町を，学習塾1がB町を選択するときはA町を選択することが最適反応戦略となります。これらの最適反応戦略を図表2に丸をしたものが図表3です。

図表3　学習塾の立地問題の各プレイヤーの最適反応戦略とナッシュ均衡点

		学習塾2	
		A町	B町
学習塾1	A町	(200, 400)	(⓺⓪⓪, ⓹⓪⓪)
	B町	(⓹⓪⓪, ⓺⓪⓪)	(170, 330)

　上の表の中で，丸が重なっている点である (塾1, 塾2) = (A町, B町)，

(B町, A町) がナッシュ均衡点, すなわちゲーム理論による答えとなります。

4 先手後手のあるゲーム

2節, 3節では非協力ゲームの中でも, 各プレイヤーは同時に意思決定を行うという状況を考えてきました。この節では, 各プレイヤーの意思決定に順番がある状況について説明したいと思います。

3節で考えた学習塾の立地問題を, 塾経営会社1の立地計画が一歩進んでおり, 塾1がA町, B町のうち, どちらの町に立地したかを見て, 塾経営会社2がA町, B町どちらに塾を立地するかを決めるという状況を考えます。

塾立地問題の他の条件は, 3節の問題と同じとして, 各塾経営会社はどちらの町に塾を立地すればよいでしょうか？

同時手番ゲームは, 利得行列と呼ばれる表を使って分析を行いましたが, 先手後手のあるゲームは次の図表4のようなゲームの木と呼ばれる図を用いて分析を行います。

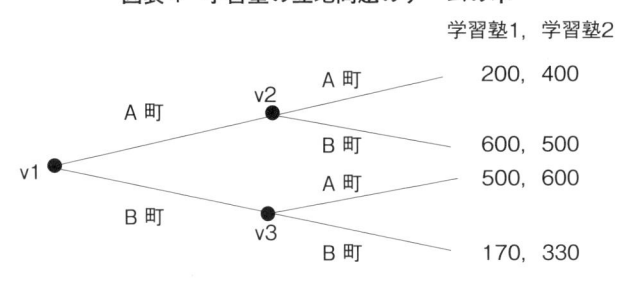

図表4 学習塾の立地問題のゲームの木

```
                                    学習塾1, 学習塾2
                      A町
                 v2 ────────── 200, 400
           A町  ／
              ／  B町
             ／  ────────── 600, 500
         v1
             ＼  A町
              ＼  ────────── 500, 600
           B町 ＼
                 v3
                      B町
                    ────────── 170, 330
```

図表4において, ゲームの木は点及び点と点をつなぐ枝からできています。点はv1, v2, v3です。左から右に時間が流れています。枝は, 2つの点を結ぶものであり, 枝の左側には時間的に前に起きる点が, 右側には後に起きる点があります。点は各プレイヤーが行動する順番に対応しており, 意思決定点とも呼びます。意思決定点のことを手番とも呼びます。各意思決定点では, 枝にそのプレイヤーが選ぶことのできる行動が対応しており, 枝の上にその名前が書かれています。意思決定点で, プレイヤーが1つの行動を選ぶと, その枝の後ろにある意思決定点に選択が移ります。このように次々とプレイが行われて, 終点までたどり着いたらゲームは終わりです。終点には, 各プレイヤーの利得

が対応して記入されています。

それでは，このゲームの木を用いて各プレイヤーの最適戦略を求めましょう。このようなゲームの有効な解法として，バックワードインダクション（後ろ向き帰納法）というものがよく知られています。バックワードインダクションとは次のようなものです。

① まず，ゲームの木の終点の1つ前の意思決定点を考え，そのプレイヤーの利得が一番高くなるような選択を選び，ゲームの木に書き入れます。
② 次に，決定したプレイヤーの行動は変わらないこととし，その1つ前のプレイヤーがどのような選択をするかを考えて，ゲームの木に書き入れます。
③ 次に，そのまた1つ前のプレイヤー・・・というようにどんどんさかのぼって考えて，一番最初にプレイするプレイヤーまでさかのぼります。

このようにして，一番最初に行動するプレイヤーの最適な選択が決まった時には，すべての点でどのプレイヤーにどのような選択が行われるかが書き入れられています。これが各プレイヤーの最適意思決定となります。

図表4に対して，まず，①を実行したところが，図表5です。塾2の手番であるv2において，A町を選ぶと利得は400，B町を選ぶと利得は500となるので，v2においてB町を選ぶことになります。また，塾2の手番であるv3においてA町を選ぶと利得は600，B町を選ぶと利得は330となるのでv3においてA町を選ぶことになります。

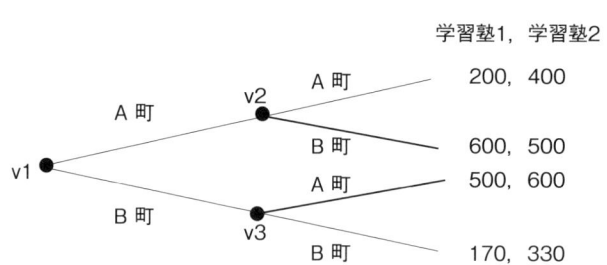

図表5　バックワードインダクション（①）

学習塾1，学習塾2

```
                  A 町
         v2 ─────────── 200, 400
    A 町 ╱   ╲
       ╱     ╲ B 町
      ╱       ────── 600, 500
  v1 ●         A 町
      ╲       ────── 500, 600
    B 町╲   ╱
         v3 ───────────
                  B 町  170, 330
```

そして，②③を実行すると，図表6のようになります。

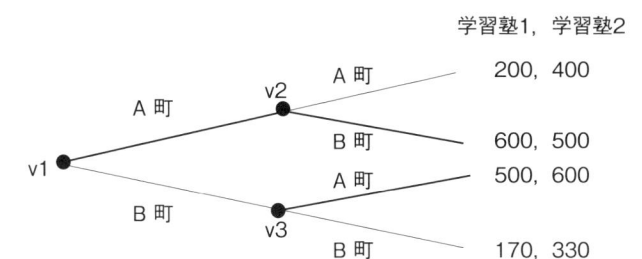

図表6　バックワードインダクション（②③）

```
                                        学習塾1, 学習塾2
                         A町
              v2 ●―――――――――  200, 400
         A町 ╱    ╲
            ╱      ╲ B町
           ╱        ―――――――  600, 500
    v1 ●
           ╲        ―――――――  500, 600
         B町╲      ╱ A町
            ╲    ╱
              v3 ●―――――――――  170, 330
                         B町
```

　よって，塾1，塾2の最適意思決定は，先手の塾1がA町に学習塾を立地させ，その後，塾2がB町に学習塾を立地するということになります。

5　協力ゲーム

　2節から4節まで，同時手番か先手後手があるかなどといった違いはあったものの，ここまで見てきた問題はすべて非協力ゲームの問題でした。本節では，協力ゲームの問題について見ていきます。まず，例題を挙げます。

　3人の大学生A, B, Cが，力を合わせてベンチャー企業を立ち上げようとしています。3人全員が力を合わせて企業を立ち上げた場合に最も収入が得られるが，各学生の専門分野や能力との関係から，各学生の力量が異なるために，利益の分配をどうするかが問題となっています。能力の高い学生A, Bは，利益の分配がよくなければ，自分1人もしくは2人で，企業を立ち上げることも考えています。企業を立ち上げることによって得る収入を関数vで表すと以下のようになります。

　$v(A) = 10, v(B) = 8, v(C) = 2, v(AB) = 25, v(AC) = 20, v(BC) = 10, v(ABC) = 40$.
（収入の単位は万円）

　ここで，例えばABは，大学生AとBのグループを表しており，$v(AB) = 25$は，大学生AとBが組むことで得られる収入が25であることを表しています。このようなプレイヤーのグループを提携と呼びます。同様に，$v(A)$，$v(B)$，$v(C)$は各大学生が1人で企業を立ち上げた時の収入を表しています。問題は，全提携に対する収入が与えられたときに，全員で提携を組んで得た総収入40をどのように分配するべきかということです。

　どんなゲームに対しても，ただ1つの利得分配を指し示す協力ゲームの解と

しては，"限界貢献度"という概念を用いたシャープレイ値があります。

ベンチャー企業設立の問題において，大学生AとBが企業設立を行う予定でいた場合に大学生Cが加わったとしましょう。AとBだけで企業設立を行えば収入は25であったときに，大学生Cが加わることで収入は40になり，収入は40 − 25 = 15増加しました。このときAとBの提携に対するCの限界貢献度は15であるといいます。

この考え方を発展させ，ベンチャー企業設立での協力関係が「Aが立ち上げ，そこにBが加わり，さらにCが加わった」という順序で行われたとしましょう。Aが最初に企業を立ち上げることで，利益がないところから10の収入が生まれました。したがってAの限界貢献度は10となります。次にそこにBが加わると収入が25になるので，収入が15増加しました。したがってBの限界貢献度は15となります。最後にCが加わることで収入は40になったので，Cの限界貢献度は40 − 25で15となります。

別の順序での提携への参加を考えれば，限界貢献度も変わります。例えば，上記とは逆に「Cが立ち上げ，そこにBが加わり，最後にAが加わった」という参加順序を考えてみましょう。こうなるとCの限界貢献度は2となります。そこにBが加わると収入が10になるので，Bの限界貢献度は8，最後にAが加わることで収入は40になったので，Aの限界貢献度は40 − 10 = 30となります。

このように限界貢献度を収入の配分と考えると，それは全体の提携に対するプレイヤーの参加順序によって大きく変わります。それでは，すべての参加順序を考えて，その平均をとればよいのではないでしょうか。このような考え方による利得分配をシャープレイ値と呼びます。

図表7にこの問題に対する各プレイヤーの限界貢献度とシャープレイ値を示します。これより，全員で提携を組んで得た総収入40のシャープレイ値による分配は，(A, B, C) = (19, 13, 8)になることがわかります（限界貢献度の平均をとるときに，6で割り切れないので小数第一位を四捨五入しています）。

図表7　ベンチャー企業設立の問題の限界貢献度とシャープレイ値

参加順序	A	B	C
A→B→C	10	15	15
A→C→B	10	20	10
B→A→C	17	8	15
B→C→A	30	8	2
C→A→B	18	20	2
C→B→A	30	8	2
シャープレイ値	19	13	8

ディスカッションのテーマ

1　プレイヤーが3人いる同時手番ゲームの利得行列の記述方法について考えてください。
2　図表3にはナッシュ均衡が2つありますが，ナッシュ均衡が複数あることの問題点について考えてください。
3　5節におけるベンチャー企業立ち上げの問題について，シャープレイ値以外の合理的な収入の分配方法について考えてください。

　最後に，本章を執筆するのに用いた文献，及びゲーム理論を本格的に勉強してみたい方にお薦めの文献を以下に示します。
　ゲーム理論は，数式によって記述される応用数学の一分野ということができるのですが，文献3, 4は難しい数式は使わず，文系の学生やビジネスマンなどの広い分野の方にお薦めのゲーム理論のテキストです。本章でも，ほとんど数式を出さずにゲーム理論について解説しましたが，この実現にはこれらのテキストを参考にしました。3, 4の中では，4の方が深い内容を取り扱っており，手っ取り早くゲーム理論を習得したい場合は，3を読むとよいでしょう。また，数式によって記述された本格的なゲーム理論に興味のある方は1, 2のテキストを読むとよいでしょう。2は古くからあるテキストで，多くの読者に読み続けられてきた名著といえます。1は，和書としては最も高度な内容を取り扱ったテキストとなっています。

【参考文献】
・岡田章『ゲーム理論』(有斐閣 2011)
・鈴木光男『ゲーム理論入門』(共立出版 1981)
・渡辺隆裕『図解雑学ゲーム理論』(ナツメ社 2004)
・渡辺隆裕『ゼミナール ゲーム理論入門』(日本経済新聞出版社 2008)

第16章 IT活用と企業経営

いうまでもなく，企業経営とIT（情報技術）は切っても切れない関係にあります。企業が扱う商品情報や顧客情報，また，市場情報や社会的ニーズなど，企業をとりまく情報は多様かつ大規模になってきており，こうした情報を蓄積し，また利活用していくことはこれからの企業活動にとっても必須のことでもあり，また競争力の源ともなっています。本章では，企業経営におけるIT活用の概要と，近年のビッグデータを活用した新しい動きについて概観します。

1 企業情報システム
1-1 企業情報システムの目的

近年では，企業規模の大小や業種を問わず，業務に何らかの情報システムを導入することが増えてきています。情報システムは非常に便利なものですが，情報システムの構築そのものが目的ではありません。情報システムを導入するに当たっては，最初にその目的を整理し，期待される効果が得られるような設計，構築を進める必要があります。

企業における情報システム（以下，企業情報システム）構築の目的は以下のように整理することができます。

(1) スピードと量の拡大（定型的な業務の効率化・生産性の向上）

現代の経営はスピード経営ともいわれます。膨大な伝票を人手で処理するよりもコンピュータで処理したほうが高速かつ正確にできることは明らかです。スピードと量の拡大を目的とした企業情報システムの例としては，売上管理システムや発注管理システムなどがあります。これらはモノを作る，流通させる，売る，売上を集計するといった，多くの企業にとって企業活動の根幹をなす業務をサポートするもので，一定以上の規模を持つ企業においては必要不可欠なものとなっています。

(2) クオリティの向上（的確な経営判断・品質やサービス向上）

定型的な企業活動のスピードを追求するだけでなく，さまざまな経営指標，例えば，売上高や利益，顧客数や顧客のセグメント，商品別の販売数，サービスやモノの品質のほか，従業員のパフォーマンスや報酬などを適切に管理し，

企業における経営戦略に活用していくことが重要です．例えば，意思決定支援システムでは，ユーザが必要とする上記のようなさまざまな指標を，さまざまな観点から可視化して提示するもので，特に大規模な企業経営の観点からはなくてはならないものとなっています．

(3) クリエイティブな業務革新（業務プロセスや新商品・サービスの開発）

企業経営においては，定型的な業務だけでなく，市況の変化や顧客動向など，めまぐるしく変化する外的環境を正確に把握し，的確なアクションをとっていくことは必須となっています．いわば経営の質的向上をめざすものです．ネットワーク化された情報により，外部の情報を参照・整理したり，内部での情報交換やディスカッションにITが活用されています．このような情報の入手や共有，また，コミュニケーションを主眼としたシステムは，知識管理システムやグループウェアシステムと呼ばれます．内部での情報交換は，従来は，従業員間のFace To Faceのコミュニケーションによって行われてきました．もちろん，現在でもこうしたコミュニケーションは重要ですが，遠隔地にある従業員間の意見交換，あるいは通常はほとんど話をすることのない他部署の従業員や経営層とのディスカッションにおいて，こうしたツールは有効です．

1-2 企業情報システムの歴史

1960年代から，主にアメリカを中心として，企業活動においてコンピュータ利用の重要性が認識されてきました．図表1は，企業情報システムの歴史の概略を示したものです．企業情報システムは，MIS，DSS，また，SISなどさまざまな名称で呼ばれることがありますが，これらは，構築されたシステムのいわば究極的な目標を掲げたものであって，実質的にはあまり重要ではありません．例えば，1970年代のDSS（Decision Support System：意思決定支援システム）は，経営における意思決定をサポートするという目標を掲げたものですが，重要な経営判断においてDSSが有効に機能したのかどうか，またそれらが一般に普及したのかどうかは疑問ですし，逆にいえば，意思決定の効果的な支援方法は現在でも追及されているテーマでもあります．

いずれにしても，企業情報システムの歴史において，最も大きなブレークスルーは，1990年代半ばに起こったIT革命です．もちろん，コンピュータは，1960年代から継続的に進化を遂げていたわけで，ある日突然革命が起きたわ

けではありません。しかし，1990年代半ばにいたって，端末の低価格化，高機能化，またインターネットの民間利用がはじまり，それによりブレークスルーが起こったと見るべきでしょう。例えば，インターネットはもともと学術的なネットワークとして古くから存在していたものですが，1990年代半ばから商用でも利用されるようになり，同時に，国内でも多くのインターネット事業者（プロバイダ）が誕生するなど，広く社会に普及しはじめました。また，計算機それ自体の性能（計算速度や記憶容量）が向上しただけでなく，安価でコンパクトな端末が誕生することにより，企業の実際の現場において広く活用されるようになったのです。現在では，業種を問わず，経営におけるIT活用の重要性はいうまでもありません。

図表1 企業情報システムの歴史

時期	名称	内容・目的	歴史的意義	課題
1960年代	MIS (Management Information System)	定型業務効率化，精度向上のための情報システム	経営情報システムの先駆け	計算資源，テキスト処理などのユーティリティ不足
1970年代	DSS (Decision Support System)	情報提供と意思決定のサポート	より高度な経営判断への適用可能性の模索	外部情報の不足，インターフェースの問題
1980年代	(OAブーム)	業務全体をサポートするエンドユーザコンピューティング	エンドユーザへの普及	戦略的な意思決定の基盤が必要
1990年代	SIS (Strategic Information System)	外部との競争を意識した戦略的情報システム	経営戦略的な利用の幕開け。外部環境との統合を模索	業務間の有機的な連携，費用対効果
安価なPC，サーバの普及，ネットワーク環境の劇的な進化（1990年代半ば〜）					
現在		業務全般を支える最重要経営基盤。ビッグデータの活用	ネットワーク化された業務基盤として定着	セキュリティ，戦略的優位性の確保，継続可能性など

1-3 企業情報システムの分類

　企業情報システムは，トップマネジメントで使用する経営戦略のためのシステムから，業務現場で使用する顧客管理システムまで極めて多岐にわたることから，その分類は非常に困難であるばかりか，一般には分類自体も整理学以上の意味は持っていません。しかし，どのような分類軸がありうるのかを理解し

ておくことは重要です。

(1) 業務対象範囲による分類

　情報システムがどのような業務に関する情報を扱っているのかで，業務系と情報系に分類することができます。業務系とは，日常の定型的な業務を処理するもので，販売情報や顧客情報，財務情報，生産管理情報，為替情報などが相当します。これらの情報の取り扱いは，企業の日常業務そのものに直結するものです。例えば，販売管理システムがダウンしてしまっては，店舗での売上を記録することができず，実質販売業務を継続することができません。したがって，業務系のシステムでは，高い信頼性と安全性が求められます。これに対して，研究開発や商品やサービスの企画・開発などの非定型業務を支援するものが情報系のシステムです。具体的には，グループウェアや知識共有システム，意思決定支援システムなどが相当します。情報系のシステムは，日常的な業務に直結するわけではないので，業務系ほどの信頼性や安全性は求められません。しかし一方で，扱う情報の種類や使い勝手，ユーザインタフェースなど，機能面での十分な検討が必要になります。業務系，情報系という言葉は企業のシステム開発において非常に基本的な分類のひとつですので，よく理解しておきましょう。

(2) 利用者の相違による分類

　情報システムの利用者の範囲による分類です。大きく分けて，全社を対象としたシステムと特定の部門を対象としたシステムがあります。全社を対象としたシステムの場合は，さまざまな部署，さまざまなランクの人が利用することになるので，高い信頼性と安全性が要求されるのは当然として，すべての人が容易に利用できるメニュー，環境，また，使用する言葉にも注意を払わなくてはなりません。例えば，全社的に利用する人事評価システムや予算管理システムなどがこれに相当します。これに対して，各部門の固有業務を処理する情報システムでは，特定商品の販売管理システムや顧客管理システム，あるいは商品開発のための知識共有システムなど，各部門での業務を最適化するための設計されることが多く，共通性よりは使いやすさや効率性が重視されます。前者の全社システムは，社内の情報システム部門が一括して開発・発注することが多いのに対して，部門システムの場合は，規模にもよりますが，実際に使用するエンドユーザ自身が開発・発注することも多くなっています。

(3) 処理形態による分類

　コンピュータの処理形態によって，集中型，分散型に分けることができます。集中型とは，すべての処理を中央にある大型コンピュータで処理する形態のことです。集中型では，データは一元管理され，大型コンピュータに接続された業務端末での処理が行われます。例えば，銀行の預金オンラインシステムでは，時々刻々と変化する預金額の流れをリアルタイムで的確に把握しなければなりません。ここでは信頼性が最も重要になります。一方，分散型のシステムは，複数のコンピュータでデータを共有し，それぞれの処理を分担するものです。システムの設計にもよりますが，一般にはリアルタイムでのデータの同期は前提とせず，定期的な同期が行われます。例えば，異なる商品や異なる販売経路での売上情報は，必ずしもリアルタイムで同期をさせる必要はないかもしれません。このような場合には，複数のコンピュータにより分散型で処理を行い，夜間の処理で全体の情報をとりまとめる，というようなことが行われています。さらに，処理形態としては，近年，携帯端末の利用も盛んになってきています。スマートフォンやタブレットPCなどを利用して，さまざまな情報連携を可能とするものです。従来は膨大なパンフレットを抱えて営業にいくことが普通でしたが，現在では，タブレットPC一台で営業に出向き，顧客のニーズにあわせて必要な情報，最新の情報をその場で提示することも可能になっています。

1-4　企業情報システムの構築

　企業情報システムの構築は，社内外のさまざまな担当者による共同プロジェクトになります。図表2は一般的なシステム開発において想定される組織体制をまとめたものです。これらの組織体制が，すれ違うことなく有益なディスカッションを行い，必要なシステムを限られた予算とスケジュールで開発することが目的になります。企業情報システムでは，「莫大な予算を投じたのに当初目的としたシステムが完成しなかった」，「システムは完成したものの本質的な問題が発生し，再検討を余儀なくされた」といった問題がしばしば発生しますが，そのほとんどは，これらの組織体制がうまく機能していなかったことが大きな理由のひとつです。特に，CIO（Chief Information Officer）と呼ばれる最高情報責任者（通常は，情報システムを統括する役員クラスが担当します）や情報システム部門は，それぞれに利害関係を抱えるプレーヤーの調整役でな

くてはなりません。複数の異なる文化やバックグラウンドを持ったユーザ部門を対象とした大規模なシステム開発においては，情報技術に対する深い理解は当然必要ですが，それ以外にもリーダーシップや調整能力などがとりわけ重要になります。

図表2　情報システムの構築・運用に関する一般的な組織体制

組織	主な役割
CIO（最高情報責任者）	・情報化戦略の立案・実行 ・プロジェクトの統括
情報システム部門	・システムの要件の取りまとめ ・システムリリース後の運用
現場（ユーザ）部門	・システムへの要求の取りまとめ ・システム化による効果検証
外部コンサルタント	・システム化全般に関する指針の策定 ・プロジェクトの遂行管理や効果分析など
ITベンダー	・ソフトウェアとハードウェアの設計と構築 ・システムリリース後の保守

1-5　企業情報システム構築の留意点

　企業情報システムは，莫大な予算をつぎ込めばよいものができるというわけではありません。場合によってはシステム化しないほうがよいことさえあるでしょう。以下に，企業情報システム構築の際のいくつかの留意点を挙げておきます。

・**情報は多ければ多いほどよいという誤謬**

　せっかく予算をつぎ込んでシステムを構築するのだから，できるだけ多くの情報を扱えるようにし，すべての情報を電子化しようと考える人もいます。しかし，一般に情報システムで扱う情報は必要最小限とし，その代わりに，拡張性を持たせた設計とすべきです。欲張って多くの情報を詰め込んでも，情報の洪水に溺れてしまったり，信頼性の低い情報が含まれてシステムそのものへの信頼性が低下することもあります。

・**ITベンダーや情報システム部門のようなプロに任せておけばよいという誤謬**

　情報システムを構築するベンダーや，社内の情報システム部門は確かにシステム構築に関してはプロですが，一般には現場業務をよく把握しておらず，

「システムが完成したのはいいが，現場の業務の実態とは全く異なり使えるものではなかった」というのはよくある話です。実際に情報システムを使うユーザ部門は，確かにシステム構築は素人ですが，かといって遠慮することなく意見を戦わせ，疑問点があれば必ず事前に解決するようにしておくことが必要です。

- **構築したシステムは永遠に使うことができるという誤謬**

情報システム構築には一般にかなりの費用がかかります。このため，あたかも構築したシステムは今後ずっと使うことができるというような誤解を生じることがあります。通常，情報システムは，業務形態の変化やコンピュータ自体の進歩，ソフトウェアのバージョンアップ等，さまざまな要因により都度見直しが必要になってきます。システムを構築する際には，構築後，システムを維持するためにどの程度のコストがかかってくるのか，また，いつまで使えるのか，深く検討することが必要です。特に，特定のパッケージソフトウェアに依存したシステムの場合には，そのパッケージソフトを今後も同様に稼動させていくことが可能なのかどうか，よく検討する必要があります。

2　ビッグデータ

企業情報システムにおいては，近年，膨大なデータを使ってより戦略的なビジネス活動へと連携させていく動きが活発になっています。本章の残りでは，近年注目を集めているビッグデータについて概説します。

2-1　ビッグデータとは何か

ビッグデータとは，文字通り「大きなデータ」のことですが，一般的には，「大容量」，「多様性」，「スピード」がビッグデータの重要な性質（あるいは条件）であるといわれています。まず容量についてですが，現在では，個人でさえ，数百ギガバイト，場合によっては数テラバイトの記憶容量を持つことは当たり前になってきました。企業では，テラバイト，さらにはその1000倍のペタバイト級のデータを管理，活用することも珍しくなくなっています。30年ほど前にはわずか数ギガバイトの容量を確保するだけでも困難だったのですから，大変な変化です。ペタバイトというと，その大きさを感覚的に理解するのは困難なのですが，例えば，文庫本であれば20億冊程度（テキストのみ），デ

ジカメ画像であれば3億枚程度に相当する容量です。

　次に多様性についてですが，一般にデータには，金額や数量，あるいは年月日など数値で表されるデータのほかに，ブログやTwitter，あるいは文書ファイルに含まれるテキスト情報，さらには音声データや画像データ，映像データなど，さまざまな種類のデータが存在します。ビッグデータにおける多様性とは，従来のデータベースが得意としてきたような数値データや定型的なテキストデータばかりでなく，さまざまな種類のデータを扱えることを想定しています。例えば，買物履歴や売上情報，医療情報，レセプト情報といった従来データベースとして蓄積・活用されてきたデータに加え，GPSを利用したライフログや脈拍や血圧などの医療データ，運動履歴，監視カメラの映像，交通量のセンシングデータ，気象衛星や自然観測データなどが含まれます。

　最後にスピードについてですが，これはリアルタイム性とも呼ばれます。交通系ICカードであれば，いつ誰がどの改札を通ったかを遅延なく把握すること，購入履歴であれば，レジを通過した時点で，いつ誰がどのような商品を購入していったかを把握すること，Twitter情報であれば，今どこでどのようなことが話題になっているのかを都度把握することです。また，データ取得がリアルタイムであることに加え，データを参照し，分析することもリアルタイムで行えることが重要です。例えば，クレジットカードの不正利用（他人のカードを使って決済を行うパタン）は，業務終了後の夜間バッチ処理で見つけられてもすでに手遅れです。クレジットカードを利用しようとした際に，すぐに不審な利用であると判断して加盟店に通知しなくてはなりません。具体的には，2〜3秒程度の間に，既存顧客の購入履歴を判断して，不審かどうかを判断しなくてはなりません。

　以上のように，「大容量」，「多様性」，「スピード」がビッグデータの要件ともいえるものです。ただし，どのくらいの容量があればビッグデータといえるのか，画像があればビッグデータなのか，といったようなビッグデータの厳密な定義を与えることにはさほど意味はありません。ビッグデータという言葉は，ここ数年の全く新しい技術トレンドということではなくて，膨大なデータストレージとネットワーク環境において蓄積されるデータの集合を表す言葉であり，こうしたデータの利用を考える上でのキーワードである，といったような軽い理解でよいのではないかと思います。

2-2　なぜ今ビッグデータが注目を浴びるのか

　「ビッグデータ」という言葉は 2011 年頃から急激に社会に浸透していきました。IT 業界ではバズワード（宣伝文句として都合よく用いられるが実態のないキーワード）が非常に多いのですが，この「ビッグデータ」という言葉もバズワードのひとつともいわれています。しかし，「ビッグデータ」がバズワードかどうかは別として，いずれにしても圧倒的なボリュームを持つ多様なデータが蓄積され，また活用されつつあるのは事実です。これには以下のような技術的背景があります。

(1)　**ストレージの大容量化**

　まず，前述したようにデータを蓄積するためのストレージ（ハードディスクなど）が極めて安価に利用できるようになったことが挙げられます。

(2)　**ネットワーク化**

　さまざまな情報が電子データとして記録されるようになり，それらがインターネット等のネットワークを介して容易に統合されるようになったことも重要です。ネットワークの帯域（通信速度）が広くなったことが重要な要因です。

(3)　**ハードウェアとソフトウェアの進化**

　ストレージだけでなく，大規模なデータを容易に解析できる高速な計算機（CPU）とソフトウェアとしてのアルゴリズム（計算の方法や手順）の進化により，実際に蓄積したデータの解析が可能になったことも大きな要因として考えられます。

　以上のような技術背景のもと，世の中に流通する電子化されたデータのボリュームは驚くべきスピードで増大しています（図表 3 参照）。例えば，2011 年には約 2 ゼタバイトとされていたものが，2020 年には約 20 倍の 40 ゼタバイトに増大すると予想されています。こうした圧倒的なデータ量の増加を背景に考えれば，「ビッグデータ」という言葉の善し悪しは別として，明らかに過去とは違うトレンドが起こっていると考えるべきではないかと思います。

図表3　ビッグデータによるデジタルデータ量の増加

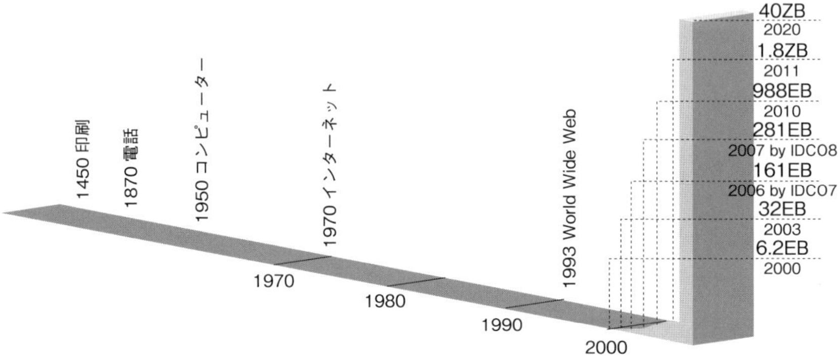

- 1450 印刷
- 1870 電話
- 1950 コンピューター
- 1970 インターネット
- 1993 World Wide Web
- 6.2EB 2000
- 32EB 2003
- 161EB 2006 by IDCO7
- 281EB 2007 by IDCO8
- 988EB 2010
- 1.8ZB 2011
- 40ZB 2020

（総務省 ICT コトづくり検討会議 報告書 平成 25 年 6 月（pp.15）より引用）

2-3 ビッグデータの活用事例

　ビッグデータの活用事例としては枚挙に暇がありません。書籍，雑誌，インターネットなどでさまざまな事例が紹介されていますので，興味のある人はそちらを参照してください。中には「これってビッグデータ？」というようなもの（少なくとも昨今の計算機環境の進化に伴ってはじめて実現可能になったとは思えないようなもの）も多いのですが，前述したようにビッグデータという定義自体は曖昧なものです。大事なことは，それぞれの業務分野で，今後どのようなデータが蓄積され，どのように活用され，それにより企業活動や私たちの生活がどのように変わっていくかを想像していくことにあります。

2-4 ビッグデータと組み合わせ爆発

　ビッグデータは，一般的に数テラバイトにも及ぶデータの集合です。この中から必要な情報を探し出すことは非常に困難に思えるかもしれませんが，もし探索の条件が明確に決まっているのであれば，それはさほど難しいことではありません。例えば，ある条件でデータを探すとき，データ量が倍になれば，その探索時間は高々2倍で収まります（実際にはそれより少ない）。10倍になっても探索時間は高々10倍です。これは大変なことのように思えるかもしれませんが，実はそれほど懸念する問題ではありません。

　しかしデータの組み合わせを考慮すると，探索量は圧倒的に増大していきま

す．例えば，男性10人，女性10人の属性や趣味などが含まれるデータベースがあるとします．データ数は20ですから，ごく小規模のデータベースです．ここから最適なカップルの組み合わせを計算する問題を考えてみましょう．このためにまず考えられるすべての組み合わせを計算します．最初の男性には10人の候補がいますから10通りです．次の男性は候補者が一人減って9人の女性の中から選ぶことになりますので，9通りです．そのように考えると，合計で10の階乗，すなわち3,628,800通りの組み合わせが存在します．この中から，最適な組み合わせを選び出すことになります．この組み合わせの数は男女10人ずつでも膨大な数にはなりますが，人数が増えると可能な組み合わせの数はさらに爆発的に増大します．例えば，男女100人ずついたと仮定すると，100の階乗になりますので，その数はおよそ1のあとに0が158個続く数になります．このような巨大な組み合わせの中から最適なものを見つけることは，現在のコンピュータはもちろん，将来どのようにコンピュータが進歩しようとも実現は不可能でしょう．これを計算機科学の用語で「組み合わせ爆発」と呼びます．実際のビジネスにおける問題はこのような男女のカップリングの問題以上にデータ数も多く，また複雑です．単にデータを探すだけであれば，高々数倍におさまったのですが，組み合わせを考慮した瞬間に未来永劫解くことのできない問題になってしまったのです．

　しかしながら，実はこうした組み合わせ計算こそが価値ある情報を提供するとも考えられます．例えば，データの中から価値ある規則を発見するデータマイニングと呼ばれる技術では，データの中に頻出するアイテムの組み合わせを見つけようとします．今，「ビール，牛乳，ヨーグルト，生肉，ウィンナー」などの同時購買のデータが膨大にあるとします．この中から，よくある組み合わせを見つけて，何と何がよく一緒に買われているのかを解析しようというわけです．単純に計算しようとすると，圧倒的な勢いで組み合わせ爆発してしまいますので，計算は困難です．しかし，いくつかの効率的な探索方法を用いれば，現実的な時間で計算を終えることも可能です．コンピュータにおける計算の手順を「アルゴリズム」といいますが，効率的なアルゴリズム，特にそのままでは組み合わせ爆発を起こしてしまうような問題に対する効率的なアルゴリズム開発はまさに現在求められている技術なのです．

　一般的に，「ビッグデータ」というと，データ量が膨大，探索が大変，とい

うイメージがあるのですが，明確な条件でデータを探すだけであればさほど困難ではありません。しかし，もし組み合わせによって本当に価値のある情報を見つけ出そうとすると，一瞬にして解決困難な問題に変貌する，ということを理解しておいていただきたいと思います。大規模データをもとにした組み合わせ計算の効率化というテーマは明らかに計算機科学の歴史にとって大きなブレークスルーとなる可能性を秘めています。

2-5　新しい研究領域としてのデータサイエンス

「データサイエンス」とは，大量のデータを実際の問題に関連付けながら，データ分析を行っていく研究領域のことを指します。また，「データサイエンティスト」とは，こうしたデータサイエンスに従事するスペシャリストのことを指します。データサイエンティストの位置づけを図2にまとめました。

データサイエンティストは，いわば，コンピュータ技術者とビジネスの実務家，また，統計解析の専門家のちょうど中間に位置づけられます。それぞれの専門家ほど，コンピュータや実務，また統計解析に関する専門家である必要はありませんが，こうした人たちとうまく連携していけること（少なくとも連携していけるだけの知識と技術を持っていること），また何よりビジネスや法律，経済，マーケットなどの一般的な知識とビジネス上のセンスや探究心，コミュニケーション能力に秀でていることが必要です。

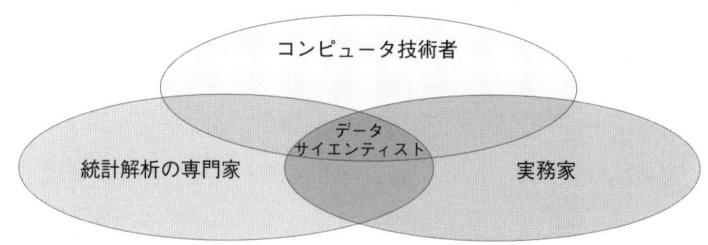

図表4　データサイエンティストの位置づけ

今後，データサイエンティストは世界的に不足すると予測されています。例えば，マッキンゼー社の調査によれば，アメリカでは2018年までに高度なスキルを持つデータサイエンティストが20万人近く不足するといわれています。日本ではさらに深刻な状況です。データサイエンスは典型的な文理融合領域と

考えられますが，日本の大学教育は概ね理系・文系が明確に分離しています。一般的に理系の学生は，マーケティングへの応用にはあまり興味を抱きません。また，文系の学生は，「データ解析」と聞いただけで無用なアレルギー反応を起こしてしまいます。いくつかの日本の大学でも「文理融合」を標榜した学部がありますが，必ずしもうまくいっていません。実態は文系の先生と理系の先生が同じ学部になっただけというところが多いようです。しかし逆に考えれば，データサイエンティストは，これからの日本（また世界）では極めて将来有望な職種でもあります。経営学やマネジメントを修めた学生がこの分野に積極的に関わっていくことを強く期待しています。

ディスカッションのテーマ

1 行政分野，医療分野，教育分野，農業分野では，分野の特性，あるいは既存の事業形態などの理由から，一般にIT化が遅れているといわれています。これらの分野のいずれかを取り上げ，現在のIT化の状況と今後の展望（特に業務のIT化により期待される効果や問題点）について議論しましょう。
2 後半で取り上げたビッグデータ活用の具体的な事例を，書籍，雑誌，インターネットなどを使って調べ，何が革新的であったのか，整理・議論してみましょう。ビッグデータブームの本質が何なのか，さらにはITに関するニュース記事の読み方がよく理解できると思います。

第 17 章　フィールドワークの概要とレポート作成の方法

1　フィールドワークの概要

　フィールドワークとは，直接現地に出向いて観察やデータ収集を行う調査手法のことで，野外調査，現地調査，実地調査とも呼ばれます。大きく分けて「仮説検証」と「問題発見」の 2 つの型があります。「仮説検証」型では，設定したテーマについて情報収集を行い，自分なりの仮説を立てます。そしてそれを検証するのに適した方法でデータを収集していきます。それに対して「問題発見」型では現地でさまざまな情報に触れる中で，問題を発見していきます。調査前の先入観や特定の意識に縛られないため，新たな問題を発見する可能性があります。ただし，問題を見逃さないよう，調査経験を積んで洞察力を養っておく必要があります。これら 2 つの型は互いに反するものではありませんので，併用することで相互に補完することもできます。それでは，企画立案から報告発表までの一連の流れを見ていきましょう。

```
〈フィールドワークの手順〉
1. 企画立案と対象地域の選定
2. 情報・資料の収集
3. 仮説の設定と検証法の準備
4. 調査の実施
5. 結果の分析と考察
6. まとめ・報告発表
```

1-1　企画立案と対象地域の選定

　国内のある場所・地域を選定し，調査を行う場合の手順を上の枠内に記します。現地に行く前に十分な下調べを行い，目的を絞りましょう。明らかにしたい事柄をしっかり整理します。全般的な注意事項として，倫理上の問題，特にプライバシーの侵害に気を付けましょう。関係機関へ協力を依頼する場合には

相手先の都合に十分配慮し，自然やそれと深く関わる事柄の調査では季節や時間の制約があることを踏まえてスケジュールを組みます。

1-2　情報・資料の収集

　馴染みのない場所にフィールドワークに行くことを想定し，対象地域やテーマに関する下調べを行う際の基本事項(1)～(3)を挙げます。

(1)　地図による位置確認

　対象地域の位置をなるべく新しい地図で確認します。地形や土地利用を概観するには地形図を利用します。国土地理院がオンラインで提供する「地理院地図（電子国土 WEB）」(http://maps.gsi.go.jp) が便利です。実際に現地へ行く際は，2万5千分の1や5万分の1地形図の紙媒体を持参し，手元で随時位置を確認しましょう。また，必要に応じて古地図を利用し，土地の変遷を把握します。

(2)　自治体のホームページ

　近年はどの自治体でも公式ホームページが公開されています。チェックしておきたい記載事項は，首長のあいさつ，沿革，基本統計，役所の組織，新着ニュース，観光案内や関連機関のリンク（図書館，博物館等）等です。政府や自治体が公表している統計データの種類やその内容を知りたいときは，「政府統計の総合窓口（e-Stat）」(https://www.e-stat.go.jp/SG1/estat/) を利用します。

(3)　関連する文献

　現地に行く前に，国会図書館はもちろん，大学図書館や居住地の公立図書館で，対象地域の地方史や調査報告書等の文献を閲覧しましょう。書籍を探すときは，国立情報学研究所が提供する Webcat Plus (http://webcatplus.nii.ac.jp/) が便利です。国内の論文は CiNii (http://ci.nii.ac.jp/)，海外の論文は Google Scholar (https://scholar.google.co.jp/) を利用します。地域性の高い文献は，同一及び近隣の都道府県内の図書館に収蔵されている可能性があります。自治体が刊行している地方史誌類にも目を通しておきましょう。特化した別冊（資料編，民俗編，歴史編や自然編等）が数多く刊行されている場合があります。地域の博物館・資料館等の学芸員に問い合わせてみるのも1つの方法です。また，対象自治体の経済・社会的地位については，東洋経済新報社の「地域経済総覧」を利用しましょう。

1-3 仮説の設定と検証法の準備

問題を絞ったら，次に自分なりの仮説を立てます（「仮説検証型」の場合）。その仮説が正しいか，あるいは間違っているかを確かめるためにフィールドワークを実施します。検証の方法は，さまざまです。例えば，現地の関連業者・店舗を訪ねてそこで扱っている商品を調べる方法，担当者あるいは顧客（消費者）にインタビューする方法等があります。自らの立てた仮説の検証に適切なもの，且つ現実的なものを選択しましょう。

1-4 調査の実施

(1) 記録の取り方とその道具

現地に行く際には，あらかじめ調査事項を記録する準備をします。目的・スケール・精度によって手法も道具もさまざまで，それぞれに応じたものを揃える必要があります。ここでは多くの専門分野に共通する小道具(1)〜(4)を紹介します。筆記用具（色ペン）はもちろん，定規があると役に立つでしょう。風景やイメージの記録方法には主にスケッチとカメラによる撮影があります。野外では立ち止まった状態で記録するケースが多いので，クリップボードを持ち歩きましょう。そこに地図やフィールドノートを挟んで持ち歩くと，位置確認やメモの書留が容易にできます。

① フィールドノート

フィールドノートは最も基本的な記録道具で，小型ノートです。一般に「レベルブック」等の名称で測量記録用に市販されているもので，緑色の厚手の表紙のものがよく知られています。その他に，B5及びA4版の大学ノートやB6版の情報カード等があります。まず基本情報として，年月日と時刻，場所（地点番号をふり，位置を地図に落とす）を明記します。聴き取り時は，相手の氏名，住所や所属等を記し，交換した名刺を貼り付けましょう。書き方のコツは，1ページに多くの事項を盛り込まずに十分余裕をみることです。あとで余白に書き込みができます。片面だけの記述でその隣ページは資料の添付等に利用する方法もあります。とにかく小まめに記録を取り，会った人物の印象や特徴，思考の過程を記していきましょう。その際，スケッチや見取図を盛り込むと後で思い出しやすいです。

② カメラ

近年，デジカメやスマートフォンが普及し，手軽に写真や動画を撮影することが可能となっています。調査後，写真の整理をする際には，撮影場所と撮影方向を大縮尺図上に書き込んでおきます。カメラに付属するGPS機能やスマートフォンの地図アプリを使えば，撮影地点の位置情報を記録することも容易です。例えば，1本の道路に沿った古い町並みを歩きながら撮影していくとき，道路の左右の建物，水路，他道路との交差点や分岐点等が地図上でわかるようにしておきましょう。

③ メジャー・スケール（折れ尺）

野外調査には，長さを計るためのメジャーを持ち歩きましょう。50m以上も離れている距離を測定する場合，それに対応するメジャーを持ち歩くのはかさばります。通行の妨げにもなりかねませんので，簡易測量用のレーザー距離計を使用すると便利です。石碑の高さや溝の深さを計測，資料のサイズを測るにはスケール（折れ尺）を用います。資料素材の種類により，適した材質のスケールをあらかじめ準備しましょう。写真撮影時に，対象物と一緒に映し込むことで，大きさの基準になります。

④ 方位磁石・温湿度計ほか

現在見ている方向や移動する方向を見定める際に，方位磁石を利用して方位を記録します。自然に関する調査では土地が傾斜している方向，木が傾く方向，温度・湿度ほか各種環境条件を測ることもあるでしょう。社会的な調査では土地割や建物の並ぶ方向や石碑等の向きを調べる際に用います。詳細なデータ計測が，問いを解き明かすきっかけになるかもしれません。

(2) **アンケート調査**

アンケート調査は，多くのデータに基づき，客観的に考察をするために実施する方法です。計画，準備，実施，集計・分析の順序で進め，有効なデータを集めることを目指します。データが曖昧な場合は，分析してもよい結果を導き出すことができず，不確かな結果を生み出してしまいます。

・計画：何を調査し，結果をどう利用するのか？「仮説検証型」or「問題発見型」
・対象：誰に対して調査をするのか？全数調査（すべてが調査対象）と標本調査（母集団から抽出した一部が調査対象）の違いに注意

・調査項目：知りたい内容と調査対象の性質を考慮に入れて項目を設定（例えば，子供に対して難しい質問をしても有効な回答が得られません）

　回答記入を被調査者に依頼する場合は，"です・ます"調の平易な質問を順序立てて配列し，できる限り選択肢や数字による回答形式にすることで記述量を少なくします。自由回答式にした場合には，個性的・多様な回答を期待できますが，被調査者の負担になるので項目を厳選しましょう。

　結果を分析する際には，その数値の持つ意味に注意します。主な尺度の例として，名義尺度とは，性別（男，女），居住地（同一市町村内，同一県内，他府県）や産業分類（農業，工業，サービス業）等，数値間の差や順序が意味を持たないものです。順位尺度とは，数値間の差に意味を有せず，順序が意味を持つ尺度（好き，普通，嫌い），（毎日，週に1回，月に1回）等のことです。また間隔尺度とは，数値が連続量で示され，差が意味を持つもので，比率尺度は間隔尺度のうち原点が意味をもつもの（距離，人口や生産額等の多くのデータ）です。

(3) 聴き取り調査

　聴き取り調査は，データ数が期待できない場合や数字化しにくい内容を詳細に調べる場合等に有効です。一般的な情報を得るために自由に質問を行う形式と，一定の質問書式で聴き取る形式があります。個人宅へ訪問する時は，アポイントをとってから行くのはもちろん，心得として対象者に対して威圧感を与えないよう気を付けます。まず名刺を差し出して名前・所属を明らかにし，目的を手短に述べます。集落の長老や年長者宅を訪問する場合には，時刻にも十分注意して先方の都合を優先します。自治体でも担当者不在の場合は，希望の資料が得られないこともあります。あらかじめ訪問日時，目的，必要とする資料や情報等を列挙した調査依頼状を送付しておきましょう。

　聴き取り時の最大のコツは，常に聴かれる側の身になって質問の仕方や口調に配慮することです。まずは家族構成，生活史や衣食住等，個別・具体的な項目から始めます。個人情報やお金が絡む事項を聴く際には，特に細心の注意を払いましょう。聴き取りの成否は，相手と信頼関係を構築できるかどうかにかかっています。調査地の印象やこちらの経験・私事等を適宜加えたり，図を描きながら説明をしたりすることで相手に安心感を与え，リラックスしてもらって話を進めましょう。質問表を使用する場合は，白紙を見せながら回答しても

らい，こちらで記入します。質問事項以外の事柄も背景知識として有用なので，質問票の欄外に書き入れましょう。

1-5　結果の分析と考察

　事前に収集した情報と現地調査から得られた結果を整理・分析します。仮説を立てた場合には，それが正しいかどうかを検証することがフィールド調査の目的だったと思います。結果は表計算ソフトを使ってわかりやすく表にしておきましょう。その後の集計や分析がとても楽になります。顧客に対するアンケートやインタビューの結果から仮説を裏付ける根拠を導き出すことができれば，仮説が正しいと結論付けてよいでしょう。しかし，逆の結果であれば，最初に立てた仮説は間違っていたことになります。

1-6　まとめ・報告発表

　得られた結論は，あまり時間が経たないうちにレポートあるいは論文としてまとめていきましょう。その手順については，次節のレポート作成の方法を参考にしくください。最後に，調査に協力してもらった方々へ完成したレポートや論文をお礼状とともに送るようにしましょう。

ディスカッションのテーマ

　あなたはフィールドワークでどんなことを調べてみたいと思いますか？　それを調べるためには，どこに行き，どのような方法で調査をしますか？　各人で2, 3アイデア絞り，それらをグループ内で発表して自由に話し合ってみましょう。

2　レポート作成の方法

　大学でのレポートとは，「あるテーマについて根拠に基づいた主張を述べた文章・書面」のことです。課題として「〜に関する事項ついて調べ，それを踏まえて自分の考えをまとめなさい」「自分の関心のある事項を選んで文献調査を行い，2000字程度で述べなさい」等が出されます。右に示した基本的な作成の手順を順に見ていきましょう。

〈レポート作成の手順〉
1. テーマを設定する
2. 情報・資料を収集する
3. 「問い」を立てる
4. 「主張」して「根拠」で裏付ける
5. 構成を考える
6. 執筆・推敲する
7. 提出前に見直す

2-1 テーマを設定する

　大学の講義やゼミでの課題レポートでは，テーマは教員から事前に与えられる場合と，自分で設定するよう求められる場合とがあるでしょう。テーマを設定する場合，まずは講義内容，身近な話題や時事問題等から関心のある事柄を選びましょう。個人の興味・関心に，自分の学部・学科で学んでいることを組み合わせるのも有効です。様々な組み合わせの中から，自分が知りたい，明らかにしたいということをテーマとします。

2-2 情報・資料を収集する

　まず始めに収集する資料は講義やゼミで使用・推薦している教科書と配布した資料です。その次には，教科書・配布資料に掲載されている引用文献（学術雑誌に載っている論文）や参考図書（専門書）の一覧を見て，より詳しいものを探す手がかりにします。WEBで得られる情報には，しっかり整理されていないものや信頼性の低いものが混ざっていることに注意しましょう。匿名サイトの情報を鵜呑みにせず，執筆者・著者が明記されているか，随時閲覧可能な情報かどうかを確認します。

　資料を集め終えたら，その情報と既存の知識とを「比較」し，「判断」・「分類」します。「比較」とは類似点・相違点を明らかにすることで，判断とはその内容が有効なものかを確認することです。「分類」とは，各資料の特徴やつながりをみつけてそれらを精査することです。これらの作業によって問題意識

が深まっていきます。

2-3 「問い」を立てる

資料を読んで疑問に思ったところや発見したことはありましたか？そこから，「問い」を設定します。自分なりに感じた問題意識が「問い」となり，それがレポートの核となります。設定した具体的なテーマを扱った先行研究から多くの考えを学び，それらを「比較」，「分析」していくと，新たな気づきが生まれるかもしれません。これまで明らかになっていることとまだ明らかになっていないこと（＝誰も指摘していないこと）を探し出し，それらをまとめてはっきりした主張にしていきます。

2-4 「主張」して「根拠」で裏付ける

設定した「問い」に対する答えとなる「主張」，独自の仮設を考えます。最初は「○○だからかな？」という様な漠然としたもので構いません。調査結果を整理・解析しながら得られた発見も，「主張」となります。主張といっても，単に「実は～なのだ」，個人的に「私はこう思う！」と述べるだけでは，説得力がありません。他の文献や資料を調べて「根拠」を集めましょう。自分の「主張」の正当性，すなわち「根拠」を示すことではじめて，レポートは評価されます。ただし，自分の立てた仮説が正しくないことがわかることがあります。その様な場合は，なぜ正しくなかったのかを分析します。仮にしっかりとした主張や独自の考えが見つからなかったとしても，多くの資料をしっかり精査し，それらに対して自分が何をどう考えたのかを示すことができれば，レポート課題としては合格点を得られるでしょう。

2-5 構成を考える

読み手に伝わりやすい本文の構成とはどんなものでしょうか？レポートは「序論」「本論」「結論」という３つの要素から成ります。
・「序論」においては，"このレポートで，何をテーマとして取りあげ，どのような方法で，何を主張するのか？" を簡潔に予告します。自分で立てた「問い（仮説）」とそれに対する「主張」を書きます。最も伝えたい主張は最後に述べたほうがよいと思うかもしれませんが，ここで予告をするのがレポー

トの常道です。
・「本論」では，その理由としての「根拠」を用いて順序立てて明らかにしていきます。根拠は3つくらいあって，それぞれはまとまっているとよいでしょう。
・「結論」では，主張に至るまでの過程を簡潔におさらいして，もう一度主張を述べて念押しすることで成果や意義を印象付けます。これら3つの基本構成を念頭に置き，書き始めてみましょう。

2-6 執筆・推敲する

執筆に当たっては，決められた形式を守る必要があります。課題で指定された分量や書式等の条件を満たすように書き上げます。主な注意点は，自分の文章と引用した他人の文章をはっきりと区別すること，語尾・文体は「である調」にして話し言葉は使わないこと，図表番号をつけること等です。そして事前に考えた構成をもとに，文章を作成していきます。その際，随時自分で読み返しながら進めることで，構成を確立させます。書きあがったら，友人に読んでもらったり，一定期間（数日，数週間）寝かせて自分で再度読んだりしてわかりにくいところやおかしいところを直します。そうやって何度も修正を重ねることで，次第に文章表現が洗練されていくのがわかるでしょう。

本文の他に，最初に表題（タイトル）・作成者・提出先を書いた「表紙」を付けます。そしてレポートの最後に，作成のために使用した資料を「参考・引用文献」としてリストの形で示します。資料が本の場合，「著者名，出版年，書名，出版社」を記載します。論文の場合は，「著者名，出版年，論文名，論文掲載誌名，巻号，pp, △△～□□（掲載ページ番号）。」となります。インターネットのウェブページの場合は「サイトのタイトル，URL（http://www.xxx.ac.jp/），記事のタイトル，サイト掲載年月日，検索年月日。」を書きましょう。資料が複数ある場合，引用順もしくは著者の五十音順（英語等の外国語文献ならばアルファベット順）に並べます。専門分野によって記載方法が異なる場合があるので注意します。いずれにしても，採用した形式をレポート内で統一させることが必要になります。

2-7　提出前に見直す

　誤字・脱字はもちろん，レポートの核となる主張や構成，決まりごとがしっかり守られているかどうか，細かいところまでもう一度確認します。
〈確認事項〉
　基本構成と引用
・「序論」「本論」「結論」の3部構成になっているか？
・「序論」で「結論」を予告しているか？
・個人的な感想でなく，しっかり「主張」は述べられているか？
・客観的な事実や先行研究が「根拠」として示されているか？
・テーマについてよく調べたか？
・「　」等を使って自分の文章と引用文を区別しているか？
　その他の体裁・マナー
・最後に「参考・引用文献」リストをつけたか？書き方は適切か？
・リストは著者名の五十音順やアルファベット順になっているか？
・表紙をつけたか？　内容にあったタイトルになっているか？
・文体（「である調」）は適切か？統一されているか？
・指定の分量，提出期限・提出方法を守っているか？
・氏名・学籍番号・所属・授業科目名等は書かれているか？
・誤字脱字はないか？　ページ番号は入っているか？
・バラバラにならない様にホッチキス留めをしたか？

　レポート課題に取り組む上で忘れてはならないことがあります。それは○×式や空欄を穴埋めするテストと違って，ごまかしがきかないということです。講義内容をしっかり理解し，知識をきちんと身につけているかどうか，論理的な思考がなされているかどうかが文章内容に反映されるからです。レポート課題が出たら，「自分の能力を高めるよい機会だ」と前向きに捉えて挑みましょう。

ディスカッションのテーマ

　今のあなたの"興味・関心"に自身の"専門分野"を組み合わせ，自分なりのレポート課題のテーマを考えてみましょう。例えば，"野球"に興味のある

"経営学部"の学生であれば,「野球」と「経営」,法学部の学生であれば「野球」と「法学」又は「政治」とを合わせます。各人の絞ったアイデアをグループ内で発表し,意見交換してみましょう。

【より詳しく学ぶための参考文献】
・小池和男＝洞口治夫編『経営学のフィールド・リサーチ—「現場の達人」の実践的調査手法—』（日本経済新聞社 2006）
・西川麦子『フィールドワーク探究術—気づきのプロセス、伝えるチカラ』（ミネルヴァ書房 2010）
・東洋経済新報社編『地域経済総覧 2016 年度版』（東洋経済新報社 2006）

【より詳しく学ぶための参考文献】
・木下是雄『レポートの組み立て方』（ちくま学芸文庫 1994）
・戸田山和久『新版 論文の教室—レポートから卒論まで』（NHK ブックス 2012）
・石黒圭『論文・レポートの基本—この 1 冊できちんと書ける！』（日本実業出版社 2012）

索 引

あ 行

アダム・スミス（Adam Smith）の四原則 …… 170
アドルフ・ワグナー（Adolf Heinrich Gotthilf Wagner）の四原則 …………… 171
アルゴリズム …………………………………… 201
アンケート調査 ………………………………… 207
安全性 …………………………………………… 137
暗黙知 …………………………………………… 105
5つの競争要因 ………………………………… 35
一般に認められた会計原則（GAAP） …… 128
イノベーション（革新） ……………………… 15
イノベーション（innovation） ……………… 55
イノベーションのジレンマ …………………… 65
イノベーション・マトリックス ……………… 59
引用 ……………………………………………… 212
益金 ……………………………………………… 159
オープン・イノベーション …………………… 62

か 行

科学的管理法 …………………………………… 16
価格プレミアム効果 …………………………… 52
課税要件 ………………………………………… 175
仮説検証 ………………………………………… 204
価値創造 ………………………………………… 5
株式会社 …………………………………… 13, 126
株式会社制度 …………………………………… 14
株主有限責任制度 ……………………………… 127
完全競争 ………………………………………… 4
カンパニー制（社内分社制） ………………… 86
機械的組織 ……………………………………… 88
聴き取り調査 …………………………………… 208
企業家的リーダーシップ ……………………… 69
企業情報システム ……………………………… 191
企業ドメイン …………………………………… 29
企業内労働組合 ………………………………… 8
企業の社会的責任 ……………………………… 1
技術のS曲線 …………………………………… 64
規範的影響 ……………………………………… 93
業務系のシステム ……………………………… 194
協力ゲーム ……………………………………… 181
組み合わせ爆発 ………………………………… 201
クリーン・サープラスの関係 ………………… 135
黒い羊効果 ……………………………………… 97
クローズド・イノベーション ………………… 62
経営戦略 ………………………………………… 27
計画と統制 ……………………………………… 150
経験曲線 ………………………………………… 32
経済人 …………………………………………… 4
形式知 …………………………………………… 105
継続企業 ………………………………………… 15
ゲームの木 ……………………………………… 185
限界貢献度 ……………………………………… 188
原価管理 ………………………………………… 152
原価企画 ………………………………………… 153
現地適応 ………………………………………… 117
コア・コンピタンス …………………………… 41
コア・リジディティ …………………………… 42
工程イノベーション …………………………… 58
行動環境 ………………………………………… 68
効率性 …………………………………………… 139
コスト・ビヘイビア …………………………… 145
コスト・リーダーシップ ……………………… 37
固定費 …………………………………………… 144
根拠 ……………………………………………… 211
コンビニエンスストア ………………………… 25

さ 行

最適反応戦略 …………………… 184
財務会計 ………………………… 125
36（さぶろく）協定 …………… 104
差別化 …………………………… 37
ジェネラリスト ………………… 9
シェルドン（O.Sheldon） ……… 1
事業戦略 ………………………… 28
事業部制組織 …………… 16, 82, 118
事業ポートフォリオ …………… 33
自己啓発 ………………………… 107
持続的イノベーション ………… 65
シナジー ………………………… 31
自前主義 ………………………… 10
シャープレイ値 ………………… 188
社会的アイデンティティ ……… 90
社会的ジレンマ ………………… 96
社会的促進 ……………………… 99
社会的手抜き …………………… 99
社会的抑制 ……………………… 99
収益性 …………………………… 141
終身雇用 ………………………… 8, 116
囚人のジレンマ ………………… 181
集団規範 ………………………… 91
集中 ……………………………… 37
主張 ……………………………… 211
少数派の影響
（マイノリティインフルエンス）… 94
消費税 …………………………… 176
消費税の還付金額 ……………… 177
情報系のシステム ……………… 194
情報的影響 ……………………… 93
職能 ……………………………… 16
職能別戦略 ……………………… 28
職能別組織 ……………………… 80
ジョブローテーション ………… 9, 115
人的資源管理 …………………… 101
垂直統合 ………………………… 22

スカラーの原則 ………………… 77
スタック・イン・ザ・ミドル … 38
スペシャリスト ………………… 9, 115
税効果会計 ……………………… 162
生産性のジレンマ ……………… 59
成長ベクトル …………………… 30
制度の補完性 …………………… 121
製品イノベーション …………… 58
製品ライフサイクル …………… 32
税務会計 ………………………… 159
セグメンテーション …………… 45
全社戦略 ………………………… 27
専門経営者 ……………………… 13
戦略的ミドル …………………… 70
相続税 …………………………… 175
創発プロセス …………………… 29
組織 ……………………………… 74
組織学習 ………………………… 67
組織均衡 ………………………… 75
組織構造 ………………………… 17
組織能力 ………………………… 40
組織の能率 ……………………… 75
組織の有効性 …………………… 75
組織風土 ………………………… 17
組織文化 ………………………… 115
租税 ……………………………… 169, 173
租税競争 ………………………… 166, 175
租税公平主義 …………………… 173
租税法律主義 …………………… 172
損益計算書 ……………………… 132
損益分岐分析 …………………… 143
損金 ……………………………… 159

た 行

ターゲティング ………………… 45
貸借対照表 ……………………… 130
ダイナミック・ケイパビリティ … 42
多角化企業 ……………………… 15
多国籍企業 ……………………… 166

タックス・ヘイブン ……………………… 166
男女雇用機会均等法 ……………………… 111
地形図 ……………………………………… 205
知的熟練 …………………………………… 107
調整 ………………………………………… 75
データサイエンス ………………………… 202
テーラー …………………………………… 14
問い ………………………………………… 211
統制範囲の原則 …………………………… 77
同調行動 …………………………………… 92
ドミナント・デザイン …………………… 58
ドメイン・コンセンサス ………………… 30
ドラッカー，ピーター・F（Peter F. Drucker）
 ……………………………………………… 1

な 行

内国法人 …………………………………… 163
内集団ひいき ……………………………… 91
内製 ………………………………………… 22
ナッシュ均衡点 …………………………… 184
年功序列 ………………………………… 8, 116
ノックダウン方式 ………………………… 120

は 行

破壊的イノベーション …………………… 65
バックワードインダクション …………… 186
非協力ゲーム ……………………………… 181
非金銭的動機 ……………………………… 17
ビジネスモデル …………………………… 14
ビッグデータ ……………………………… 197
標準原価管理 ……………………………… 153
ファブレス ………………………………… 20
フィールドノート ………………………… 206
フォード，ヘンリー …………………… 14, 15
付加価値 …………………………………… 18
部門化の原則 ……………………………… 77
プライステイカー ………………………… 4
プライベート・ブランド（PB） ………… 21

プラットフォーム ………………………… 22
フランチャイズビジネス ………………… 24
ブランド …………………………………… 51
ブランド拡張 ……………………………… 52
ブランド価値 ……………………………… 51
振替価格 …………………………………… 82
プロジェクト組織 ………………………… 84
プロダクト・ポートフォリオ・マネジメ
 ント（PPM） …………………………… 32
プロフィット・センター（利益責任単位）…… 82
分業 ………………………………………… 75
分権化の原則 ……………………………… 77
ベンチャービジネス ……………………… 19
変動費 ……………………………………… 144
法人税申告書別表四 ……………………… 160
ポジショニング …………………………… 45

ま 行

マトリックス組織 ………………………… 85
マネジメント ……………………………… 6
マネジメントの機能 ……………………… 7
命令一元化の原則 ………………………… 76
持株会社 …………………………………… 86

や 行

有機的組織 ………………………………… 88
予算管理 …………………………………… 150
予算統制 …………………………………… 152
予算編成 …………………………………… 150
4P …………………………………………… 47

ら 行

ライセンス供与 …………………………… 52
ライン・アンド・スタッフ組織 ………… 80
ライン組織 ………………………………… 79
利害関係者 ………………………………… 125
利害調整機能 ……………………………… 128

利得行列 …………………………………… 182
リニアモデル ………………………………… 60
リバース・イノベーション ………………… 66
例外の原則 …………………………………… 76
連結納税制度 ………………………………… 164
連鎖モデル …………………………………… 62
ロイヤルティ効果 …………………………… 52
労働基準法 …………………………………… 102

アルファベット

BEPS 問題 …………………………………… 165
CIO（Chief Information Officer）………… 195
CSR …………………………………………… 1
CSR 会計 ……………………………………… 3
CVP 分析 ……………………………………… 154
OEM …………………………………………… 20
Off-JT（Off-the-Job Training）…………… 107
OJT（On-the-Job Training）…………… 9, 107
SECI モデル ………………………………… 105
STP …………………………………………… 45
SWOT 分析 ………………………………… 46

《執筆者一覧と担当章（アイウエオ順）》

熊沢　　孝	大東文化大学経営学部教授	（第2章）
國府俊一郎	大東文化大学経営学部准教授	（第8章）
白井　康之	大東文化大学経営学部准教授	（第16章）
髙沢　修一	大東文化大学経営学部教授	（第1章・第13章・第14章）
高屋　康彦	大東文化大学経営学部准教授	（第17章）
長島　芳枝	大東文化大学経営学部准教授	（第4章）
長谷川　礼	大東文化大学経営学部教授	（第1章・第9章）
桝屋　　聡	大東文化大学経営学部専任講師	（第15章）
松﨑　友世	大東文化大学経営学部准教授	（第7章）
山口　貴史	大東文化大学経営学部専任講師	（第10章・第11章）
山田　敏之	大東文化大学経営学部教授	（第1章・第3章・第5章・第6章）
渡邊　直人	大東文化大学経営学部専任講師	（第11章・第12章）

マネジメント力の養成

平成28年3月30日　初版発行

著　者　コーポレート・マネジメント研究会
研究会事務局　〒175-8571　東京都板橋区高島平1-9-1
　　　　　　　大東文化大学経営学部髙沢研究室内

発行者　宮　本　弘　明

発行所　株式会社　財経詳報社
　　　　〒103-0013　東京都中央区日本橋人形町1-7-10
　　　　電　話　03（3661）5266（代）
　　　　ＦＡＸ　03（3661）5268
　　　　http://www.zaik.jp
　　　　振替口座　00170-8-26500

落丁・乱丁はお取り替えいたします。　　　　　印刷・製本　創栄図書印刷
©2016　コーポレート・マネジメント研究会　　Printed in Japan
ISBN　978-4-88177-539-4